DIREITOS FUNDAMENTAIS
e
RELAÇÕES FAMILIARES

P436d   Pereira, Sumaya Saady Morhy
         Direitos fundamentais e relações familiares / Sumaya Saady
Morhy Pereira. – Porto Alegre: Livraria do Advogado Ed., 2007.
         186 p.; 23 cm.

         ISBN   978-85-7348-468-7
         ISBN(10) 85-7348-468-3

         1. Direitos e garantias individuais. 2. Direito de família.
I. Título.

                                                CDU - 342.7

         Índices para o catálogo sistemático

         Direitos e garantias individuais
         Direito de família

         (Bibliotecária responsável: Marta Roberto, CRB-10/652)

Sumaya Saady Morhy Pereira

DIREITOS FUNDAMENTAIS
e
RELAÇÕES FAMILIARES

livraria
DO ADVOGADO
editora

Porto Alegre, 2007

© Sumaya Saady Morhy Pereira, 2007

Capa, projeto gráfico e diagramação de
Livraria do Advogado Editora

Revisão
Rosane Marques Borba

Direitos desta edição reservados por
Livraria do Advogado Editora Ltda.
Rua Riachuelo, 1338
90010-273 Porto Alegre RS
Fone/fax: 0800-51-7522
editora@livrariadoadvogado.com.br
www.doadvogado.com.br

Impresso no Brasil / Printed in Brazil

Para minha querida mãe,
Maria de Nazareth Saady Morhy (Marita),
que, embora tendo partido tão cedo,
permanece sempre presente em minha vida.

Agradecimentos

Este livro corresponde, com pouquíssimas alterações, à minha dissertação de Mestrado em Direito, defendida na Universidade Federal do Pará, em julho de 2004, perante banca composta pelos Professores Antonio Gomes Moreira Maués (orientador), Pastora do Socorro Teixeira Leal (UFPA) e Daniel Sarmento (UERJ).

As dificuldades para conciliar atividades acadêmicas com atribulações pessoais e atividades profissionais – já que não me licenciei do Ministério Público para cursar o Mestrado – foram enfrentadas com muito esforço e pesado investimento pessoal, mas certamente só foram superadas graças ao apoio direto ou indireto de verdadeiros co-partícipes de minhas conquistas. Por isso, receando pecar por omissão, agradeço, desde logo, a todos os que estiveram, das coxias, orientando, incentivando ou torcendo para que meus estudos produzissem frutos.

Registro especial agradecimento ao Prof. Antônio Gomes Moreira Maués, pela seriedade, paciência, responsabilidade e dedicação incansável com que orientou todas as fases de minha pesquisa. Sua leitura atenta e sua escuta criteriosa, estabelecendo os limites inerentes ao rigor acadêmico, mas ao mesmo tempo valorizando e incentivando os avanços de meus estudos, permitiram-me trilhar, com segurança, até a conclusão de minha pós-graduação.

Agradeço, ainda, ao Prof. Atahualpa Fernandez, da Universidade da Amazônia; ao Prof. Luiz Edson Fachin, da Universidade Federal do Paraná; à Profª Judith Martins-Costa, da Universidade Federal do Rio Grande do Sul; ao Prof. Esteves Araújo, da Universidade de Barcelona. A generosidade desses professores muito me incentivou além de contribuir significativamente para o enriquecimento das fontes de pesquisa de meu trabalho.

Aos que, além do meu orientador, também indicaram a publicação deste livro: Professora Pastora Leal, desde a banca de defesa; Professor Daniel Sarmento, que mesmo distante não se esquecia de "cobrar" a publicação; e o Professor Rolf Madaleno, que conheceu meu trabalho antes mesmo de me conhecer, e mais do que incentivar, tomou a iniciativa de recomendar sua publicação.

À Ana Cláudia Bastos de Pinho, minha amiga e companheira de tantas horas de estudo e troca de idéias, agradeço pelos momentos compartilhados (na pós-graduação, no Ministério Público e na atividade docente da UFPa) mesmo em caminhos paralelos que conseguimos fazer cruzar entre o Direito Penal e o Direito de Família.

Registro também meu agradecimento à Filomena Dias, por me ajudar a compreender as questões inconscientes dos (des)caminhos e dos (re)encontros que tenho enfrentado ao longo da vida. E, de modo singular, dedico especial gratidão aos vínculos familiares que construí a partir da afinidade e dos fortes laços de afeto, que transformaram amizade em parentesco e parentalidade: Lucileide Morhy (de manso coração materno que a todos conquista), Therezinha Pereira (que me acolheu como filha) e minha irmã Claudinha (presença constante em todas as fases de minha vida, desde as brincadeiras de infância até a escuta madura nas horas difíceis). Os sólidos vínculos que construímos comprovam que os laços familiares independem dos vínculos biológicos.

Às minhas irmãs Sádie, Samira e Samia, agradeço pelo aprendizado conjunto na convivência e aceitação das diferenças, superando desentendimentos, construindo a solidariedade a partir das perdas e sofrimentos compartilhados, ajudando-me a compreender e a encontrar a fraternidade na tolerância e no respeito às divergências.

Mas acima de tudo, com a certeza de que a estrutura familiar é decisiva para o crescimento do ser humano em todas as esferas da existência, agradeço a Deus – hoje e sempre – por me conceder os esteios familiares que me sustentam. A meus pais, Adelino e Marita, agradeço pelas lições insuperáveis de seus exemplos e dos valores que me transmitiram; devo a eles todas as minhas conquistas e minha própria existência, tudo o que sou e tudo o que tenho; a minhas filhas, Marina e Sarah, professoras insubstituíveis, agradeço por me ensinarem diariamente o verdadeiro sentido da vida; a meu marido, Loris, com quem compartilho a alegria indescritível da convivência com nossas filhas, agradeço o olhar atento que tem dedicado ao nosso amor e os cuidados sempre presentes, tornando mais leve meu viver nesses doze anos de (comum)união.

A extorsão,
o insulto,
a ameaça,
o cascudo,
a bofetada,
a surra,
o açoite,
o quarto escuro,
a ducha gelada,
o jejum obrigatório,
a comida obrigatória,
a proibição de sair,
a proibição de se dizer o que se pensa,
a proibição de se fazer o que se sente,
e a humilhação pública
são alguns dos métodos de penitência e tortura tradicionais na vida da família. Para castigo à desobediência e exemplo de liberdade, a tradição familiar perpetua uma cultura do terror que humilha a mulher, ensina os filhos a mentir e contagia tudo com a peste do medo.
Os direitos humanos deveriam começar em casa...

Eduardo Galeano

Prefácio

Os chamados direitos fundamentais foram historicamente concebidos para defender os indivíduos das eventuais agressões praticadas pelo Estado, não se justificando sua concepção para as relações entre os particulares, porque esses se apresentavam formalmente como sendo iguais, atuando numa mesma esfera jurídica. No entanto, as relações entre particulares logo revelaram situações de sujeição de algumas pessoas em relação a outras que ocupam posição de supremacia econômica, social ou política. À vista dessas desigualdades, fez-se forçoso reconhecer que as agressões contra direitos fundamentais não transitam exclusivamente do Poder Público, mas também decorrem dos sujeitos privados que, usualmente, gozam de maior poder nas interações sociais.

Presente nas relações privadas esse forte desequilíbrio, capaz de desestruturar e restringir as liberdades pessoais, logo se mostrou imperioso garantir a defesa dos direitos de todos os indivíduos, buscando dar proteção e reconhecimento de seus direitos fundamentais, como forma de defesa contra toda e qualquer opressão, seja ela proveniente de entidades públicas ou de sujeitos privados.

Embora prevaleça entre os particulares o princípio da autonomia privada, também não pode ser afastada a realidade de que os sujeitos em contraponto de interesses são igualmente titulares de direitos fundamentais que, assim, limitam a autonomia pessoal, tornando-se tarefa do julgador apreciar, em cada caso concreto, se houve eventual violação de algum dos direitos constitucionais.

Trata-se de contextualizar o indivíduo dentro de sua esfera ponderada de autodeterminação, na esfera privada e, em especial, no âmbito do Direito de Família.

Esse é o instigante tema abordado pela Professora de Direito Civil, Mestre em Direito e Promotora de Justiça Sumaya Saady Morhy Pereira, ao tratar com prioridade e ousadia da *eficácia dos direitos fundamentais nas relações familiares* em sua dissertação de mestrado na Universidade Federal do Pará, defendida perante a banca examinadora formada pelos Professores Doutores Daniel Sarmento (UERJ), Pastora do Socorro Teixeira Leal (UFPA) e Antônio Gomes Moreira Maués (UFPA), tendo logrado aprovação com nota máxima e com louvor.

Portanto, têm os particulares padrões de conduta a serem observados como dimensão de justiça e de moralidade e, dentro desse perfil, a ordem jurídica não ficou alheia, sendo valorizado o sujeito como figura central do núcleo familiar, ficando deslocada para as normas constitucionais as relações privadas.

Esse o enfoque desse trabalho inédito, publicado pela Editora Livraria do Advogado, em que a autora examina a garantia e eficácia dos direitos fundamentais e, sob a ótica constitucional, o papel dos sujeitos que integram a relação familiar.

Termina por concluir que os direitos fundamentais devem incidir nas relações familiares, para permitir o reconhecimento de direitos subjetivos dos sujeitos que conformam a unidade familiar, em cujo núcleo o homem realiza a sua personalidade e o encontro de sua felicidade pessoal.

A leitura fluída e gratificante da singular obra oferecida pela inédita e profunda pesquisa desenvolvida por Sumaya Saady Morhy Pereira, a despeito dos direitos fundamentais aplicados ao Direito de Família, permite antever que também irá receber da comunidade jurídica a nota máxima e o louvor já merecidamente concedidos na seara acadêmica.

Porto Alegre, outubro de 2006.

Rolf Madaleno

Advogado e Professor de Direito de Família e Sucessões na PUC/RS
Diretor nacional do IBDFAM. Vice-Presidente do IARGS
www.rolfmadaleno.com.br

Sumário

Apresentação – Antonio Moreira Maués 15

Introdução 17

Parte I – Delimitando o problema da eficácia dos direitos fundamentais nas relações entre particulares 25

1. Uma compreensão introdutória dos direitos humanos (em sua natureza e fundamentos) como antecedentes informadores dos direitos fundamentais . . . 25

2. Localizando a raiz histórica e ideológica do problema 34

3. Premissas para o reconhecimento da eficácia dos direitos fundamentais nas relações entre particulares 40

   3.1. Superação da concepção liberal dos direitos fundamentais 40

   3.2. A superação dos pressupostos ideológicos individualistas da dicotomia estado-sociedade e a nova postura do estado frente aos direitos fundamentais 43

   3.3. O Reconhecimento de uma dimensão objetiva dos direitos fundamentais . 45

4. Localizando as peculiaridades do problema 48

5. Argumentos em torno de uma eficácia dos direitos fundamentais nas relações entre particulares 55

   5.1. Concepções que negam a eficácia dos direitos fundamentais frente a particulares 56

   5.2. A Eficácia mediata 60

      5.2.1. Vinculação do legislador 61

      5.2.2. Vinculação do juiz 66

   5.3. A eficácia imediata 70

Parte II – Analisando as relações familiares em busca de uma maior eficácia dos direitos fundamentais 83

6. O direito de família no Brasil e seu perfil constitucional 84

   6.1. Direito de família e proteção constitucional à família: a quem se dirigem? . 84

   6.2. A especial proteção constitucional à família: por que e a que título? 91

7. Funcionalização da família e tutela da personalidade 94

   7.1. O sujeito como centro da tutela constitucional: individualismo ou personalismo? 95

   7.2. Tutela da personalidade e direitos fundamentais 99

8. Peculiaridades das relações familiares e o papel dos direitos fundamentais no direito de família constitucionalizado 104

9. O sistema misto de proteção dos direitos fundamentais nas relações familiares . . 113

9.1. O papel do legislador e do julgador perante os direitos fundamentais na esfera familiar 116

9.2. Os sujeitos privados e os direitos fundamentais na família: critérios para aferir uma vinculação direta 123

Parte III – Situações concretas de eficácia imediata dos direitos fundamentais no âmbito das relações familiares 133

10. Filiação adotiva, licença-maternidade e direito à infância 133

11. Separação de corpos e afastamento compulsório do lar conjugal 144

12. A natureza familiar da união entre pessoas do mesmo sexo: o direito de constituir família e o direito de ser amparado na família 154

Conclusão 175

Referências bibliográficas 183

Apresentação

Há trabalhos acadêmicos em que podemos observar uma identificação plena entre autor e obra. O livro de Sumaya Saady Morhy Pereira, baseado em dissertação de mestrado defendida junto ao Programa de Pós-Graduação em Direito da UFPA, é um desses exemplos. Como professora de Direito Civil na mesma Universidade e no exercício da Promotoria de Justiça, Sumaya ocupa-se há muitos anos com a temática da eficácia dos direitos fundamentais nas relações privadas, particularmente no campo das relações de família. Investindo em ambas as atividades sua incomum capacidade intelectual e uma enorme sensibilidade, a autora logra um envolvimento profundo com sua pesquisa, que não traz à luz meros objetos de conhecimento, mas sujeitos que demandam a proteção de seus direitos.

Partindo de uma cuidadosa análise das diferentes teorias sobre a eficácia horizontal dos direitos fundamentais, o trabalho dialoga com a melhor literatura para reconstruir os princípios constitucionais que regem o direito de família. Defendendo a eficácia direta e imediata dos direitos fundamentais nas relações familiares, Sumaya busca elaborar os critérios que o julgador deve manejar para reconhecer direitos subjetivos nessas relações, usando como guia a função serviente da família. Incansável na exposição de argumentos, a autora demonstra que o próprio exercício da autonomia privada depende de que sejam combatidas as desigualdades entre os membros da família, cabendo vincular mais intensamente aos direitos fundamentais o exercício da autonomia daqueles que nela detêm maior poder, beneficiando os sujeitos mais frágeis.

A riqueza teórica do trabalho não faz Sumaya perder de vista as situações concretas para as quais sua reflexão se dirige, algumas delas abordadas na parte final. Assim, comprova-se que uma adequada construção principiológica permite encontrar soluções corretas para os casos difíceis, orientando a aplicação do direito pelo desenvolvimento de argumentos plenamente compatíveis com a Constituição, de modo a realizar concretamente a justiça.

Legítimo representante do PPGD/UFPA, o trabalho testemunha que os direitos humanos/fundamentais não se detêm diante de nenhu-

Direitos Fundamentais e Relações Familiares

ma relação, estendendo seu potencial emancipatório a todos os espaços da vida social. Se os direitos fundamentais devem reger o cotidiano, cabe a seus defensores promovê-los não apenas no plano teórico, mas por meio de uma conduta coerente com os princípios que eles prescrevem. Também por essa razão, este livro tão bem se identifica com sua autora.

Antonio Moreira Maués
Professor Associado da Universidade Federal do Pará

Introdução

Não se pode mais, na sociedade contemporânea, desprezar a relevância dos direitos fundamentais em todos os âmbitos do sistema jurídico, inclusive na esfera das relações privadas. Esta é a primeira premissa da qual se partiu para o presente trabalho e será, em todo ele, o pano de fundo cuja autenticidade se buscará demonstrar na fundamentação a ser desenvolvida.

Para os profissionais que não são da área jurídica, pode parecer óbvia a afirmação de que os direitos fundamentais devem ser respeitados por todo sujeito ou entidade, pública ou privada, em todas as esferas de relações sociais. É preciso que se compreenda o papel assumido originariamente pelos direitos fundamentais no Estado Liberal, como direito de defesa do indivíduo frente ao Estado, para localizar a raiz histórica e ideológica da resistência dos operadores do direito em aceitar que os direitos fundamentais possam ter eficácia imediata frente a sujeitos privados, vinculando-os também como titulares de deveres decorrentes diretamente das normas constitucionais definidoras de direitos fundamentais.

Somente a partir da segunda metade do século passado é que o problema da eficácia dos direitos fundamentais nas relações entre particulares passou a ser enfrentado por teorias jurídicas, inicialmente desenvolvidas na Alemanha, de um lado defendendo uma eficácia imediata ou direta dos direitos fundamentais frente a particulares (*Unmittelbare Drittwirkung*) e, de outro, uma eficácia mediata ou indireta (*Mittelbare Drittwirkung*), a partir da intermediação do legislador e da atividade do julgador, na interpretação das normas de direito privado.

Atualmente, a doutrina constitucionalista e civilista, de maneira geral, não desconhece a nova dimensão que os direitos fundamentais passaram a ocupar. Deixaram de ser vistos, sob a ótica individualista do modelo liberal, como os direitos de homens formalmente livres e auto-suficientes que apenas precisam da garantia de um espaço privado resguardado, o máximo possível, da interferência do Estado. Passaram a ser concebidos, sob a ótica da justiça social, como os direitos de seres humanos, pessoas concretas, em suas singularidades e desigualdades reais, que, mais do que o simples respeito à esfera de liberdade, necessitam de garantias de condições mínimas para o efetivo exercício dessa liberdade.

Enfim, o Estado, vinculado pelas normas de direitos fundamentais, não é mais visto apenas como titular do dever de respeito, mas também como titular dos deveres de proteção e garantia desses mesmos direitos.

Por outro lado, os direitos fundamentais deixaram de ser compreendidos apenas como direitos subjetivos do cidadão oponíveis tão-somente contra o Estado, passando a ser reconhecida sua dimensão valorativa que se reflete em todo o ordenamento jurídico, não mais se admitindo a interpretação e aplicação de qualquer norma jurídica de forma isolada que se afaste dos valores jusfundamentais.

Contudo, entre a previsão constitucional de garantia dos direitos fundamentais e a realidade enfrentada pelo indivíduo nas mais diversas relações sociais, há um enorme abismo que precisa ser ultrapassado pelos operadores do direito em cada caso concreto.

É nesse sentido que se justificam os questionamentos em torno do papel dos direitos fundamentais nas relações privadas e sobre a postura do julgador diante da ameaça a direitos fundamentais no âmbito das relações entre particulares.

Nem sempre as normas de direito privado são capazes de garantir, nas relações entre particulares, a proteção dos direitos fundamentais. A complexidade das relações humanas e as constantes transformações sociais revelam, de forma cada vez mais nítida, a incapacidade do Estado em elaborar leis suficientes para a proteção do indivíduo em todas as relações de que participa.

São incontáveis as situações em que o juiz civil, diante de conflitos entre particulares, vê-se aprisionado pelas normas de direito privado. A hipertrofia legislativa, com o constante aumento (quantitativo) da legislação; a variabilidade de normas, revelando constante instabilidade da legislação, com mudança qualitativa da regulação de diversos aspectos da vida em sociedade; e, conseqüentemente, os problemas de coerência interna do ordenamento, são algumas das causas mais comuns da perplexidade do julgador.[1]

É bem verdade que, em grande parte, a legislação tem apresentado normas que inserem no Direito Privado o conteúdo valorativo dos direitos fundamentais, protegendo os indivíduos das ameaças a esses direitos também quando provenientes de outros sujeitos privados. Citem-se apenas como exemplo as inúmeras leis de proteção dos

---

[1] CAMPILONGO, Celso Fernandes. Os desafios do judiciário: um enquadramento teórico. In: FARIA, José Eduardo (Org). *Direitos humanos, direitos sociais e justiça*. São Paulo: Malheiros, 1994. p. 30-51.

direitos fundamentais nas relações de emprego e, mais recentemente, o Código de Defesa do Consumidor, que impõe limites à liberdade contratual, restringindo a força dos sujeitos mais poderosos em benefício da parte mais frágil nas relações de consumo, além de prever meios para garantia mais efetiva dos direitos fundamentais.

Entretanto, não se pode deixar de reconhecer que a legislação é – e sempre será – incapaz de prever e regular todas as situações que, na prática, podem gerar a ameaça ou violação de direitos fundamentais. A própria hipertrofia legislativa e a variabilidade do conteúdo normativo citados são, por si mesmas, a demonstração da incapacidade regulatória do Direito.

O excesso de leis não tem demonstrado, na realidade, o aumento da certeza e segurança jurídicas; ao contrário, revela o esvaziamento da própria efetividade da legislação, da mesma forma que o excesso de remédios pode imunizar o paciente e tornar a terapia inócua, como compara Celso Campilongo.[2]

Nesse contexto, não se pode negar que, em última análise, cabe ao Judiciário papel indispensável na efetiva garantia dos direitos fundamentais em cada situação concreta que lhe seja submetida à apreciação.

Nas relações de família, não menos relevante – e, na verdade, muito mais complexo – mostra-se o papel do julgador. São os conflitos mais íntimos do indivíduo que se expõem à interferência do Estado por meio do juiz. E não se pode mais fechar os olhos para a realidade de que é também no seio da família que ocorrem graves, cruéis – e muitas vezes as mais veladas – violações dos direitos fundamentais do ser humano.

Desde os mais singelos exemplos de desrespeito à individualidade até os mais graves casos de violência doméstica, as agressões aos direitos fundamentais se escondem sob o manto da inviolabilidade da privacidade da esfera familiar. Poucos são os casos de denúncia aos órgãos públicos (extrajudiciais) e raros são os casos em que uma solução é alcançada fora de um processo judicial.[3]

Quando essas agressões aos valores fundamentais no seio da família são levadas pelo indivíduo perante o julgador – o que normalmente ocorre já como último e desesperado apelo – cabe-lhe o desafio de encontrar a medida e os fundamentos para interferir na esfera mais

---

[2] CAMPILONGO, 1994, p. 41.

[3] Desde que foi criado o "Disque Denúncia", mantido pelo Movimento Nacional de Defesa dos Direitos Humanos, em outubro de 2001, foram denunciados, no Pará, 191 casos de tortura, dos quais 22 teriam ocorrido dentro da própria família. Entretanto, a Ouvidora do Sistema de Segurança do Estado reconhece a dificuldade de apuração das denúncias, citando o exemplo de 120 procedimentos instaurados dos quais somente 2 foram investigados até o final (Reportagem divulgada pelo Jornal *O Liberal*, Belém, 22 jun. 2003, caderno "Atualidades", p. 7).

privada do cidadão para garantir a efetividade do direito fundamental ameaçado.

É preciso que se reconheça a família em sua função serviente, como lugar onde se desenvolve a personalidade dos familiares, pois é somente essa função instrumental para a realização dos direitos fundamentais que justifica a proteção estatal das diversas formas de relações familiares. É à pessoa de cada membro da família que se destina a proteção do Estado.

O controle e a intervenção estatal sobre os conflitos familiares somente se justifica à medida que tenha por objetivo a garantia dos direitos fundamentais dos membros do grupo familiar.

Como justificar as decisões judiciais que determinam a saída de um dos conviventes ou de um dos cônjuges da residência do casal, ou a prisão de um devedor de pensão alimentícia, ou a perda do pátrio poder (hoje legalmente intitulado poder familiar), a perda ou o compartilhamento da guarda, ou ainda aferir o descumprimento de deveres entre os cônjuges (e também entre companheiros) ou o descumprimento de deveres dos pais em relação aos filhos? Esses são apenas alguns exemplos mais corriqueiros dos inúmeros desafios do juiz de família, para os quais a legislação civil nem sempre consegue oferecer soluções que, no caso concreto, assegurem os direitos fundamentais do indivíduo no âmbito das relações familiares.[4]

Tudo isso sem falar das constantes mudanças sociais revelando novas formas de convivência familiar – como as uniões homossexuais e a família monoparental – e dos avanços da medicina e da engenharia genética que trazem situações antes nem sequer imaginadas pelo legislador, mas que exigem uma decisão do juiz diante de casos concretos como investigações de paternidade de filhos gerados por inseminação artificial, ou outras técnicas de reprodução assistida, como também a maternidade de substituição envolvendo conflitos de interesses entre a mãe gestadora e a mãe genética, apenas para exemplificar.

É claro que o juiz de família tem à disposição leis civis que, interpretadas à luz da Constituição, oferecem grande instrumental na solução dos conflitos familiares. Mas o que se quer defender no presente estudo é que as normas dos direitos fundamentais devem ocupar posição muito mais relevante dentre todas as linhas de solução dos conflitos no âmbito do Direito de Família.

---

[4] Para um estudo preliminar especificamente quanto à guarda compartilhada e aos alimentos sob a perspectiva dos direitos humanos/fundamentais, que não são temas específicos do presente trabalho, remeto o leitor aos capítulos intitulados "A guarda compartilhada pela ótica dos direitos fundamentais" e "A execução de alimentos pela via da dignidade humana", ambos do livro do professor e advogado gaúcho Rolf Hanssen Madaleno (MADALENO, Rolf Hanssen. *Direito de família em pauta*. Porto Alegre: Livraria do Advogado Editora, 2004, p. 79 a 94 e 155 a 178).

Faz-se necessário posicionamento mais claro acerca de qual a postura que o julgador deve adotar diante de relações privadas – no caso do presente estudo, relações familiares – em que se encontrem ameaçados direitos fundamentais dos sujeitos dessa relação.

Esse é o problema central do presente trabalho: a busca de maior efetividade dos direitos fundamentais nas relações privadas, mais especificamente nas relações familiares.

Entretanto, a complexidade que envolve esse tema, como se pretende demonstrar, exige do operador do direito um posicionamento sobre a própria dimensão dos direitos fundamentais no âmbito das relações privadas. Ou mais precisamente, é necessário que se compreenda de que forma e em que medida estão os sujeitos privados vinculados pelas normas de direitos fundamentais.

Deve o julgador aferir os deveres dos cônjuges (ou dos companheiros) entre si, ou dos pais em relação aos filhos, a partir das normas inseridas na legislação infraconstitucional ou, antes e acima delas, a partir das normas definidoras de direitos fundamentais? Deve utilizar as normas constitucionais apenas como critério de interpretação do Direito de Família ou deve também, e principalmente, aplicar as normas de direitos fundamentais na solução dos conflitos familiares partindo do reconhecimento de que os indivíduos que integram o grupo familiar estão obrigados por essas normas a deveres de respeito e proteção desses direitos fundamentais? Enfim, qual o papel dos direitos fundamentais nas relações familiares? Esses são os problemas mais específicos que justificam o estudo que deu origem a este livro.

A importância de um posicionamento diante dessas questões se deve aos seus desdobramentos, pois dependendo da compreensão que se tenha sobre a vinculação dos particulares às normas de direitos fundamentais, diferente será a postura do julgador na solução dos conflitos familiares.

O que se pretende defender no desenvolvimento deste trabalho é a possibilidade da eficácia direta (imediata) dos direitos fundamentais no âmbito das relações privadas, no sentido de reconhecer que as normas de direitos fundamentais vinculam os particulares na condição de obrigados em face desses direitos.

Mais especificamente no âmbito das relações familiares, ao qual se restringe o objeto deste livro, pretende-se sustentar que a família, na pessoa de seus membros, ao mesmo tempo que tem o direito à proteção estatal, é também destinatária de dever de proteção dos direitos fundamentais dentro do grupo familiar.

Enfim, sustenta-se a importância de reconhecer que as normas definidoras de direitos fundamentais produzem efeitos nas relações familiares vinculando os indivíduos integrantes do grupo familiar na condição de obrigados a respeitar e assegurar os direitos fundamentais no âmbito da família.

Essa eficácia, cuja medida somente pode ser aferida diante das circunstâncias de cada situação concreta, pode alcançar sua garantia efetiva na solução dos conflitos pelos órgãos judiciais. Mas o que se pretende defender é que, na solução dos conflitos de família, as normas de direitos fundamentais devem ser utilizadas pelo julgador não apenas como critério de interpretação das leis civis, mas, principalmente, como normas de comportamento aptas a incidir diretamente nas relações familiares, gerando direitos e obrigações a seus membros.

Em linhas gerais, pretende-se, ao final, apresentar argumentos que possibilitem alcançar maior efetividade do sistema de direitos e garantias fundamentais consagrado na Constituição brasileira de 1988, a partir do reconhecimento de sua eficácia no âmbito das relações privadas, visando à proteção integral do ser humano em todas as esferas da vida em sociedade.

O livro se divide em três partes que correspondem – embora não necessariamente na mesma ordem – às três fases da pesquisa que lhe deu origem. Na primeira parte, procurou-se enfrentar os aspectos conceituais do tema proposto, delimitando assim não apenas as questões terminológicas em torno do que chamamos de eficácia dos direitos fundamentais nas relações privadas – ou, como preferem muitos doutrinadores, "eficácia horizontal" dos direitos fundamentais (*Horizontalwirkung*), "eficácia externa" (*Drittwirkung*), ou outras denominações – mas, principalmente, procurando localizar as peculiaridades do problema que se investiga, delimitando assim o objeto da pesquisa.

Na segunda parte, com base no referencial teórico da primeira, o enfoque teórico passa a se restringir, especificamente, à eficácia dos direitos fundamentais nas relações familiares, buscando analisar a concepção funcionalista da família – compreendida como lugar-comunidade onde se estrutura e se desenvolve a personalidade de cada um de seus membros – partindo também da premissa de que a titularidade dos direitos fundamentais integra a própria noção de personalidade, para buscar então compreender o papel dos direitos fundamentais na família e a função dos sujeitos integrantes da família em face dos direitos fundamentais.

A terceira parte apresenta a reflexão desenvolvida acerca de alguns dos casos concretos pinçados a partir do exame de decisões judiciais, que, no desenvolvimento da pesquisa, juntamente com outras decisões analisadas, serviram como espécie de laboratório em que se procurou encontrar, em situações concretas envolvendo integrantes de grupos familiares, argumentos capazes de fundamentar a construção de critérios para o reconhecimento da eficácia imediata dos direitos fundamentais nas relações familiares.

A partir do perfil constitucional da família e do Direito de Família, delineados na Constituição brasileira de 1988, este livro se propõe a localizar, na própria normativa constitucional, o reconhecimento da eficácia imediata dos direitos fundamentais nas relações familiares, no sentido de demonstrar a possibilidade de vinculação direta dos membros da família às normas constitucionais definidoras de direitos fundamentais, buscando critérios que permitam identificar de que forma e em que medida essa vinculação pode ser aferida.

Parte I

Delimitando o problema da eficácia dos direitos fundamentais nas relações entre particulares

A análise da eficácia dos direitos fundamentais nas relações familiares que se pretende desenvolver encontra-se inserida no âmbito mais amplo da eficácia dos direitos fundamentais frente aos particulares de maneira geral. Contudo, as questões que envolvem as relações entre os direitos fundamentais e o Direito Privado têm sido abordadas sob diversos títulos e sob diferentes enfoques, motivo pelo qual se faz necessário enfrentar, preliminarmente, alguns aspectos conceituais.

1. Uma compreensão dos direitos humanos (em sua natureza e fundamentos) como antecedentes informadores dos direitos fundamentais

Quando, em diversas situações, defende-se que todo ser humano deve ser igualmente respeitado sem nenhuma distinção, seja em razão de sua condição social, raça, sexo, religião, ou qualquer outra forma de discriminação; quando são reprovados tratamentos considerados "desumanos"; quando se busca repelir as práticas de tortura; quando movimentos sociais postulam que as pessoas mereçam ter condições mais dignas de trabalho, de educação, de moradia, enfim, quando o valor de dignidade humana é argüido como ponto central, razão primeira e última, de diversas reivindicações da sociedade e do ser humano, individualmente considerado, o que se coloca como pano de fundo é o tema dos direitos humanos.

A defesa dos direitos fundamentais se insere, de uma forma ou de outra, no plano mais amplo da defesa dos direitos humanos. Entretanto, as expressões "direitos humanos" e "direitos fundamentais" são muitas vezes utilizadas indistintamente, sendo este um dos motivos pelos quais se justifica a cautela inicial de analisar, mesmo superficialmente, o que diferencia a utilização e o alcance desses termos. Por outro lado, ainda que não se tenha aqui a pretensão de analisar o tema

Direitos Fundamentais e Relações Familiares

com profundidade, há de se enfrentar também alguns aspectos que aproximam esses dois conceitos em seu conteúdo material.

"Direitos humanos" tem sido a terminologia mais utilizada para designar os direitos naturais positivados nas declarações e convenções internacionais, enquanto o termo "direitos fundamentais" tem sido mais usual para denominar os direitos positivados no nível interno de cada Estado.[5]

Portanto, o que os doutrinadores apontam para explicar a distinta utilização dessa terminologia e a diferenciação entre essas duas categorias, via de regra, tem sido o critério do grau de concreção positiva dos direitos,[6] ou seja, critério que parte do grau e do âmbito de positivação dos direitos naturais.[7] Assim, enquanto os direitos humanos correspondem aos direitos naturais positivados na esfera do direito internacional, os direitos fundamentais representam os direitos humanos já reconhecidos e garantidos pelo direito positivo interno de um Estado, tratando-se de direitos delimitados espacial e temporalmente que assumem o caráter fundamentador do sistema jurídico do Estado de Direito.[8]

Direitos humanos e direitos fundamentais têm, portanto, como ponto de conexão o fato de que ambos representaram importante papel na evolução do processo de positivação dos direitos, em que os direitos fundamentais aparecem como a fase mais avançada dessa concreção positiva nos textos constitucionais do Estado de Direito.[9]

Verifica-se então que, se por um lado essas expressões apresentam íntimas conexões e dimensões inter-relacionadas, por outro reportam a esferas distintas de positivação. E o reconhecimento da pluralidade significativa desses termos nos permite, como ressalta Perez Luño, empregá-los com mais clareza, precisão e rigor.[10]

Essa breve exposição dos aspectos terminológicos pelos quais, de uma forma ou de outra, perpassa toda e qualquer análise dos direitos fundamentais objetiva aqui tão-somente esclarecer e delimitar o campo de investigação do presente estudo que se voltará aos direitos fundamentais enquanto direitos que nascem e se desenvolvem nas Constituições em que foram reconhecidos e assegurados, principalmente aos

---

[5] PÉREZ LUÑO, Antonio-Enrique. *Los derechos fundamentales*. 6. ed. Madrid: Tecnos, 1995. p. 44.

[6] SARLET, Ingo Wolfgang. *A eficácia dos direitos fundamentais*. 2. ed. Porto Alegre: Livraria do Advogado, 2001. p. 34.

[7] Paulo Bonavides se refere a uma distinta tradição na utilização dessas denominações, sendo a expressão direitos humanos e direitos do homem mais freqüente entre os autores anglo-americanos e latinos, em coerência com a tradição e a história, enquanto a expressão direitos fundamentais é mais circunscrita à preferência dos publicistas alemães (BONAVIDES, Paulo. *Curso de direito constitucional*. 5. ed. São Paulo: Malheiros, 1994. p. 514).

[8] PÉREZ LUÑO, 1995, p. 47.

[9] Ibid., p. 43-44.

[10] Ibid., p. 47.

positivados em nossa Constituição Federal de 1988, não obstante se possa enriquecer a pesquisa com referências de outros ordenamentos e com os ensinamentos extraídos da jurisprudência e doutrina estrangeiras.

Entretanto, não se pode deixar de observar que a compreensão dos direitos fundamentais não se esgota no seu aspecto formal, ou seja, que sua "fundamentalidade" não pode ser justificada apenas em decorrência de sua inclusão no texto constitucional. A forma com que os direitos fundamentais foram concebidos em nossa Constituição de 1988 não permite compreendê-los como integrantes de um sistema fechado. Ao contrário, o art. 5º, § 2º, da Constituição Federal permite a inclusão no sistema dos direitos fundamentais de outros direitos não inseridos no catálogo principal (Título II da Constituição). Reconhece expressamente a existência de direitos fundamentais positivados em outras partes do texto constitucional, como também em tratados internacionais, além de prever a possibilidade de reconhecer direitos fundamentais não-escritos, implícitos nas normas do catálogo, bem como decorrentes do regime e dos princípios da Constituição.

A nossa Constituição aponta, portanto, a conceito materialmente aberto de direitos fundamentais. Tal constatação exige compreensão da dimensão dos direitos fundamentais em sua fundamentalidade não apenas formal como também material.

A fundamentalidade formal, diretamente ligada ao direito constitucional positivo, resulta da compreensão dos direitos fundamentais como normas integrantes da Constituição escrita que se situam no ápice do ordenamento jurídico; como normas submetidas aos limites da reforma constitucional (art. 60, da CF); e, por fim, como normas diretamente aplicáveis (art. 5º, § 1º, da CF).[11]

A fundamentalidade material, não obstante se reconheça também por intermédio do direito constitucional positivo (art. 5º, § 2º, da CF), somente pode ser verificada a partir da análise de seu conteúdo, isto é, da circunstância de conterem, ou não, decisões fundamentais sobre a estrutura do Estado e da sociedade e, especialmente, sobre a posição que nessa estrutura é ocupada pela pessoa humana.[12]

E nessa análise do conteúdo dos direitos fundamentais, no que se refere às posições das pessoas na sociedade e no Estado, não se pode deixar de levar em conta o fato de que tais posições se vinculam a um sistema de valores incorporados pela Constituição e que não deixam de se relacionar, de certa forma, com o fundamento moral dos direitos humanos.

Não obstante as dificuldades em formular um conceito material dos direitos fundamentais dissociado da realidade de cada ordem

---

[11] SARLET, 2001, p. 80.

[12] Ibid., p. 81.

Direitos Fundamentais e Relações Familiares

constitucional individualmente considerada,[13] a análise do conteúdo dos direitos fundamentais ocupa dimensão intimamente relacionada com os próprios fundamentos dos direitos humanos. Em outras palavras, o reconhecimento e a proteção de certos valores tidos como essenciais para a vida de todo ser humano em sua convivência na sociedade e na esfera política permite que se possa identificar uma fundamentalidade (em sentido material) que é comum aos direitos humanos e aos direitos fundamentais constitucionais.[14]

Compreendendo assim os direitos fundamentais como posições jurídicas alicerçadas em um sistema de valores prévio, incorporados a determinado ordenamento jurídico, e, na esteira de Pérez Luño, entendendo os direitos humanos como essa categoria prévia, legitimadora e informadora dos direitos fundamentais,[15] faz-se necessário também compreender, ao menos em seus pontos essenciais, os fundamentos dos direitos humanos.

Para Gregorio Robles, os direitos humanos, enquanto primeiro nível de análise em torno da discussão sobre os direitos do homem, representam critérios morais que se inserem no processo argumentativo geral que antecede e, ao final, desemboca na criação da lei, da decisão judicial ou, de maneira geral, de qualquer decisão de direito.[16] Somente a positivação modifica a natureza dos direitos humanos, transformando-os de critérios morais em autênticos direitos subjetivos de caráter privilegiado, dotados de maior proteção que os direitos subjetivos não-fundamentais.[17] Antes disso, os direitos humanos não são propriamente direitos, no sentido de direito subjetivo de caráter positivo, mas são critérios morais formulados como potenciais (e desejados) direitos subjetivos. Critérios que representam uma linha de argumentação e que constituem pautas de deliberação de caráter moral que devem ser levadas em conta nas decisões jurídicas e políticas.[18]

Para esse autor, portanto, o fundamento dos direitos humanos só pode ser um fundamento moral. Entretanto, há de se considerar que os direitos humanos constituem critérios de decisão que se referem à vida das pessoas, não isoladamente consideradas, mas pessoas que convivem em sociedade e, nesse sentido, afetam o aspecto coletivo do fenômeno moral.[19]

---

[13] Ibid., p. 81-82.

[14] Ingo Sarlet destaca o uso recente da expressão "direitos humanos fundamentais" que tem a vantagem exatamente de ressaltar essa identidade da fundamentalidade material comum aos direitos humanos e aos direitos fundamentais (Ibid., p. 35).

[15] PÉREZ LUÑO, 1995, p. 51.

[16] ROBLES, Gregorio. *Los derechos fundamentales y la ética en la sociedad actual*. Madrid: Civitas, 1997. p. 17-18.

[17] Ibid., p. 20-22.

[18] Ibid., p. 23-25.

[19] Ibid., p. 27.

Aceitar que o fundamento dos direitos humanos é em última análise fundamento moral, implica compreendê-los em conexão com um sistema de valores, com um sistema axiológico de caráter geral. Mas diante da pluralidade de concepções morais existentes em uma sociedade, há de se buscar um mínimo de valores sobre o qual se assenta a convivência do grupo social. E na busca desse núcleo mínimo de valores, o problema do fundamento moral dos direitos não pode deixar de ser analisado em suas duas vertentes: a ética e a política.

A primeira vertente – que é o fundamento ético dos direitos – busca apresentar fundamento absoluto e inquestionável que todos deveriam aceitar se fossem capazes de argumentar racionalmente, enquanto a vertente política visa a encontrar fundamento relativo que pressupõe transação entre as concepções morais em disputa.[20]

De um lado, o fundamento político, sob o enfoque da convicção generalizada do grupo, leva em conta o pluralismo existente no grupo social e tenta alcançar resposta capaz de conseguir uma convivência estável. De outro, o fundamento ético, que se desenvolve no âmbito da argumentação moral em sentido estrito, visa a fundamentar coerentemente os critérios morais (chamados direitos humanos) dentro de um sistema de valores, ou seja, sua função é manter a coerência do sistema de valores.[21]

Nesse ponto, a análise desenvolvida por Robles parece nos conduzir à compreensão de que o fundamento ético contém o cerne do fundamento material dos direitos fundamentais – apesar de não se encontrar em sua obra tal afirmação assim expressamente formulada.

Para Robles, os direitos fundamentais são direitos humanos positivados,[22] e essa inclusão dos direitos humanos no texto da Constituição é fruto do consenso político que representa o fundamento unicamente relativo dos direitos humanos[23] (o que poderíamos considerar como correspondente à fundamentalidade simplesmente formal dos direitos fundamentais).

Segundo Robles, a positivação dos direitos fundamentais é fruto de consenso político que será sempre insuficiente do ponto de vista do fundamento ético (pelo qual se busca a coerência com o sistema de valores).[24]

Porém, ainda que insuficiente, o consenso político constitui o único fundamento político do núcleo axiológico indiscutível, apresentado por meio da Constituição ao incorporar ao ordenamento jurídico

---

[20] ROBLES, 1997, p. 31.

[21] Ibid., p. 32.

[22] Ibid., p. 20.

[23] ROBLES, 1997, p. 174.

[24] Ibid., p. 173.

Direitos Fundamentais e Relações Familiares

princípios valorativos que considera intangíveis e que assumem o caráter de norma de máxima hierarquia, destacando-se entre eles os direitos fundamentais, aos quais a Constituição reconhece caráter privilegiado.[25]

Esse núcleo axiológico básico e irredutível deve estar sempre presente no diálogo que tem lugar no ordenamento jurídico ("diálogo intrasistemático"), ou seja, o diálogo político exige também o respeito à Constituição em seu aspecto axiológico material.[26]

Com isso, verifica-se que a positivação dos direitos humanos em um ordenamento jurídico não supre a necessidade de sua fundamentação ética, o que corresponde à afirmação de que a fundamentalidade dos direitos fundamentais não se restringe ao seu aspecto formal (de sua inclusão no texto constitucional), mas exige também a análise de seu conteúdo material.

Daí parecer correta a conclusão de que o ponto central do problema da fundamentação material dos direitos encontra-se, portanto, na vertente ética de seu fundamento moral, ou seja, na exigência de desenvolvimento coerente do sistema de valores no qual esses direitos se inserem.

Porém, essa coerência, segundo Robles, não pode ser alcançada se os direitos forem encarados de forma autônoma, desconectados dos valores morais e dos deveres morais que concretizam esses valores.[27]

Foi no seio do jusnaturalismo moderno, de corte racionalista e individualista, que se desenvolveu a idéia dos direitos humanos priorizando a concepção de direitos naturais, elevados a uma posição de primazia, e relegando a idéia de dever a plano secundário ou derivado. É como se a teoria dos direitos humanos apresentasse uma proposta em que os deveres fossem prescindíveis e os direitos fossem praticamente "os únicos valores com entidade própria".[28]

Essa maneira de pensar os direitos, originada a partir da teoria individualista do direito natural, forneceu os elementos ideológicos que possibilitaram que os direitos humanos – e também os direitos fundamentais em sua concepção liberal – continuassem a ser vistos como desvinculados da idéia de dever e de valor.

O efeito dessa desvinculação é a perda do sentido do dever. E na sociedade em que o sentimento de dever empalidece o sentimento reivindicativo alcança maior intensidade, gerando como conseqüência, do ponto de vista ético, decréscimo da solidariedade e justificação do hedonismo.[29]

---

[25] Ibid., p. 173-174.

[26] Ibid., p. 172.

[27] ROBLES, 1997, p. 33.

[28] Ibid., p. 33-34.

[29] Ibid., p. 34-35.

Essa compreensão crítica desenvolvida por Robles em torno do fundamento ético dos direitos humanos nos permite analisar de forma mais atenta os fundamentos materiais dos direitos fundamentais.

De fato, foi exatamente a concepção individualista dos direitos naturais – desenvolvida principalmente por Thomas Hobbes e posteriormente por John Locke – que influenciou a concepção original dos direitos fundamentais no Estado Liberal. Os direitos individuais, que precederam os direitos fundamentais do cidadão posteriormente incorporados nos textos constitucionais, são os direitos do homem abstrata e isoladamente considerado, sem levar em conta os vínculos sociais, portanto desvinculado de todo dever. São direitos de homens que não estão em situação de "convivência", voltados a uma tarefa ou finalidade comum, mas que tão-somente "coexistem",[30] cada qual voltado à satisfação de seus interesses individuais que esperam ver assegurados pelo Estado.

Portanto, o predomínio dessa ideologia individualista, como se buscará expor mais adiante, não permitiu na concepção liberal dos direitos fundamentais que se compreendesse a vinculação desses direitos a uma dimensão valorativa, tampouco possibilitou que se vislumbrasse qualquer idéia de dever imposto ao homem em decorrência dos direitos fundamentais.

A compreensão dos direitos fundamentais, pelo menos em sua concepção originária no Estado Liberal, realmente se apartou de um fundamento ético, no sentido em que é defendido por Robles. Surgem como direitos autônomos do indivíduo frente ao Estado, desvinculados de valores morais e de deveres morais.

A importância de analisar, por esse prisma, o problema teórico em torno da fundamentalidade material dos direitos fundamentais está justamente (ou pelo menos também) na possibilidade de lhe reconhecer fundamento ético, ou seja, compreendê-los de tal forma vinculados com os valores e deveres morais que possam manter a coerência do sistema de valores no qual se acham inseridos.

A fundamentalidade material dos direitos fundamentais deve ser encontrada a partir da vinculação de seu conteúdo ao núcleo axiológico do sistema no qual se insere, isto é, o conteúdo dos direitos fundamentais – estejam eles expressos ou não no texto da Constituição, dentro ou fora do catálogo principal – não pode ser compreendido de forma desvinculada do núcleo básico de valores sobre o qual se assenta a ordem constitucional.

Nesse sentido, Ingo Sarlet, ao discorrer sobre os elementos comuns ao conteúdo dos direitos fundamentais, de maneira geral, afirma que primeiro elemento comum deve ser a vinculação aos princípios

---

[30] ROBLES, 1997, p. 37.

Direitos Fundamentais e Relações Familiares

valorativos elencados no Título I (artigos 1º a 4º) da nossa Constituição Federal, em que se encontram consagrados os fundamentos, objetivos e princípios fundamentais que regem o Estado brasileiro.[31] De fato, pode-se afirmar que esses princípios valorativos[32] compõem o núcleo axiológico central do ordenamento constitucional brasileiro e deverão servir de referencial obrigatório para o reconhecimento da fundamentalidade material dos direitos fundamentais.[33]

Nesse contexto, para a formulação de um conceito material dos direitos fundamentais, a partir da compreensão de que sua fundamentalidade material vincula-se ao núcleo axiológico central do ordenamento constitucional, pode-se considerar como direitos fundamentais todas aquelas posições jurídicas concernentes às pessoas que, pelo seu conteúdo e importância, mereçam receber proteção especial do ordenamento constitucional como direitos privilegiados, da mesma forma como concebidos os direitos amparados no Título II da Constituição.[34]

Sem nenhuma pretensão de apresentar conceito material de direitos fundamentais, o que se quer ressaltar é que esses critérios apresentados pela doutrina – a vinculação aos princípios valorativos básicos da Constituição, a equiparação das situações subjetivas protegidas constitucionalmente, por seu conteúdo e a relevância – e outros critérios que possam contribuir para delimitar um conceito de direitos fundamentais, em seu conteúdo material, não podem se afastar da vertente ética de sua fundamentação moral.

O que se defende, a partir da análise crítica formulada por Robles, é que, para localizar a fundamentalidade material na utilização de direitos fundamentais fora do catálogo (tanto os direitos implícitos e decorrentes do regime e dos princípios como também aqueles expressos em outras partes do texto constitucional), faz-se necessário não apenas analisar o seu conteúdo e sua equiparação (em substância e relevância) com outros direitos fundamentais (elencados no Título II) e sua vinculação com os princípios fundamentais do Estado Brasileiro (Título I, artigos 1º a 4º), mas, além disso, impõe-se constatar ainda se a defesa de determinada posição jurídica subjetiva como materialmente fundamental pode desenvolver-se em coerência com a tábua de valores incorporados pela ordem constitucional e sobre a qual se assenta todo o ordenamento jurídico.

---

[31] SARLET, 2001, p. 97-98.

[32] Dentre esses princípios valorativos Ingo Sarlet destaca o princípio fundamental da dignidade humana, defendendo que, embora não configure autêntico direito fundamental, a dignidade humana representa o valor unificador de todos os direitos fundamentais que na verdade são concretizações daquele princípio (Ibid., p. 99).

[33] Ibid., p. 118.

[34] SARLET, 2001, p. 82, 95 e 118.

E mais do que isso, é importante compreender que esse fundamento ético só terá sentido, como defende Robles, se os direitos puderem ser analisados não apenas em conexão com valores sobre os quais se assentam, mas igualmente com os deveres morais por meio dos quais esses valores se concretizam.[35]

Dessa forma, quando se afirma que o fundamento absoluto dos direitos encontra-se na dignidade da pessoa humana – ou que os direitos fundamentais constituem a concretização desse princípio[36] – o que se deve entender, de acordo com Robles, é que, se por um lado os direitos só podem adquirir seu pleno sentido se compreendidos em conexão com a idéia de auto-realização pessoal, esta auto-realização, por sua vez, não pode se reduzir a um "fazer o que quero", mas há de incluir também a compreensão de um "fazer o que devo". Assim a idéia de auto-realização, ínsita à idéia de dignidade humana, não deve ser interpretada por cada indivíduo apenas em função de seu próprio eu, como projeto vazio que cada um preenche com o conteúdo que deseje, mas, ao contrário, deve ser um projeto a ser construído também mediante deveres e responsabilidades de homens que convivem em sociedade (e não apenas coexistem) e que, portanto, conduz a uma forma de ver as coisas não em função de si mesmo, mas em função dos outros.[37]

A dignidade humana, analisada em seu aspecto interno (*ad intra*), traduz-se no respeito da pessoa em relação a si mesma e na indisponibilidade da própria pessoa que não pode transformar-se em meio.

Porém, a partir de seu fundamento ético, a relação da pessoa consigo mesma é invadida pelo dever e pela responsabilidade, e o caráter de indisponibilidade da pessoa é representado pelo reconhecimento nela própria da idéia universal de humanidade. Em seu aspecto externo (*ad extra*), a dignidade da pessoa consiste no reconhecimento nos outros (e por parte dos outros) da dignidade que é inerente ao homem, e o caráter de indisponibilidade passa a ser encarado também em relação com os outros que não podem ser utilizados nem transformados em objeto.

O que Robles apresenta, enfim, como único sentido dos direitos é o seu fundamento ético, consenso sobre núcleo de critérios morais que representem os valores básicos para uma existência realmente humana. Mas defende que esses critérios morais que fundamentam os direitos deveriam ser conduzidos pelo princípio da responsabilidade, e não exclusivamente pelo princípio da felicidade.[38]

---

[35] ROBLES, 1997, p. 33.

[36] SARLET, 2001, p. 99.

[37] ROBLES, 1997, p. 186.

[38] ROBLES, 1997, p. 185.

O conteúdo material dos direitos humanos – e também dos direitos humanos positivados no ordenamento interno de cada Estado – deve encontrar no fundamento ético o próprio sentido da posição privilegiada de alguns direitos, que são garantidos ao homem não isoladamente considerado, mas ao homem que convive em sociedade.

Vinculando os direitos não apenas aos valores morais que priorizam a subjetividade do homem (conduzido bela busca da felicidade e realização pessoal), mas também – e principalmente – compreendendo sua vinculação a um mínimo de valores que viabilizam a convivência dos homens (conduzidos pelo princípio da responsabilidade e pelos dos deveres morais que concretizam os próprios valores comunitários), pode-se defender que os direitos fundamentais, em seu conteúdo, enquanto posições jurídicas garantidas às pessoas na sociedade e do Estado, devem constituir "os canais de auto-realização pessoal" compreendida esta como "o marco de liberdade que torne possível o cumprimento de deveres".[39]

2. Localizando a raiz histórica e ideológica do problema

Permeando todo o questionamento e todas as discussões doutrinárias em torno da eficácia dos direitos fundamentais na ordem jurídica privada, encontra-se a construção doutrinária que concebe esses direitos como direitos subjetivos públicos, como foram originariamente conceituados. De fato, assim compreendidos os direitos fundamentais, em uma dimensão unidirecional, será difícil encontrar espaço para a construção de qualquer teoria acerca da eficácia dos direitos fundamentais nas relações privadas.

Esse conceito de direito fundamental encontra-se indissociavelmente vinculado a um momento da história constitucional, em que fixou suas raízes: o Estado liberal de direito. Nesse modelo de Estado constitucional, os direitos fundamentais foram concebidos como direitos de defesa oponíveis pelo cidadão frente ao Estado, assumindo a função de proteger o indivíduo de ingerências por parte dos poderes públicos no âmbito de sua esfera pessoal.

Não se pode ignorar também que o modelo liberal de Estado – e dessa concepção de direitos fundamentais que nele se formou – parte de uma premissa ideológica indiscutivelmente individualista.[40]

---

[39] Ibid., p. 189.

[40] BILBAO UBILLOS, Juan María. *La eficacia de los derechos fundamentales frente a particulares*: análisis de la jurisprudencia del tribunal constitucional. Madrid: Centro de Estudios Políticos y Constitucionales, 1997. p. 233.

Abre-se aqui um parêntese para ressaltar o individualismo que permeia as teorias jusnaturalistas acerca da origem do Estado e que, de uma forma ou de outra, fundamentaram o Estado liberal. Os pensadores do direito natural preocupavam-se em formular uma construção teórica que fosse capaz de colocar a salvo do absolutismo monárquico, ainda que em parte, a liberdade individual.[41]

O caráter individualista também é característica marcante na teoria de Locke. Para ele, são os interesses individuais que justificam para o homem a necessidade do Estado que se apresenta, desde sua origem, com o dever de preservar a inviolabilidade da propriedade privada e com ela toda uma órbita de direitos individuais igualmente invioláveis. É o livre exercício dos direitos individuais naturais que representa um dos esteios da concepção liberal,[42] à medida que demonstra a existência de esfera privada do indivíduo que é autônoma e inviolável, não podendo o Estado desrespeitá-la.

Por esse mesmo prisma, a teoria lockeana inicia também uma concepção liberal dos direitos individuais. Os homens, ao saírem do estado de natureza, apresentam-se na sociedade política – que por seu próprio consentimento constituíram – já como titulares de direitos individuais naturais, cujo livre exercício deve ser preservado. Este deveria ser o objetivo maior do Estado.[43] Assim, os homens transferem ao Estado poderes limitados[44] e mantêm, na sociedade política, sua condição de liberdade: liberdade de seguir sua própria vontade "em tudo quanto a regra não prescreve", da mesma forma que no estado de natureza estava subordinado somente à lei da razão.[45] O Estado deveria ser instrumento capaz de aperfeiçoar as condições que o homem já havia alcançado. Um instrumento colocado a serviço dos direitos dos indivíduos.[46] Mas, para tanto, deveria ser rodeado de

---

[41] Cabe aqui ressalvar a observação pontuada por Paulo Bonavides no sentido de que "seria errôneo reconhecer na teoria jusnaturalista, da Idade Média à Revolução Francesa, ordem de idéias votada exclusivamente à postulação dos direitos do homem", uma vez que "o direito natural foi a fortaleza de idéias onde procuraram asilo tanto os doutrinários da liberdade como os do absolutismo" (BONAVIDES, Paulo. *Do estado liberal ao estado social.* 7. ed. São Paulo: Malheiros, 2001. p. 41)

[42] BOBBIO, Norberto. *Estado, governo e sociedade*: para uma teoria geral da política. Tradução Marco Aurélio Nogueira. 4. ed. Rio de Janeiro: Paz e Terra, 1992. p. 23-24.

[43] LOCKE, John. *Segundo tratado sobre o governo*: Ensaio relativo à verdadeira origem extensão e objetivo do governo civil. 2. ed. São Paulo: Abril Cultural, 1978. (Os Pensadores).

[44] LOCKE, 1978, p. 43.

[45] Ibid., p. 43.

[46] "Por esto, los hombres deciden salir del estado de naturaleza e instituir la sociedad política. En ella esos hombres veían esencialmente un instrumento de perfeccionamiento de la condición ya existente, que permitía poner al servicio de la misma property, de sus derechos, algunas instituciones políticas, que como tales nunca habrían podido establecerse en el estado de naturaleza (...)" (FIORAVANTI, Maurizio. *Constituciòn*: de la antigüedad a nuestros días. Madrid: Trotta, 2001. p. 91).

Direitos Fundamentais e Relações Familiares

limitações para que pudesse ser preservada a esfera de liberdade onde se projeta "a majestade do indivíduo".[47]

Essa ideologia, que amparou os direitos naturais do homem frente ao Estado[48], fez-se presente durante a histórica oposição entre a liberdade do indivíduo e o absolutismo do monarca que culminou com o triunfo da burguesia contra o Estado absolutista, contexto histórico em que os direitos fundamentais se afirmaram, nas Constituições liberais, como direitos de liberdade com a função de salvaguardar, para os indivíduos, espaço de autonomia inviolável pelo poder público.

Esta é a chamada primeira geração dos direitos fundamentais[49] (o seu núcleo inicial) enquanto garantia de liberdades essenciais, que se caracteriza por seu conteúdo negativo, exigindo do Estado uma abstenção que respeite a esfera inviolável da liberdade individual. Assumem, portanto, o papel de direitos de defesa ou de omissão oponíveis unicamente frente ao Estado.

Mas não apenas sob a ótica do pensamento jusnaturalista os direitos de liberdade puderam se afirmar como direitos do indivíduo frente ao Estado.

A idéia dos direitos fundamentais como direitos públicos subjetivos se sustentou no positivismo jurídico, passando os direitos individuais a ser considerados não como prerrogativas naturais anteriores ao Estado, mas como direitos que têm sua origem e fundamento no processo de autolimitação do Estado que aceita a necessidade de auto-regulação do exercício de seu poder soberano.[50]

Passando a ser compreendida, no positivismo, como o resultado da autovinculação do Estado-pessoa jurídica, a liberdade reflete então a projeção subjetiva do princípio da legalidade, uma vez que se garante ao indivíduo esfera livre de intervenções ilegais por parte da administração pública. A tutela da liberdade praticamente se equivale à da igualdade formal, uma vez que se traduz na garantia de que nada poderá ser imposto ou proibido ao sujeito privado senão em virtude de lei geral e abstrata a que todos se encontram igualmente sujeitos.[51]

No momento em que os direitos fundamentais se inserem nas constituições liberais, portanto, são os Poderes públicos que se apre-

---

[47] BONAVIDES, 2001, p. 40.

[48] Aqui utilizado o termo no sentido compreendido pelo jusnaturalismo moderno, enquanto direitos subjetivos ("rigths") e não como no jusnaturalismo antigo, onde o direito natural era tido como direito objetivo, como norma ("law").

[49] Na definição de Paulo Bonavides: "Os direitos da primeira geração ou direitos da liberdade têm por titular o indivíduo, são oponíveis ao Estado, traduzem-se como faculdades ou atributos da pessoa e ostentam uma subjetividade que é seu traço mais característico; enfim são direitos de resistência ou de oposição perante o Estado" (BONAVIDES, 1994, p. 517).

[50] BILBAO UBILLOS, 1997, p. 235.

[51] RIBEIRO, Joaquim de Souza. Constitucionalização do direito civil. *Boletim da Faculdade de Direito da Universidade de Coimbra*, v. 74, p. 729-755, 1998.

sentam como os potenciais inimigos capazes de ameaçar as liberdades e, nesse contexto, são os direitos fundamentais que vão representar, no plano jurídico, o reflexo dos temores da burguesia frente ao fantasma do absolutismo recém-derrubado, dando ênfase à idéia de necessidade de limitação do Estado.

Praticamente inexistentes, nesse período, as interferências da Constituição no Direito Privado. Na verdade, o modelo de constituição liberal possibilita a existência do Direito Privado como esfera autônoma do ordenamento jurídico. A proteção das liberdades limita-se às tensões entre indivíduo e Estado, relações que refletiam a dialética liberdade-autoridade. No Estado liberal, a garantia dessas liberdades decorre da idéia de que o Direito vincula distintamente o poder público e o sujeito privado. Enquanto o Estado se encontra vinculado positivamente ao Direito – uma vez que o poder público só pode fazer o que as normas jurídicas expressamente lhe autorizam – o indivíduo, ao contrário, encontra-se vinculado negativamente, no sentido de que lhe é permitido fazer tudo o que as normas não proíbem.

Constituição e direito civil seguiam em linhas paralelas, dirigiam-se a situações distintas, regiam-se por diferentes princípios. Tal distinção também é reflexo da forte carga ideológica de um dos postulados centrais do liberalismo: a separação entre o Estado e a sociedade civil. A regulação dessa sociedade encontra-se na legislação civil, não nas constituições políticas. O Direito Civil mostra-se como que uma "carta constitucional" de uma sociedade auto-suficiente, entregue ao livre jogo das forças sociais, que encontra no princípio da autonomia privada e na liberdade contratual, expressão máxima dessa autonomia, o eixo central da regulação das relações privadas.[52]

Encontrando-se assim as relações privadas regidas por diferentes fontes de produção do Direito, os direitos fundamentais inserem-se no Direito Público para atuar, como direitos subjetivos, unicamente nas relações entre o indivíduo e o Estado, que é o único obrigado a respeitá-los. Daí falar-se hoje da eficácia dos direitos fundamentais frente aos particulares como uma "eficácia externa" ou "eficácia frente a terceiros", como foi denominada na doutrina alemã (*Drittwirkung der Grundrechte*). Isso porque, partindo-se da construção primitiva dos direitos fundamentais no Estado liberal burguês, pressupõe-se que os indivíduos são estranhos à relação jurídica em que o único sujeito passivo é o poder público.

Foi essa concepção de direitos fundamentais que se afirmou a partir das Constituições liberais e que foi aceita de forma acrítica por mais de um século[53]. E é essa construção dos direitos fundamentais,

---

[52] BILBAO UBILLOS, 1997, p. 237.

[53] Ibid., p. 233.

Direitos Fundamentais e Relações Familiares

sobre as bases da teoria política liberal, que se apresenta como pano de fundo à aporia da eficácia dos direitos fundamentais na ordem jurídica privada. Concebendo-se os direitos fundamentais como direitos de defesa contra o Estado, como explicar que possam atuar como direitos de defesa de particulares contra particulares?[54]

Entretanto, não se pode deixar de observar as contradições intrínsecas do modelo liberal que macula também a própria concepção de direitos públicos subjetivos.

Como já se procurou demonstrar, os direitos do homem, pela ótica jusnaturalista (segundo Locke), eram preexistentes ao próprio Estado, uma vez que os homens, no estado de natureza, já estão subordinados a leis, oriundas da razão, que lhes reconhecem direitos individuais e impõem obrigações que vinculam igualmente a todos.[55]

Assim, pela filosofia contratualista, o Estado criado com o objetivo maior de preservar a propriedade e demais direitos individuais, encontrava-se obrigado não apenas pelo dever de respeitá-los, mas, principalmente, sendo-lhe transferidos poderes de jurisdição e execução das leis, passou a assumir o dever de proteger esses direitos das agressões oriundas dos próprios indivíduos, solucionando os conflitos de interesses. O Estado surge então, de acordo com as teorias contratualistas, como protetor dos direitos individuais.[56]

Analisando ainda por outro ângulo o modelo liberal dos direitos fundamentais, sob ótica positivista, pode-se constatar que a concepção de direitos públicos subjetivos nada mais é do que a própria noção de direito subjetivo desenvolvida no direito privado, transposta para a esfera do Direito Público.[57] Partindo-se do reconhecimento da personalidade jurídica do Estado e da possibilidade de se estabelecerem relações jurídicas entre ele e o cidadão, torna-se possível reconhecer também pretensões jurídicas decorrentes dessas relações. São a essas

---

[54] CANOTILHO, José Joaquim Gomes. Civilização do direito constitucional ou constitucionalização do direito civil? A eficácia dos direitos fundamentais na ordem jurídico-civil no contexto do direito pós-moderno. In: GRAU, Eros Roberto; GUERRA FILHO, Willis Santiago (Org.). *Direito Constitucional*: estudos em homenagem a Paulo Bonavides. São Paulo: Malheiros, 2003. p. 110.

[55] Segundo Locke, o estado de natureza é "um estado de liberdade mas não o é de licenciosidade". Pois "o estado de natureza tem uma lei de natureza para governá-lo, que a todos obriga; e a razão, que é essa lei", reconhece ao homem não apenas direitos e liberdades (podendo "dispor da própria pessoa e posses") mas impõe obrigações, limites que também devem ser respeitados por todos, uma vez que, pela lei da natureza, nenhum homem tem o poder de "prejudicar a outrem na vida, na saúde, na liberdade ou nas posses" (LOCKE, 1978, p. 36).

[56] O inconveniente maior do estado de natureza, de acordo com a teoria lockeana, centrava-se no poder de jurisdição e execução das leis naturais, por isso, ao constituir a sociedade política, os homens, reconhecendo essa dificuldade – de cada um ser juiz em causa própria – renunciam ao seu poder natural de julgar e executar as leis transferindo tal poder ao Estado que, a partir de então, assume a obrigação de solucionar os conflitos entre os direitos individuais (LOCKE, 1978, p. 36 et seq.).

[57] BILBAO UBILLOS, 1997, p. 234.

pretensões que se referem os chamados direitos públicos subjetivos. Entretanto, em sua conceituação, o que caracteriza propriamente o direito subjetivo é a possibilidade de alguém exigir de outrem determinada conduta, fazendo valer seu interesse frente a outros sujeitos que se encontram obrigados, vinculados por um dever jurídico. O caráter público ou privado não é um traço que caracteriza o direito subjetivo em si mesmo, mas tão-somente a indicação do meio pelo qual o direito pode ser agredido.[58]

Contudo, na configuração do modelo liberal de direitos fundamentais, foram, exatamente, a origem e o meio de agressão que passaram a representar o elemento principal para a caracterização da nova categoria jurídica dos direitos públicos subjetivos, e não o seu caráter absoluto e universal, como direito oponível contra todos. Mais uma vez então se faz presente a carga ideológica individualista, quando a teoria dos direitos subjetivos públicos, reforçando a idéia de separação entre sociedade e Estado, afirma que somente a este se destinam as normas de direitos fundamentais.

Eram as possíveis agressões do Estado que atemorizavam a burguesia. Era contra as ingerências arbitrárias dos poderes públicos que a esfera dos direitos e liberdades precisava ser resguardada. Os direitos fundamentais foram concebidos como direitos públicos subjetivos porque se justificavam historicamente para defender os indivíduos das possíveis agressões oriundas do Estado, não dos indivíduos. As relações entre particulares apresentavam-se como relações entre iguais (ainda que apenas formalmente), como tipo de relação em que não se inseria o temor do conflito entre liberdade e autoridade, não se justificando, conseqüentemente, estender-lhes a eficácia dos direitos fundamentais.

Interessava à burguesia esse modelo de Estado, pretensamente neutro, que interferisse o mínimo possível na esfera social, cabendo-lhe não mais do que preservar a ordem pública. Nesse contexto, os direitos fundamentais, apesar de terem sido formulados em termos universais, abrigavam carga ideológica individualista e acabaram por propiciar a perpetuação da hegemonia de uma classe, uma vez que o conteúdo negativo e unidirecional desses direitos, garantia a abstenção do Estado e, ao mesmo tempo, a preservação de esfera jurídica autônoma

---

[58] Esse entendimento é defendido por Juan Maria Bilbao Ubillos, para quem a distinção entre público e privado não se ajusta ao conceito de direito subjetivo. Nesse sentido, os direitos fundamentais "no son outra cosa que derechos subjetivos cualificados o reforzados, que se caracterizan precisamente por su especial resistencia frente a los poderes públicos", não podendo essa singularidade ocultar a qualidade primária dos direitos subjetivos potencialmente oponíveis contra todos. Assim, se aceitos os direitos fundamentais como direitos subjetivos, conclui o autor que "conceptualmente, nada impide que los particulares sean también sujetos obligados". (BILBAO UBILLOS, 1997, p. 274-275).

Direitos Fundamentais e Relações Familiares

de regulação das relações privadas, sujeita ao livre jogo das forças sociais.[59]

O que se pode concluir dessas observações iniciais é que essa configuração dos direitos fundamentais, como direitos públicos subjetivos, não decorre da gênese nem do conceito geral desses direitos, analisadas a partir de seus elementos essenciais. A idéia de sua oponibilidade exclusivamente como direito de defesa em relação ao Estado decorre de sua vinculação ao momento histórico em que esses direitos foram reconhecidos no Estado liberal, onde também se encontram suas raízes ideológicas.

3. Premissas para o reconhecimento da eficácia dos direitos fundamentais nas relações entre particulares

3.1. Superação da Concepção Liberal dos Direitos Fundamentais

A tese liberal dos direitos fundamentais e a carga ideológica individualista que reflete a separação entre Estado e sociedade civil é ainda hoje a razão para se continuar resistindo a aceitar uma dimensão mais ampla dos direitos fundamentais com eficácia também na esfera do direito privado.[60]

Um pressuposto, então, para a compreensão das teorias desenvolvidas em torno dos efeitos das normas de direitos fundamentais no Direito Privado é a conscientização de que a configuração que esses direitos assumiram no Estado clássico e liberal restou superada no Estado social de direito.[61]

Essa mudança só foi possível a partir do momento em que se começou a desmascarar um dos pontos mais vulneráveis da teoria clássica dos direitos fundamentais, no que se refere à afirmação de que as relações entre particulares são relações entre iguais, caracterizadas pelo poder de autodeterminação dos indivíduos, considerados sujeitos formalmente livres, ao contrário das relações em que intervém

---

[59] "A escola do direito natural da burguesia racionaliza o problema delicadíssimo do poder, simplificando a sociedade, como se fora possível ignorar as forças elementares e obscuras que atuam na infra-estrutura do grupalismo humano. Fez, pretensiosamente, da doutrina de uma classe a doutrina de todas as classes". (BONAVIDES, 2001, p. 43).

[60] "Este peso ideológico justifica também o artificialismo de certas doutrinas, obrigadas a reconhecer as novas dimensões da protecção dos direitos fundamentais, e as soluções retrógradas que continuam a dar-se a alguns problemas de protecção dos direitos". (CANOTILHO, José Joaquim Gomes. *Direito constitucional*. 5. ed. Coimbra: Almedina, 1992. p. 604).

[61] SARLET, Ingo Wolfgang. Direitos fundamentais e direito privado: algumas considerações em torno da vinculação dos particulares aos direitos fundamentais. In: —. (Org.). *A constituição concretizada*: construindo pontes com o público e o privado. Porto Alegre: Livraria do Advogado, 2000. p. 107-163.

o Estado, que se caracterizam pela situação de dominação e subordinação.

As desigualdades sociais, concretamente vivenciadas, demonstraram que as relações privadas nem sempre consubstanciavam a expressão de liberdade real de todos os sujeitos. Ao contrário, as relações entre particulares freqüentemente revelam situações de sujeição de alguns sujeitos em relação a outros que ocupam posição de supremacia, seja pelo poder econômico ou outra forma de poder social.

As novas estruturas e situações de poder que se desdobram como conseqüência das desigualdades sociais possibilitam as relações manifestamente desiguais entre particulares, onde uma das partes detém expressivo poder social.

Impõe-se reconhecer que as agressões contra os direitos fundamentais não são provenientes apenas do poder público; elas também advêm dos sujeitos privados, principalmente dos mais fortes no âmbito da sociedade.

Aliás, mesmo no auge do constitucionalismo liberal-burguês, em momento no qual o Estado era considerado o destinatário exclusivo das normas de direitos fundamentais, já era possível constatar que as ameaças aos direitos fundamentais dos indivíduos não eram oriundas apenas do Estado, mas também advindas da opressão socioeconômica, como demonstraram as conseqüências da revolução industrial.[62]

O Estado, com as alterações sofridas pelo modelo liberal, determinadas principalmente pelo grande crescimento da participação ativa da sociedade no poder, deixa de ser visto como o grande agressor dos direitos fundamentais, pelo menos não mais o único.

O poder deixa de ser concentrado no Estado e passa a ser compartilhado pela própria sociedade. E os diversos poderes privados dispersos na esfera social podem se apresentar até mais ameaçadores que os poderes públicos, uma vez que as dificuldades para estabelecer um sistema efetivo de controle acaba lhes favorecendo com relativa impunidade.[63]

Essa percepção da existência dos poderes privados no âmbito da sociedade, permitindo que se constatem também nas relações entre particulares situações de dominação e subordinação,[64] acaba colocando em xeque o dogma da autonomia privada, onde a regulação das relações privadas encontra seu principal esteio. Isso porque o desequilíbrio entre os pólos de uma relação privada compromete, ou até

---

[62] SARLET, 2000, p. 118.

[63] BILBAO UBILLOS, 1997, p. 242-243.

[64] Sobre critério metodológico que permite aferir a presença do poder social, bem como sobre as formas de relação de poder e os meios de seu exercício, ver: MAUÉS, Antonio Gomes Moreira. *Poder e democracia*: o pluralismo político na constituição de 1988. Porto Alegre: Síntese, 1999. p. 38-46.

Direitos Fundamentais e Relações Familiares

mesmo anula, o pressuposto do princípio da autonomia privada que é a situação de liberdade e igualdade, pelo menos tendencial.

De fato, não são poucas as relações jurídicas entre particulares onde se pode constatar que as partes não dispõem realmente da mesma liberdade em manifestar sua vontade, em optar entre diferentes possibilidades, ou não dispõem das mesmas possibilidades de discutir sobre o conteúdo de um negócio jurídico. Essas situações ocorrem quando o poder de quem está em posição de superioridade – este sim no pleno exercício de sua liberdade – acaba por anular a liberdade da parte mais debilitada, que muitas vezes, encontrando-se em um estado de dependência ou de tamanha necessidade, não tem, de fato, outra alternativa senão aceitar as condições estabelecidas pela parte mais forte.

Os exemplos mais freqüentes, em que a situação de subordinação é nitidamente percebida, são as relações de emprego, em que o estado de dependência econômica do empregado lhe obriga a "aceitar" as condições fixadas pelo empregador. Aliás, de acordo com a nossa legislação trabalhista, a situação de subordinação é traço característico do vínculo de emprego, elemento intrínseco ao próprio conceito legal da relação empregatícia. Não é por acaso que as teorias sobre a eficácia dos direitos fundamentais nas relações privadas foram desenvolvidas originariamente no campo das relações de trabalho, sendo nos tribunais trabalhistas que essa doutrina teve – e continua tendo – seu firme apoio.[65]

Mas na complexidade da sociedade contemporânea, as relações de trabalho são apenas exemplo da multiplicidade de relações em que o indivíduo participa no âmbito privado e se confronta com a existência de poderes sociais que colocam em risco a liberdade individual. A influência dos grandes grupos empresariais, a crescente atuação de empresas privadas em atividades antes tipicamente estatais, além de muitos outros incontáveis exemplos atuais, podem demonstrar as alterações por que constantemente passa a sociedade e que tornam cada vez mais difícil afirmar, de forma reducionista, de onde podem partir as ameaças aos direitos e liberdades individuais.

Se, de fato, o Estado pode representar uma ameaça aos direitos fundamentais, não se pode mais ignorar que essa ameaça também pode advir da sociedade pelo exercício de diversos poderes sociais, ou poderes de fato. Independentemente de se originarem do poder público ou dos poderes privados, devem ser vistas como aspectos do fenômeno mais amplo que é a ameaça exercida pelos mais fortes, restringindo a liberdade dos mais fracos.[66]

---

[65] BILBAO UBILLOS, 1997, p. 244.

[66] Ibid., p. 250.

A chamada teoria dos poderes privados contribuiu para proporcionar um questionamento em torno da autonomia privada, revelando que a adesão incondicional a esse princípio nas relações privadas pode gerar, na verdade, a garantia de impunidade a violações de direitos fundamentais por parte de entes privados poderosos. Conseqüentemente, favorecendo o crescimento da conscientização da necessidade de limitar os poderes sociais para garantir a defesa dos direitos de todos os indivíduos, protegendo os mais fracos nas relações marcadas por desigualdades de fato, a teoria dos poderes privados acabou fortalecendo o reconhecimento da existência de vinculação dos particulares aos direitos fundamentais, ou seja, o reconhecimento de que os direitos fundamentais devem atuar, na verdade, como forma de defesa contra toda e qualquer opressão, independentemente de onde seja proveniente, seja de entidades públicas ou de sujeitos privados.

Assim como essa consciência em torno do reconhecimento das desigualdades reais existentes na sociedade possibilitou as transformações do modelo liberal de Estado, da mesma forma, a teoria dos direitos fundamentais não poderia manter-se incólume diante das mudanças que se operaram na realidade social.

3.2. A superação dos pressupostos ideológicos individualistas da dicotomia estado-sociedade e a nova postura do estado frente aos direitos fundamentais

No período das constituições interventivas (inaugurado com a Constituição de Weimar, de 1919) o Estado abandona a posição abstencionista do modelo liberal para começar a intervir na esfera social, objetivando propiciar condições necessárias para o exercício dos direitos e liberdades.

O eixo central do sistema de proteção dos direitos fundamentais passa a ser não mais o indivíduo abstrato, mas sim a pessoa humana.[67] Reconhecendo que a igualdade abstrata e formal dos indivíduos perante a lei não é capaz, por si só, de superar as desigualdades reais, o Estado social adota postura sensível diante dos problemas do homem concreto, comprometendo-se a assumir postura ativa perante as organizações sociais.

A configuração dos direitos fundamentais ultrapassa então a dimensão meramente negativa, que exige do Estado postura passiva de respeito à liberdade individual (abstrata e formal), assumindo dimensão mais ampla que exige conduta também positiva. O Estado passa a ser devedor não apenas de obrigação de respeito, mas também devedor de postura ativa, titular de um dever de proteção integral dos direitos

---

[67] CANOTILHO, 1992, p. 604.

Direitos Fundamentais e Relações Familiares

fundamentais, capaz de superar, ou minorar, as desigualdades e garantir a liberdade real de todos os cidadãos.

Essa nova postura assumida pelo Estado, intervindo ativamente na ordenação das relações sociais, permite que sua atuação seja considerada também conformadora da sociedade, corrigindo e atenuando seus desequilíbrios.[68] O Estado deixa de ser apenas garantidor das liberdades e passa a ser também promotor dessas mesmas liberdades.

Quando a nossa Constituição de 1988 estabelece, por exemplo, como um dos objetivos fundamentais da República brasileira, "erradicar a pobreza e a marginalização e reduzir as desigualdades sociais e regionais" (art. 3º, inciso III), assume expressamente essa nova vocação transformadora das Constituições democráticas que visam a proporcionar as condições necessárias para a consecução de igualdade real, substancial, e não meramente formal.

Quando assume a função de redistribuição das condições reais existentes na sociedade, visando a proporcionar a todos as mesmas oportunidades de exercício das liberdades individuais, o novo modelo de Estado introduz os elementos democráticos que não se fizeram presentes no modelo liberal clássico, rompendo a barreira ideológica individualista que preconizava a separação absoluta entre sociedade e Estado. Derruba-se, com isso, mais um esteio do liberalismo que defendia a autonomia de duas ordens normativas, vinculando distintamente o poder público e o sujeito privado.

Nesse novo quadro jurídico-constitucional é que se pode levantar o problema das relações entre a ordem dos direitos, liberdades e garantias, e a ordem civil. Deixando-se de conceber a liberdade individual abstratamente, passando a compreender a necessidade de proteção e promoção da liberdade real do homem concreto, não faz mais sentido garantir a liberdade do ser humano como cidadão, em sua relação com o Estado, deixando de garantir a liberdade do indivíduo em suas relações sociais.[69]

Nova concepção de Constituição se impõe com ampliação substancial do raio de ação de suas normas. Um modelo de constituição que não mais se limita a regular o exercício do poder político, mas institui ordem jurídica que contém os princípios básicos para a regulação de toda a sociedade. A Constituição converte-se, assim, na ordem jurídica fundamental da comunidade em seu conjunto.[70]

Principalmente com as constituições do período do segundo pós-guerra, consolida-se a idéia de supremacia normativa e da eficácia

---

[68] SILVA, Vasco Manoel Pascoal Dias Pereira da. Vinculação das entidades privadas pelos direitos liberdades e garantias. In: *Revista de Direito Público*, n. 82, p. 41-51, 1987.

[69] BILBAO UBILLOS, 1997, p. 265.

[70] Ibid., p. 257.

direta dos preceitos constitucionais, com o acolhimento desse novo modelo inserido expressamente nos textos constitucionais.[71]

A Constituição assume então papel de lei verdadeiramente superior, fonte imediata de direitos e obrigações. Colocando-se no ápice do ordenamento, as normas constitucionais assumem papel de integração de todo o sistema jurídico que passa a ser permeado pelas "opções valorativas" adotadas pela Constituição.[72] A partir desse enfoque, a Constituição se converte em elemento de unidade do ordenamento jurídico,[73] não sendo mais possível conceber o Direito Privado como compartimento estanque, totalmente isolado do Direito Constitucional. O Direito Civil não pode se afastar dos padrões valorativos adotados pelos princípios constitucionais.

Há de se reconhecer, na verdade, que a própria Constituição não é indiferente à disciplina das relações privadas, ao contrário, é nela que se pode encontrar a opção por determinado modelo dessas relações, isso porque o Direito Civil é também matéria constitucional.[74] Não que isso possa levar à conclusão precipitada de que o Direito Civil seria simples derivação ou mera concretização do Direito Constitucional. Adotar esse entendimento seria ignorar a complexidade das relações entre essas duas esferas normativas.[75]

O que se impõe ressaltar, nesse momento, é que as mudanças históricas impuseram uma superação da idéia de incomunicabilidade entre esses dois setores do ordenamento que hoje, cada vez mais, entrelaçam-se numa relação de recíproca complementariedade e dependência.[76]

3.3. O reconhecimento de uma dimensão objetiva dos direitos fundamentais

Inserida nesse contexto mais amplo das relações entre Constituição e Direito Privado, a influência dos direitos fundamentais nas

---

[71] É assim na Lei Fundamental de Bonn, de 1949, ao estabelecer-se, no art. 1°, n° 3, que "os direitos fundamentais subseqüentes vinculam o legislador, o poder executivo e o poder judicial como direito imediatamente vigente. É assim, também, na Constituição Portuguesa, ao fixar-se a regra, no art. 18, 1, de que "os preceitos constitucionais respeitantes aos direitos, liberdades e garantias são directamente aplicáveis e vinculam as entidades públicas e privadas" (...). É assim, de igual modo, na Constituição brasileira, ao prescrever no § 1° do art. 5°, que "as normas definidoras dos direitos e garantias fundamentais têm aplicação imediata" (RIBEIRO, 1998, p. 732). E, no mesmo sentido, na Constituição da Espanha, art. 53.1. (Cf. BILBAO UBILLOS, 1997, p. 295).

[72] RIBEIRO, op. cit., p. 733.

[73] BILBAO UBILLOS, op. cit., p. 257.

[74] "(...) a ordem jurídica civil não pode deixar de compreender-se dentro da ordem constitucional: o direito civil não é matéria extra-constitucional, é matéria constitucional (...). Não se pretende transformar a Constituição em super código e reduzir o direito civil a um simples direito constitucional concretizado" (CANOTILHO, 1992, p. 607).

[75] RIBEIRO, 1998, p. 754.

[76] BILBAO UBILLOS, 1997, p. 261.

Direitos Fundamentais e Relações Familiares

relações privadas assume feições diferenciadas, ocupando posição de relevância ainda maior, especialmente em decorrência do elemento integrante de sua própria qualificação: a fundamentalidade. Essa característica, não apenas no seu sentido formal, como também em seu aspecto material,[77] coloca as normas de direitos fundamentais em posição central no sistema jurídico.

Além da sua dimensão subjetiva, enquanto direitos do cidadão, os direitos fundamentais passam a ser compreendidos em sua dimensão objetiva, ou seja, como normas objetivas (*Objektive Grundsatznormen*) que incorporam valores cuja proteção independe da natureza pública ou privada de uma relação jurídica e cuja projeção afeta todos os Poderes do Estado, inclusive o Judiciário.[78]

Trata-se da chamada teoria do "efeito de irradiação" (*Ausstrahlungswirkung*), concepção formulada a partir da jurisprudência do Tribunal Constitucional Federal da Alemanha, segundo a qual os direitos fundamentais representam uma "ordem objetiva de valores", irradiando-se para todos os âmbitos do Direito.[79]

Com o reconhecimento dessa dimensão objetiva, a doutrina constitucional passou a reconhecer também que a própria dimensão subjetiva dos direitos fundamentais se irradia em várias direções, inclusive na esfera privada do homem individual,[80] razão pela qual os direitos fundamentais deixaram de ser conceituados (pelo menos não exclusivamente) como direitos subjetivos públicos, passando a ser compreendidos como decisões jurídico-constitucionais básicas que valem para todo o sistema jurídico.

Ressalte-se nesse ponto o posicionamento de Alexy, que alerta para os diferentes conceitos por que podemos conceber o sistema jurídico, que tanto pode ser compreendido como sistema de normas como também sistema de relações jurídicas. Uma vez compreendido o sistema jurídico dando prioridade a essa última perspectiva, tem-se a

---

[77] "La fundamentalidad formal de las normas iusfundamentales resulta de su posición en la cúspide de la estructura escalonada del orden jurídico en tanto derecho directamente vinculante para la legislación, el poder ejecutivo y el poder judicial (...). Los derechos fundamentales y las normas iusfundamentales son materialmente fundamentales porque con ellas se toman decisiones sobre la estructura normativa básica del Estado y de la sociedad" (ALEXY, Robert. *Teoria de los derechos fundamentales*. Tradução Ernesto Garzón Valdés. Madrid: Centro de Estudios Constitucionales, 1997. p. 503 e 505).

[78] BILBAO UBILLOS, 1997, p. 304.

[79] Alexy transcreve o trecho de uma decisão do próprio Tribunal Constitucional Federal: "De acuerdo com com la jurisprudencia permanente del Tribunal Constitucional Federal, las normas iusfundamentales contienen no sólo derechos subjetivos de defensa del indivíduo frente al estado, sino que representan, al mismo tiempo, un orden valorativo objetivo que, en tanto decisión básica jurídico-constitucional, vale para todos los ámbitos del derecho y proporciona directrices e impulsos para la legislación, la administración y la justicia" (ALEXY, op. cit., p. 507).

[80] CANOTILHO, 1992, p. 604; SARLET, 2000, p. 119.

vantagem de poder diferenciar o efeito das normas de direitos fundamentais de acordo com as peculiaridades de cada relação jurídica sobre a qual se irradia a eficácia dos direitos fundamentais.[81]

Entretanto, segundo Alexy, a "tese da irradiação" precisa ser entendida a partir dos dois conceitos centrais que a integram: o conceito de "valor" e o conceito de "caráter objetivo". O primeiro equivale à noção de princípio. O segundo – o caráter objetivo dos princípios – deve corresponder à abstração mais ampla possível do aspecto subjetivo desses princípios, ou seja, deve-se compreender a natureza principiológica dos direitos fundamentais, abstraindo-se o titular do direito, o seu destinatário (obrigado) e, inclusive as peculiaridades de seu objeto. Somente esse nível máximo de abstração pode permitir que os princípios fundamentais influenciem amplamente todo o sistema jurídico (todas as relações jurídicas).[82]

Enfim, os direitos fundamentais, como ordem objetiva de valores, devem ser entendidos como "princípios de um nível supremo de abstração".[83]

Percebe-se que a tese da irradiação, não obstante representar um dos passos mais importantes para o reconhecimento da eficácia dos direitos fundamentais na esfera das relações privadas, não é suficiente para resolver as controvérsias em torno dessa eficácia.

O próprio Alexy reconhece que utilização dos direitos fundamentais como princípios de alto grau de abstração, ao mesmo tempo que apresenta a vantagem que reside em sua flexibilidade, tem o grande inconveniente de sua imprecisão, podendo ser aplicados de forma racional ou não-racional. Por isso é que esses princípios abstratos devem ser tomados como ponto de partida para uma fundamentação em que se indiquem e se justifiquem as premissas de uma aplicação racional. Assim compreendida, a teoria da eficácia irradiante mostra-se adequada tão-somente para demonstrar a existência de uma influência dos direitos fundamentais em todo o sistema jurídico, mas é extremamente incompleta e diz muito pouco sobre a forma e o conteúdo dessa influência.[84]

A interpretação e aplicação da Constituição sob uma perspectiva principialista não afasta, mas, ao contrário, exige o desenvolvimento de argumentações constitucionais racionais capazes de gerar uma previsi-

---

[81] ALEXY, 1997, p. 506.

[82] Ibid., p. 509.

[83] Ibid., p. 510.

[84] "La tesis según la cual a las disposiciones iusfundamentales hay que adscribir principios supremos que irradian en todos los ámbitos del sistema jurídico no es ni falsa ni inadecuada sino que sólo dice muy poco. Quedan pendientes las cuestiones de saber de qué forma se lleva a cabo esta influencia y qué contenido tiene" (ALEXY, 1997, p. 510).

Direitos Fundamentais e Relações Familiares

bilidade, e não a idéia do Direito como produto da discricionariedade ou fruto do decisionismo de magistrados.[85]

Entretanto, o grande avanço que se alcançou com o reconhecimento da dimensão objetiva dos direitos fundamentais foi a compreensão de que nenhuma esfera jurídica pode ficar imune aos valores e garantias constitucionais. Seja frente aos Poderes públicos, seja nas relações entre particulares, os valores que inspiram a tutela dos direitos fundamentais devem ser sempre os mesmos, ainda que se diferencie a forma dessa tutela.

Os direitos fundamentais, a partir da concepção de uma eficácia irradiante, passam a configurar o "epicentro axiológico" da ordem jurídica e, mais do que limites para o ordenamento jurídico, constituem seu verdadeiro "eixo gravitacional".[86]

4. Localizando as peculiaridades do problema

Após esta análise que até aqui se fez de alguns dos aspectos mais importantes da evolução do papel dos direitos fundamentais, podem-se desde já formular algumas delimitações em torno dos aspectos conceituais e terminológicos do problema que se pretende abordar.

Como já se procurou demonstrar, a relação dos direitos fundamentais com o direito privado constitui dimensão específica – com característica e relevância diferenciadas – inserida em uma questão mais genérica que é a influência da ordem constitucional, como um todo, no âmbito do direito privado, como relação entre duas esferas normativas.

Entretanto, mesmo no âmbito mais restrito da eficácia dos direitos fundamentais no Direito Privado, impõe-se ainda outra delimitação do tema.

Analisando a eficácia das normas definidoras de direitos e garantias fundamentais a partir do critério dos seus destinatários, ou seja, daqueles que estão vinculados, na condição de obrigados, percebe-se uma diferença, que nem sempre é tratada com clareza pela doutrina constitucional. Trata-se da distinção entre a chamada eficácia "vertical" e a "horizontal", expressões que muitas vezes são utilizadas sem a precisa delimitação do critério da vinculação dos destinatários das normas de direitos fundamentais.

Diz-se que os direitos fundamentais têm eficácia de natureza "vertical" quando vinculam os entes públicos, na condição de obriga-

---

[85] Cf. SARMENTO, Daniel. *Direitos fundamentais e relações privadas*. Rio de Janeiro: Lumen Juris, 2004. p. 154.

[86] Ibid., p. 156.

dos pelas normas jusfundamentais garantidoras dos direitos e liberdades dos cidadãos em suas relações com o poder público que, via de regra, são relações marcadas pelo desequilíbrio diante da posição de inferioridade e subordinação do indivíduo frente ao poder e à autoridade do estado, justificando o sentido simbólico da terminologia ("vertical").

Mas também se pode falar de eficácia "vertical" no âmbito do Direito Privado, quando, diante de situações jurídico-privadas, estiver em questão o problema da vinculação das entidades púbicas aos direitos fundamentais, ou seja, quando se estiver enfocando a questão da vinculação do legislador privado às normas de direitos fundamentais, bem como a vinculação dos órgãos do Poder Judiciário a essas mesmas normas sempre que, no exercício da atividade jurisdicional, estiverem diante da necessidade de solução de um conflito entre particulares.[87]

A dimensão mais controvertida, porém, refere-se ao que a doutrina tem chamado de "eficácia horizontal", que envolve a análise dos efeitos dos direitos fundamentais no âmbito das relações entre sujeitos privados, mais especificamente a problemática da vinculação desses sujeitos privados aos direitos fundamentais.

Este aspecto específico da vinculação dos particulares aos direitos fundamentais, na condição de obrigados a respeitá-los, tem sido apontado pela doutrina constitucional como o questionamento central em torno do qual se desenvolve o problema da eficácia dos direitos fundamentais nas relações privadas.[88] É nesse âmbito que se pretende desenvolver o presente estudo.

Contudo, outra delimitação ainda se impõe, uma vez que o problema da vinculação dos particulares aos direitos fundamentais pode ser analisado sob dupla perspectiva: material e processual.[89] Obviamente não se pode fugir da conexão íntima entre esses dois planos. O reconhecimento da eficácia dos direitos fundamentais e os meios processuais para tornar efetivos esses direitos nas relações privadas são dois aspectos interdependentes dentro da mesma problemática.

É indiscutível a importância das questões processuais na análise da eficácia dos direitos fundamentais, mesmo nas relações entre o

---

[87] SARLET, 2000, p. 109.

[88] Gomes Canotilho, na sua obra, intitula o capítulo que trata da questão como "Vinculação de entidades privadas" (CANOTILHO, 1992, p. 602), também delimita o problema a partir do questionamento: "as normas constitucionais consagradoras de direitos liberdades e garantias (e direitos análogos) devem ou não ser obrigatoriamente observadas e cumpridas pelas pessoas privadas (individuais ou colectivas) quando estabelecem relações jurídicas com outros sujeitos jurídicos privados?" (Ibid., p. 603).

[89] SARLET, 2000, p. 110.

Direitos Fundamentais e Relações Familiares

cidadão e o Estado, pois, apesar de não haver controvérsia, no plano material, acerca da existência de eficácia imediata dos direitos fundamentais frente aos Poderes públicos, persiste a relevância da discussão em torno dos meios necessários para garantia efetiva dessa eficácia. Portanto, seja nas relações entre particulares, seja na relação cidadão/Estado, não se pode prescindir da atividade jurisdicional para a efetiva tutela dos direitos fundamentais.

Contudo, a ausência da devida diferenciação entre os planos processual e material poderia levar à conclusão precipitada, por exemplo, da impossibilidade de eficácia imediata dos direitos fundamentais nas relações privadas, uma vez que os sujeitos privados sempre precisariam da mediação dos órgãos estatais, pelo menos dos órgãos do Poder Judiciário.

Ao contrário, ainda no mesmo exemplo, o reconhecimento da distinção dos planos processual e material – não obstante sua conexão – permite compreender que uma decisão judicial possa aplicar diretamente uma norma constitucional definidora de direitos fundamentais na solução de conflito entre particulares, partindo do reconhecimento (e aqui se localiza o aspecto material do problema) de que os sujeitos privados estão, de alguma forma, vinculados por um dever de respeito a esses direitos fundamentais.

Enfim, há de se reconhecer a importância de distinguir os aspectos material e processual da eficácia dos direitos fundamentais na esfera privada, uma vez que a confusão ou transposição dos dois planos acabaria por turbar a análise do problema, desviando a atenção do questionamento central com interferências que podem adulterar os resultados da investigação.[90]

Assim, ressalta-se, desde logo que, ainda que se procure apontar, por meio da análise de decisões judiciais, a aplicação prática do referencial teórico em torno do problema, a abordagem que se pretende desenvolver situa-se no plano material (ou substantivo) dessa problemática, qual seja, o questionamento em torno da existência ou não de uma eficácia (vinculativa) dos direitos fundamentais nas relações entre particulares, bem como acerca de como e em que medida se pode reconhecer essa eficácia.[91]

Por outro lado, é importante também delimitar alguns aspectos terminológicos do problema.

---

[90] A advertência é formulada por Juan María Bilbao Ubillos, que analisa a influência negativa da confusão dos planos processual e substantivo da eficácia dos direitos fundamentais frente a particulares mais especificamente na Espanha onde alguns doutrinadores negam essa eficácia, partindo da perspectiva, estritamente processual, da falta de legitimação passiva dos sujeitos privados no recurso de amparo cujo âmbito objetivo é restrito às demandas que têm por objeto a lesão de direitos fundamentais causadas pelo poder público (BILBAO UBILLOS, 1997, p. 30. Ibid., p. 77 et seq.).

[91] SARLET, 2000, p. 110.

O tema da eficácia das normas de direitos fundamentais na ordem jurídica privada tem sido abordado sob diversos títulos. Na formulação da doutrina constitucional alemã, em que o tema encontrou seu maior desenvolvimento, o assunto foi originariamente tratado pela denominação *Drittwirkung der Grundrechte*, eficácia externa dos direitos fundamentais, ou eficácia em relação a terceiros.[92] Outras expressões são também utilizadas, sempre tratando do mesmo leque de problemas: eficácia horizontal, vigência horizontal, aplicação horizontal, privatização de direitos fundamentais, eficácia privada, dentre outras.[93]

A *Drittwirkung*, apesar de ser a denominação mais utilizada na doutrina e na jurisprudência germânicas, tem sido alvo de críticas mesmo em seu país de origem.[94] Na verdade, como já se demonstrou, a idéia de que a eficácia das normas de direitos fundamentais na esfera privada seria "externa" encontra-se intimamente vinculada a uma concepção já superada. Somente se justificaria a compreensão desse efeito como "externo" se partíssemos do modelo liberal onde os direitos fundamentais se encontravam conceituados como direitos subjetivos dirigidos exclusivamente contra o Estado. Apenas na concepção liberal dos direitos fundamentais caberia tratar os sujeitos privados como "terceiros", pois seriam estranhos ao único modelo de relação jurídica onde esses direitos poderiam produzir efeitos e, conseqüentemente, qualquer eficácia em relação aos sujeitos privados seria "externa", ou seja, estar-se-ia diante de um efeito que não se operou *inter partes*.[95]

A doutrina constitucional mais recente, criticando a *Drittwirkung*, tem dado preferência à expressão "eficácia horizontal" (*Horizontalwirkung*),[96] igualmente originada na doutrina alemã. Contudo, há de se ressaltar que também essa terminologia deve ser utilizada com reservas. Por um lado, apresentam a vantagem de ter como ponto de partida o critério dos destinatários das normas definidoras de direitos fundamentais, ou seja, daqueles que se encontram vinculados por essas normas na condição de obrigados.[97] Mas, por outro lado, a compreen-

---

[92] A expressão "Drittwirkung" é traduzida por alguns autores como "eficácia externa" (CANOTILHO, 1992, p. 603; SILVA, Vasco, 1987, p. 41). Outros a traduzem como "eficácia em terceiros" (SARLET, op. cit., p. 113) ou "efeito em terceiros" (ALEXY, 1997, p. 510).

[93] Cf. CANOTILHO, 2003, p. 109-110; SARLET, op. cit., p. 113-114.

[94] SARLET, op. cit., p. 114.

[95] Há quem afirme que "a idéia de um efeito externo dos direitos fundamentais inspira-se no Direito das Obrigações", pois seria equivalente à transformação que se operou na compreensão dos direitos de crédito, inicialmente compreendidos exclusivamente em sua eficácia *inter partes* e, posteriormente, reconhecidos em seu duplo efeito: "um efeito interno, dirigido ao devedor e impondo-lhe uma determinada prestação e um efeito externo, que consiste no dever imposto a todas as outras pessoas de respeitar o direito do credor(...)" (SILVA, Vasco, 1987, p. 41).

[96] CANOTILHO, 1992, p. 603.

[97] SARLET, 2000, p. 109.

Direitos Fundamentais e Relações Familiares

são dessa denominação teria, obrigatoriamente, que partir do pressuposto de que nas relações privadas os indivíduos particulares se encontram em situação de equilíbrio, relacionam-se em posição de igualdade, daí se falar em eficácia dos direitos fundamentais que se opera de forma "horizontal", ao contrário das relações entre o cidadão e o poder público, caracterizadas pela desigualdade e expressando o justificado temor do conflito entre liberdade e autoridade, em que os direitos fundamentais, opostos pelo cidadão contra o Estado, teriam "eficácia vertical". Portanto, sob essa denominação (eficácia horizontal), em decorrência de seus próprios pressupostos, não poderiam adaptar-se, como já se demonstrou, as numerosas situações em que as relações privadas são marcadas pela desigualdade, pelo flagrante desnível de poder entre as partes envolvidas, que configuraria, em última análise, relação também verticalizada.[98]

Optou-se neste capítulo por tratar o tema sob o título "eficácia dos direitos fundamentais nas relações entre particulares",[99] por compreender que desta forma é possível traduzir com mais clareza a dimensão específica do problema, qual seja, a possibilidade de incidência das normas de direitos fundamentais no âmbito das relações jurídicas entre sujeitos privados, gerando, também nessas relações, os efeitos jurídicos que lhe são inerentes.[100]

Entretanto, seguindo o entendimento segundo o qual a eficácia de toda e qualquer norma pressupõe certo grau de vinculação jurídica dos destinatários, o tema da eficácia dos direitos fundamentais frente a particulares implicará também indagar quem e como está vinculado.[101]

Mais especificamente, o problema que se pretende abordar gira em torno de um questionamento: os direitos fundamentais vinculam também os particulares, nas relações entre si, no sentido de ficarem obrigados a respeitá-los?[102]

A princípio, segundo alguns autores, estariam desde logo excluídos da discussão os direitos fundamentais que, por sua natureza, têm por destinatários exclusivamente os órgãos estatais,[103] como ocorre com os direitos políticos (como no caso do direito à nacionalidade); as garantias fundamentais na esfera processual (especialmente na esfera

---

[98] SARLET, 2000, p. 114.

[99] Esta é a denominação utilizada por Ingo Sarlet (Ibidem). Também se aproxima dessa linha o Título da obra de BILBAO UBILLOS, 1997.

[100] SARLET, op. cit., p. 114-115.

[101] Ibid., p. 115.

[102] Joaquim de Souza Ribeiro enuncia o problema da seguinte forma: "Será que as disposições consagradoras de direitos, liberdades e garantias têm também incidência directa sobre os actos privados, quer no âmbito negocial, quer no âmbito extranegocial? Será que os particulares estão também vinculados aos seus comandos e proibições, em termos de ficarem obrigados a respeitá-los, no exercício da autonomia privada e na prática de atos materiais?" (RIBEIRO, 1998, p. 741).

[103] SARLET, 2001, p. 338.

penal, como o *habeas corpus*); os direitos de asilo e não-extradição, apenas para citar alguns exemplos. Porém não se pode acolher tal exclusão de forma absoluta.

Há de se ressalvar que – mesmo em relação aos direitos fundamentais que têm por destinatário exclusivo o poder público em geral e que, em princípio, são inoponíveis nas relações entre particulares – não se pode afastar a eficácia de qualquer direito fundamental na esfera privada, ainda que seja eficácia de natureza apenas vertical, uma vez que vinculam diretamente o legislador privado como também os juízes e Tribunais na interpretação e aplicação do Direito Privado à luz da Constituição e, principalmente, à luz dos direitos fundamentais.[104]

Também estariam excluídos da discussão aqueles direitos fundamentais que de forma inequívoca, em virtude de sua própria formulação, tiverem por destinatários também os sujeitos privados.[105] Como exemplos, podem ser citados o direito à indenização por dano moral ou material no caso de abuso do direito de livre manifestação do pensamento (CF, art. 5º, incisos IV e V), bem como os direitos trabalhistas (CF, artigos 7º e seguintes), cujos destinatários precípuos são os empregadores, regra geral particulares.

Pode-se constatar, ainda que em caráter preliminar, que nas hipóteses de direitos fundamentais que não têm por destinatários exclusivos os órgãos estatais é que assume relevância a discussão sobre a existência de vinculação dos particulares.

Entretanto, mesmo na hipótese dos direitos fundamentais que têm por único destinatário o poder público em geral, como dos direitos fundamentais que inequivocamente também obrigam os sujeitos privados, o que se observa é somente uma superação parcial do problema, ou seja, encontra-se superada somente a questão do reconhecimento da existência de vinculação dos particulares como destinatários das normas de direitos fundamentais, permanecendo porém o questionamento sobre o modo como o particular exercerá esse papel de destinatário sendo ao mesmo tempo titular de direitos fundamentais. Esta é a peculiaridade do problema.[106]

As relações entre os particulares e o poder público em geral, quando afetam direitos fundamentais, resolvem-se, regra geral, por um "código binário simples" em que, para salvaguardar a liberdade do indivíduo, basta limitar o poder estatal. Diferentemente, a eficácia dos direitos fundamentais nas relações entre particulares reveste-se de outra complexidade, qual seja, o entrechoque de vários aspectos das

---

[104] SARLET, 2000, p. 116.

[105] Ibid., p. 338.

[106] Ibid., p. 112.

Direitos Fundamentais e Relações Familiares

esferas de liberdade de dois ou mais sujeitos, levantando um problema de ajustamento e concordância prática.[107]

Partindo-se do reconhecimento de que os direitos fundamentais exercem influência nas relações entre sujeitos privados – assunto em torno do qual, de maneira geral, não existe mais controvérsia, em virtude da configuração pluridimensional que os direitos fundamentais passaram a assumir –, pode-se concluir que a discussão sobre o chamado "efeito horizontal" não mais se situa em torno de sua existência.

A controvérsia acerca da eficácia dos direitos fundamentais nas relações privadas, seguindo a lição de Alexy, localiza-se em duas questões: "como" e "em que medida" se dá essa eficácia. A primeira questão (em torno do "como") revela um problema de construção, a segunda (em torno de "que medida"), um problema de colisão.[108]

Esses são os principais aspectos que devem ser enfrentados e ambos decorrem da peculiaridade do problema, conforme já se referiu, que reside na diferença fundamental entre a relação cidadão/Estado e a relação entre particulares: o fato de que todos os particulares envolvidos na relação jurídica são titulares de direitos fundamentais.

A complexidade dessa realidade tem levado a doutrina e a jurisprudência constitucional a responder de diferentes formas as questões principais do problema. Enquanto alguns defendem a eficácia imediata – não absoluta, mas sim sujeita a limites e condições –, outros adotam versões mais moderadas, defendendo a eficácia apenas mediata ou admitindo, em caráter excepcional, uma eficácia direta (imediata) em hipóteses muito restritas, havendo ainda quem apenas negue a relevância da discussão em torno de eficácia mediata ou imediata.

Impõe-se analisar os argumentos utilizados nas diferentes propostas formuladas pela doutrina constitucional, mas abandonando, de início, qualquer idéia de contraposição entre eficácia mediata e imediata como se fossem hipóteses excludentes. Ao contrário, como se pretende demonstrar, ambas são perfeitamente compatíveis.[109] O fato de se admitir a possibilidade de efeito imediato dos direitos fundamentais nas relações entre particulares, sob determinadas condições, não significa negar, nem subestimar, o efeito desses direitos por intermediação do legislador ou pela mediação dos órgãos judiciais no momento de interpretar o direito privado.

---

[107] RIBEIRO, 1998, p. 744.

[108] ALEXY, 1997, p. 511.

[109] BILBAO UBILLOS, 1997, p. 29.

5. Argumentos em torno de uma eficácia dos direitos fundamentais nas relações entre particulares

Como já se pôde constatar, a superação do estereótipo de direito fundamental que havia sido originariamente concebido no modelo liberal de Estado permitiu que as normas definidoras de direitos fundamentais passassem a ser compreendidas em dimensão cada vez mais ampla, tornando ainda possível perceber que os direitos fundamentais, de alguma maneira, influenciam nas relações jurídico-privadas.

As teorias que se desenvolveram acerca da eficácia dos direitos fundamentais nas relações entre particulares não divergem acerca da existência dessa eficácia e todas elas partem de pontos comuns. Tanto a teoria da eficácia, mediata como a da eficácia imediata partem da superação da concepção liberal-burguesa de que os direitos fundamentais seriam oponíveis apenas contra o Estado. Ambas reconhecem que os direitos fundamentais expressam uma ordem objetiva de valores cujos efeitos normativos alcançam todo o ordenamento jurídico. Nesse sentido, reconhecendo a dimensão objetiva dos direitos fundamentais, ambas admitem que as normas jusfundamentais "contém princípios de ordenação para a vida social" e, portanto, influenciam no tráfego jurídico dos cidadãos entre si.[110] Em outras palavras, ambas reconhecem a dimensão valorativa dos direitos fundamentais que, na qualidade de princípios constitucionais e por força do postulado da unidade do ordenamento jurídico, aplicam-se a todo o sistema jurídico (a todas as relações jurídicas), inclusive na esfera privada.

Por outro lado, nenhuma proposta em torno da chamada eficácia "horizontal" desconhece a característica peculiar de que, nas relações entre particulares, todos os sujeitos são titulares de direitos fundamentais. Contudo, ao mesmo tempo, as teorias que se desenvolveram em torno da problemática reconhecem a necessidade de se protegerem os particulares contra atos atentatórios dos direitos fundamentais provenientes (também) de outros indivíduos ou entidades particulares. Este é o objetivo comum das diferentes propostas doutrinárias em relação à eficácia frente aos sujeitos privados.

O ponto em que as teorias divergem, como também já foi apontado, gira em torno da forma (de "como") e da intensidade ("em que medida") que os efeitos dos direitos fundamentais se produzem frente aos particulares, ou mais precisamente, em torno do questionamento

---

[110] HESSE, Konrad. *Elementos de direito constitucional da República Federal da Alemanha*. Tradução Luís Afonso Heck. Porto Alegre: Sergio Fabris, 1998. p. 283.

Direitos Fundamentais e Relações Familiares

sobre a forma de vinculação dos particulares às normas de direitos fundamentais.

Por esse prisma, portanto, é que se tentará analisar algumas das diversas propostas doutrinárias em torno da controvérsia, abordando os argumentos que defendem a eficácia dos direitos fundamentais nas relações entre particulares, tanto a partir da vinculação dos órgãos estatais – no caso o legislador e os órgãos judiciais – como a partir do reconhecimento da possibilidade de vinculação dos particulares, enquanto também obrigados pelas normas jusfundamentais.

5.1. Concepções que negam a eficácia dos direitos fundamentais frente a particulares

Se, como vimos, qualquer das propostas doutrinárias que reconhecem a eficácia dos direitos fundamentais nas relações entre particulares parte da superação da concepção liberal-burguesa dos direitos fundamentais, muito facilmente se percebe que são ainda os esteios individualistas da teoria liberal que atuam como pano de fundo dos argumentos utilizados pelas correntes doutrinárias que negam essa eficácia e também por aquelas que, ainda reconhecendo algum tipo de efeito das normas jusfundamentais na esfera privada, negam a relevância da discussão em torno da forma dessa eficácia.

Os autores que (cada vez menos) ainda se negam a admitir uma relevância dos direitos fundamentais na esfera privada, consideram, regra geral, que a extensão do âmbito tradicional de aplicação dos direitos fundamentais é desnecessária, sendo a sua configuração como limites ao poder estatal suficiente para que possam cumprir sua função social.[111]

Um dos argumentos que comumente se utiliza por aqueles que rechaçam a *Drittwirkung*, além da freqüente apelação à origem histórica dos direitos fundamentais, é também a insegurança que a interferência das normas de direitos fundamentais pode provocar nas relações privadas. Revela-se, por meio desses argumentos – tanto o argumento histórico, como o argumento da segurança jurídica – forte temor diante da substituição de critério "seguro" de solução dos conflitos individuais mediante regras fixas de direito privado, por outro critério, mais incerto, que depende da concretização de princípios valorativos de conteúdo vago e aberto.

Ainda nessa mesma linha de argumentação, revela-se o temor de que uma eficácia vinculante dos direitos fundamentais nas relações entre particulares, sem a intermediação do legislador civil, poderia

---

[111] BILBAO UBILLOS, 1997, p. 278.

causar a perda de autonomia do Direito Privado, que acabaria "colonizado pelo Direito Constitucional".[112]

Considerar que os sujeitos privados possam estar de alguma forma obrigados a respeitar os direitos fundamentais implicaria, para os que se filiam a essa linha de raciocínio, descaracterização do direito privado, gerando um conflito com o que se espera que seja "a tarefa de um direito privado", qual seja, auxiliar na solução dos conflitos entre particulares com "regulações suficientemente claras, detalhadas e determinadas".[113]

Outros argumentos também utilizados são, de um lado, a liberdade, igualmente garantida aos indivíduos, em renunciar ao exercício dos direitos que lhe são garantidos, bem como, de outro lado, a necessidade de preservar a autonomia privada, o poder de autodeterminação dos indivíduos em suas relações com outros sujeitos privados. Este tem sido o argumento a que se atribui maior relevância dentre os opositores da "eficácia horizontal", e também se apresenta como um dos argumentos mais fortes para os que defendem uma eficácia indireta (ou mediata), como se verá mais adiante.

Algumas teorias, reconhecendo o problema das agressões aos direitos fundamentais nas relações entre particulares ou entidades privadas, buscam fornecer solução para a proteção dos direitos fundamentais frente a particulares, atribuindo porém exclusivamente ao Estado a responsabilidade pelos atos atentatórios aos direitos fundamentais. Destacando-se, nessa linha, a teoria da *state action* e a "teoria da imputação ao Estado" das afetações aos direitos fundamentais provocadas privativamente.

De acordo com a teoria da *state action*, que ainda prevalece na cultura jurídica norte-americana, mantém-se firme a idéia liberal de que a Constituição somente estabelece limites à ação dos Poderes públicos e de que os direitos fundamentais não vinculam os particulares,[114] sendo invocáveis somente em face de uma ação estatal (*state action*) presumivelmente ilícita. Entretanto, a jurisprudência dos tribunais norte-americanos acabou por relativizar a rigidez dessa teoria, dilatando os conceitos de Poder público e de ação estatal, admitindo que os direitos fundamentais possam ser opostos, mesmo em conflitos entre sujeitos privados, principalmente em duas situações: na hipótese de um particular ou entidade privada exercer função estatal típica, e na hipótese de existirem pontos de contato e aspectos comuns suficientes para que se possa imputar ao Estado a responsabilidade pela conduta

---

[112] BILBAO UBILLOS, 1997, p. 282.

[113] HESSE, 1998, p. 285.

[114] BILBAO UBILLOS, 1997, p. 278.

Direitos Fundamentais e Relações Familiares

oriunda do particular.[115] Enfim, pela teoria da *state action*,[116] afastando-se a possibilidade de vinculação direta do particular, somente será cabível invocar a proteção dos direitos fundamentais nas relações privadas se for possível, de uma forma ou de outra, imputar ao Estado a violação da norma jusfundamental. A "fórmula tabeliônica", em resumo, é sempre esta: "(...) so that the action may fairly be treated as that of the State itself".[117]

Partindo, de certa forma, de um entendimento que também possibilita imputar ao Estado a responsabilidade sobre uma conduta particular violadora de direitos fundamentais – apesar de não se equiparar à teoria norte-americana da *state action* – desenvolveu-se na Europa, a partir da concepção originalmente formulada na Alemanha por Schwabe, a "teoria da imputação ao Estado" das violações aos direitos fundamentais provocadas na esfera privada.[118]

Segundo essa teoria alemã – também traduzida por alguns autores como "teoria da convergência estatista"[119] –, a atuação dos particulares no exercício da autonomia privada seria sempre produto de autorização estatal e, conseqüentemente, as ofensas aos direitos fundamentais em decorrência do exercício dessa autonomia privada seriam sempre oriundas do Estado, já que a este incumbe o dever precípuo de proteger os direitos fundamentais em geral. Assim, qualquer discussão em torno da eficácia direta ou indireta dos direitos fundamentais nas relações entre particulares não passaria de "problema aparente". Na verdade, o que se deveria deduzir, pela teoria da imputação ao Estado, é que, se o Estado não proíbe determinadas intervenções de particulares em bens jurídicos fundamentais, está na verdade permitindo e participando de forma ativa nas lesões a esses direitos fundamentais.[120]

Essa teoria parte da compreensão de que, assumindo os direitos fundamentais *status* negativo frente ao Estado, este tem o dever de respeitar os direitos fundamentais quando formula as normas de direito privado, de tal forma que não pode permitir que essas normas possibilitem afetações de direitos fundamentais. Assim, o Estado, ao impor um sistema de direito privado, participa das afetações de bens fundamentais de um cidadão por parte de outro cidadão, que são possíveis nesses sistema. Essa construção teórica leva à conclusão de que as violações de direitos fundamentais resultam sempre de inter-

---

[115] SARLET, 2000, p. 134.

[116] Sobre a eficácia dos direitos fundamentais na teoria da "state action" ver SARMENTO, 2004, p. 229 et seq.

[117] CANOTILHO, 2003, p. 109.

[118] ALEXY, 1997, p. 513.

[119] SARLET, 2000, p. 133.

[120] Ibid., p. 133-134.

venção estatal (ainda que por omissão da atividade do legislador) e dessa forma, mesmo quando provocadas em uma relação entre particulares, podem ser imputadas ao Estado.

Pode-se perceber que essas duas teorias, muito embora apresentem soluções que de certa forma se aproximam,[121] partem de diferentes enfoques em torno do papel dos direitos fundamentais. Enquanto a teoria da *state action*, com o contorno de cunho nitidamente liberal, tem ainda o objetivo de preservar uma esfera totalmente inviolável da autonomia privada como algo que pertence ao indivíduo antes e acima do próprio Estado, os fundamentos da teoria alemã de "imputação ao Estado" encontram argumentos diametralmente opostos ao afirmar que a própria liberdade e qualquer atuação do indivíduo no exercício da autonomia privada serão sempre conseqüência, produto de autorização estatal. Na primeira, prevalece a função de defesa dos direitos fundamentais, como limite negativo ao Poder público. Na segunda, o que assume relevo é a exigência de atuação positiva por parte do Estado como titular do dever de proteção dos direitos fundamentais.

O que se pretende demonstrar, a partir daqui, é que essa linha de argumentação, apesar de sua preocupação em fornecer solução para proteção aos direitos fundamentais nas relações privadas, não resiste a uma análise, ainda que superficial, do verdadeiro papel dos direitos fundamentais como direitos subjetivos do homem concreto. Os que negam a vinculação dos particulares às normas de direitos fundamentais acabam por defender a imunidade dos indivíduos perante os direitos fundamentais, considerando-os irresponsáveis e sem nenhum dever de respeito ao conteúdo valorativo e ao papel normativo dos direitos fundamentais. Ora assumindo a postura mais extrema do liberalismo, vislumbrando o homem de forma egoísta, titular de um direito de liberdade (formal) que é absoluto, ilimitado e inviolável, mas abandonado à própria sorte independentemente de suas reais condições para o exercício concreto de uma liberdade material; ora se posicionando no extremo oposto que concebe o homem titular de uma liberdade que, mais do que limitada, reduz-se à mera delegação do Estado que, em atitude de proteção paternalista, assume toda responsabilidade pelos atos praticados pelo indivíduo no exercício dessa liberdade delegada. Em ambas as posições extremadas, a autonomia privada termina por ser deturpada, seja por ignorar a igualdade e liberdade em sua dimensão material ou substancial, seja por eliminar o próprio poder de autodeterminação dos indivíduos, retirando-os a possibilidade de serem, entre si, titulares de direitos e obrigações frente às normas de direitos fundamentais.

---

[121] A noção de que essas duas teorias se aproximam, pelo menos em função das soluções por ela apresentadas, é desenvolvida por Ingo Sarlet (SARLET, 2000, p. 135).

Esses argumentos poderiam ser ainda analisados com mais profundidade; entretanto, por ora, é suficiente perceber que as teorias que negam a possibilidade de vinculação dos particulares aos direitos fundamentais, na condição de obrigados, mesmo partindo de argumentos distintos, apresentam como a única solução às violações dos direitos fundamentais na esfera privada a imputação exclusiva dessa violação ao Estado, sendo-lhes indiferente o fato de que o comportamento verdadeiramente lesivo ao bem jurídico fundamental tenha sido praticado por particular ou ente privado. Enfim, restringem a dimensão dos direitos fundamentais como direitos oponíveis unicamente frente ao Estado.

Impõe-se analisar, então, os argumentos que superam as concepções conservadoras e que apresentam propostas doutrinárias verdadeiramente capazes de reconhecer ampliação do âmbito tradicional de aplicação dos direitos fundamentais, admitindo sua eficácia, não somente frente aos Poderes públicos, mas também frente a sujeitos privados, ainda que sob diferentes modalidades e condições.

5.2. A eficácia mediata

Não obstante o problema em torno da superação de a concepção tradicional dos direitos fundamentais abranger questões que tiveram sua origem a partir das transformações sociais e políticas do modelo liberal de Estado, a polêmica discussão doutrinária entre eficácia direta e eficácia indireta dos direitos fundamentais frente a particulares é relativamente recente. Foi durante a década de cinqüenta que os tribunais europeus passaram a proferir decisões que demonstravam claramente a convicção de que a proteção aos direitos constitucionais não estaria completa enquanto não cobrisse, de alguma forma, também os ataques provenientes dos sujeitos privados.[122]

Foi na Alemanha que o debate se desenvolveu originalmente e onde as teorias sobre a eficácia dos direitos fundamentais na esfera privada assumiram maior relevo, ao menos em sua formulação inicial.

De um lado, o Tribunal Federal do Trabalho alemão (*Bundesarbeitsgericht*), mais precisamente a primeira câmara desse tribunal, presidida por Nipperdey, defendendo a eficácia imediata dos direitos fundamentais nas relações entre particulares (*Unmittelbare Drittwirkung*), desenvolveu a concepção de que as normas definidoras de direitos fundamentais, como "direito constitucional objetivo vinculante", geram diretamente também "direitos privados subjetivos do indivíduo".[123]

---

[122] BILBAO UBILLOS, 1997, p. 270.

[123] ALEXY, 1997, p. 512.

De outro, o Tribunal Federal Constitucional da Alemanha (*Bundesverfassungsgericht*), sem acolher a teoria da eficácia externa (*Drittwirkung*) em sua versão pura da forma desenvolvida pelas cortes trabalhistas, mas reconhecendo que os direitos fundamentais assumem o caráter de normas objetivas, defendem versão mais moderada da eficácia dos direitos fundamentais na esfera privada como eficácia mediata (*Mittelbare Drittwirkung*), no sentido de que seus efeitos se produzem entre particulares tão-somente à medida que influenciam na interpretação do direito privado à luz dos valores jusfundamentais.[124]

Percebe-se, logo de início, que a diferença basilar entre as duas teorias (da eficácia imediata e da eficácia mediata) encontra-se nas conseqüências que atribuem ao efeito de irradiação dos direitos fundamentais em sua dimensão objetiva, que é igualmente reconhecido por ambas as teorias. Em outras palavras, a controvérsia – que de certo modo mantém suas raízes históricas – persiste em saber se as normas de direitos fundamentais geram direitos subjetivos para os indivíduos apenas em suas relações com os Poderes públicos, ou geram direitos subjetivos de caráter absoluto que devem ser respeitados também nas relações do indivíduo com outros sujeitos privados.

Não obstante a expansão da teoria da eficácia imediata, principalmente em Portugal e na Espanha, é a teoria da eficácia mediata que ainda domina o entendimento majoritário entre os doutrinadores, em especial na Alemanha.

Faz-se necessário, portanto, analisar os argumentos mais utilizados dentre os defensores da eficácia mediata, não apenas pelo fato de ser o entendimento majoritário, mas principalmente pela força que os sustenta em debate que perdura por mais de meio século.

5.2.1. Vinculação do legislador

Segundo os defensores da eficácia indireta, a operatividade dos direitos fundamentais no campo das relações privadas dependerá sempre da mediação de órgão estatal que está – aqui sim – vinculado diretamente a esses direitos.

Centraliza-se a discussão, então, entre a vinculação do legislador civil e a vinculação do juiz, no momento de interpretar a norma de direito privado aplicável ao caso concreto. Para os que defendem eficácia apenas indireta, a dúvida se localiza em saber se a introdução dos direitos fundamentais na ordem privada cabe apenas ao legislador ou se também pode o julgador fazê-lo – e de que modo pode fazê-lo – a partir das normas constitucionais.

---

[124] ALEXY, 1997, p. 512.

Direitos Fundamentais e Relações Familiares

61

O temor a excessivo poder discricionário dos juízes e o argumento da insegurança jurídica alimentam a resistência à idéia de aplicação direta dos direitos fundamentais pelos órgãos judiciais na solução de conflitos entre sujeitos privados.

Nesse sentido, Jiménez Campo, dentre outros, defende que só cabe falar de eficácia direta aos direitos fundamentais no âmbito privado em relação ao legislador. Partindo-se dessa premissa, chega-se à conclusão de que julgador não pode fazer valer os direitos fundamentais frente a particulares, na ausência de lei, uma vez que, nas relações entre sujeitos privados, os direitos fundamentais são sempre de "configuração legal", pois, nesse âmbito, permanecem "abertos e condicionados a uma delimitação legislativa originária".[125]

Para Konrad Hesse, os direitos fundamentais, caracterizados por seu cunho principiológico e, portanto, por grau maior de abertura e indeterminação, por si só, coloca em especial relevo a necessidade de atuação do legislador para a concretização das normas constitucionais, demarcando reciprocamente entre os sujeitos privados as posições que devem assumir em relação aos preceitos jusfundamentais. Por sua vez, aos Tribunais não cabe corrigir as decisões e ponderações do legislador em intervenções sobre direitos fundamentais com apoio em suas próprias ponderações.[126] Um recurso direto aos direitos fundamentais conduziria a considerável restrição da autonomia privada, alterando, fundamentalmente a peculiaridade e o significado do direito privado.[127]

Entretanto, a eficácia dos direitos fundamentais, exclusivamente por intermediação do legislador, não responde a todos os problemas levantados pela teoria da tese da *Drittwirkung*, tampouco seus argumentos podem ser aceitos sem reservas.

Na verdade, essa idéia permanece no nível de exclusiva vinculação do Poder público aos direitos fundamentais, como se os deveres de proteção do Estado fossem suficientes para proteger inteiramente os indivíduos de qualquer ameaça aos direitos fundamentais constitucionalmente garantidos, inclusive na esfera de suas relações privadas.[128]

---

[125] CAMPO, Javier Jiménez. Prólogo. In: BILBAO UBILLOS, Juan María. *La eficacia de los derechos fundamentales frente a particulares*: análisis de la jurisprudencia del tribunal constitucional. Madrid: Centro de Estudios Políticos y Constitucionales, 1997. p. 17-25.

[126] HESSE, 1998, p. 285.

[127] Ibid., p. 284.

[128] Também na doutrina alemã, Canaris rejeita a teoria da eficácia imediata em relação a terceiros por compreender que este entendimento "conduz a conseqüencias dogmáticas insustentáveis". Para ele, é a função dos direitos fundamentais como "imperativos de tutela" que "constitui, na verdade, uma explicação dogmática convincente para a 'eficácia mediata dos direitos fundamentais em relação a terceiros' (...) Por outro lado, resulta clara a razão pela qual outros cidadãos são também atingidos e os direitos fundamentais produzem também – de certa forma por uma via indirecta – efeitos em relação a eles: justamente porque também no campo

Os problemas que surgem das omissões do Legislativo permanecem sem resposta se forem consideradas essas omissões unicamente como objeto de juízo político, já que não cabe ao Judiciário corrigir as decisões e ponderações do legislador.

Há de se esclarecer qual o alcance dessa hipotética obrigação de proteção dos direitos fundamentais assumida pelo Estado.

Deixar exclusivamente ao legislador a tarefa de concretização das normas de direitos fundamentais poderia levar ao extremo de se considerar, como já se viu, que todo ato dos indivíduos atentatórios aos direitos fundamentais de outros sujeitos privados, uma vez não proibido expressamente, deveria ser considerado como permissão do legislador e, conseqüentemente, implicaria imputação ao Estado, como único destinatário das normas de direitos fundamentais.

Por sua vez, o próprio argumento do perigo de restrição da autonomia privada há de ser considerado dentro de seus limites intrínsecos, como já se analisou. Primeiramente, pelo fato de que a liberdade no âmbito da autonomia privada dos indivíduos não é absoluta e ilimitada. Em segundo lugar, porque o poder de autodeterminação dos indivíduos nas relações que estabelecem entre si pressupõe a existência de situação de substancial igualdade e liberdade entre os sujeitos dessa relação, o que nem sempre ocorre. Por fim, não se pode negar que o fato de se atribuir ao legislador a tarefa exclusiva de fixar a medida da eficácia dos direitos fundamentais nas relações privadas gera o mesmo problema de limitação que se aponta para a eficácia imediata. Ou seja, a função de otimização e concretização dos direitos fundamentais não pode justificar política legislativa que acabe por aniquilar a autonomia privada, ou qualquer outro direito fundamental igualmente garantido pela Constituição.[129]

Qualquer que seja a forma de introduzir o respeito aos direitos fundamentais na esfera de liberdade dos indivíduos – inclusive pela mediação do legislador ordinário, a quem se reconhece considerável margem de atuação – precisa respeitar os limites que se definem entre o conteúdo essencial dos direitos fundamentais e a garantia da autonomia privada.

Se por um lado não se pode subestimar a importância do legislador no papel de conformação dos direitos fundamentais, por outro, não se pode retirar do julgador a possibilidade de aplicar norma de direito fundamental na solução de caso concreto, garantindo a efetividade do direito fundamental que em situação específica se mostre ameaçado,

---

jurídico-privado o Estado, ou a ordem jurídica, estão, em princípio, vinculados a proteger um cidadão perante o outro" (CANARIS, Claus-Wilhelm. *Direitos fundamentais e direito privado*. Tradução Ingo Wolfgang Sarlet; Paulo Mota Pinto. Coimbra: Almedina, 2003. p. 53-59).

[129] BILBAO UBILLOS, 1997, p. 290.

simplesmente pelo argumento de que o legislador não emitiu norma de direito privado que levasse em conta o conteúdo do direito fundamental em questão.

As questões em torno das disputas – e em certo sentido, dos temores – de protagonismo do legislador ou do juiz no papel de defesa dos direitos fundamentais e da Constituição como um todo, não se restringe aos problemas da eficácia dos preceitos constitucionais nas relações privadas. Antes, insere-se no problema maior das tensões entre democracia e constitucionalismo, ou seja entre o princípio democrático da manifestação da vontade popular (por meio das instituições políticas e do próprio papel do legislador) e o princípio de constitucionalidade, que estabelece a idéia de limites ao Poder político. A busca de equilíbrio entre esses dois princípios é o cerne da fórmula contemporânea da democracia constitucional. É exatamente a proposta desse equilíbrio que caracteriza o modelo de constituição que temos hoje e, conseqüentemente, o rompimento desse equilíbrio representaria o fracasso do tipo histórico de constituição que se afirmou durante a segunda metade do século XX.[130]

Certamente não caberá neste estudo exame aprofundado dessas questões. O que se quer ressaltar é tão-somente que, da mesma forma que, em contexto mais amplo, as tensões entre os "sujeitos da política democrática" (incluindo-se o legislador) e os "sujeitos da garantia constitucional" (juízes e tribunais)[131] fazem parte do modelo contemporâneo de constituição, enquanto contrapesos necessários que devem buscar constantemente um ponto de equilíbrio, também no caso específico ora em análise, que envolve a tensão entre os papéis do legislador e do juiz na busca de maior efetividade dos direitos fundamentais na esfera privada, qualquer proposta doutrinária que apresente como solução a intermediação praticamente exclusiva do legislador representaria a quebra do equilíbrio necessário entre os sujeitos protagonistas da democracia constitucional e, em última análise, deturparia o próprio papel que os direitos fundamentais exercem nos braços dessa balança.

Qualquer que seja a postura que se adote frente à eficácia dos direitos fundamentais nas relações entre particulares, é praticamente unânime o reconhecimento do protagonismo do legislador na tarefa de acomodação e ponderação dos valores jusfundamentais, mas não se pode negar que ao juiz caberá sempre a importante função de realizar a concreção dessa eficácia, como protagonista na função de aplicação do Direito e adequação das normas – e também das normas de direitos fundamentais – ao caso concreto.[132]

---

[130] FIORAVANTI, 2001, p. 163-164.

[131] Ibid., p. 164.

[132] BILBAO UBILLOS, 1997, p. 291.

Uma coisa é afirmar que a fixação do nível de eficácia dos direitos fundamentais na esfera privada pode estar sujeita a uma "opção de política legislativa",[133] outra coisa é afirmar que enquanto essa opção não for manifestada – enquanto o conteúdo de um direito fundamental não for definido e introduzido pelo legislador no âmbito do direito privado – a norma de direito fundamental não poderá ser aplicada diretamente pelo julgador na solução de um litígio, e portanto não terá eficácia frente a particulares.

Essa mediação, de importância indiscutível, que pode ser até considerada como modo "sempre aconselhável"[134] de estender a eficácia dos direitos fundamentais para a esfera das relações privadas, não pode ser levada ao extremo de ser considerada indispensável, como trâmite imprescindível.

Por outro lado, na análise das diversas propostas doutrinárias que defendem a eficácia mediata dos direitos fundamentais, a discussão que se desenvolve em torno da vinculação (direta) do legislador e do julgador não pode ignorar o fato de que em muitos ordenamentos jurídicos – como o da Alemanha, Espanha, Portugal, dentre outros, inclusive o nosso – as normas definidoras de direitos fundamentais foram inseridas nos textos constitucionais como normas de aplicação direta, imediata, sem necessidade de uma mediação legislativa.[135]

Ressalte-se ainda que a atividade legislativa que atualiza e acomoda no direito privado o conteúdo valorativo dos direitos fundamentais, além de não poder ser considerada imprescindível, também não pode ter a pretensão de ser exaustiva. As leis civis jamais serão capazes de contemplar todas as possibilidades de conflitos entre particulares, a ponto de excluir a necessidade do julgador em recorrer diretamente às normas constitucionais garantidoras de direitos fundamentais, quando diante de situação concreta não encontrar, no direito privado, norma capaz de garantir a efetividade de direito fundamental que se encontre ameaçado.

É nesse sentido que se dirigem as críticas formuladas contra a teoria da eficácia mediata por meio exclusivamente de intermediação do legislador.

A relevância da atuação do legislador na concretização da aproximação do direito privado aos valores jusfundamentais deve ser encarada como forma de facilitar a efetividade dos direitos fundamentais nas relações privadas, mas não como obstáculo para a atuação dos órgãos judiciais na busca desse mesmo objetivo.

---

[133] BILBAO UBILLOS, 1997, p. 292.

[134] Ibid., p. 294 e 296.

[135] Cf. nota n. 70.

Direitos Fundamentais e Relações Familiares

Para Bilbao Ubillos, a afirmação de que os direitos fundamentais só produzem efeitos frente a particulares quando o legislador assim decide é incompatível com a compreensão de que os direitos fundamentais se caracterizam justamente pela indisponibilidade de seu conteúdo por parte do legislador. Para o professor espanhol, na verdade, a intervenção do legislador não tem caráter constitutivo, mas sim, meramente declaratório. Defender intermediação do legislador como passo obrigatório seria o mesmo que negar eficácia aos direitos fundamentais enquanto tais, uma vez que "um direito cujo reconhecimento depende do legislador não é um direito fundamental", mas, simplesmente, um direito subjetivo de nível legal, infraconstitucional.[136]

Alexy também afirma – não obstante partindo de fundamentação diferente – que só existe um argumento realmente forte contra um "efeito imediato em terceiros", que seria a negação de todo e qualquer efeito em terceiros.[137]

Nesse sentido é que muitos doutrinadores, mesmo defendendo inicialmente apenas a eficácia mediata dos direitos fundamentais nas relações entre particulares, acabaram por reconhecer, de alguma maneira, uma eficácia imediata, ainda que residual.

Mesmo aqueles que afirmam expressamente que os direitos fundamentais não podem vincular diretamente os sujeitos privados[138] reconhecem que os direitos fundamentais devem influenciar nas relações entre particulares, principalmente na proteção da liberdade pessoal contra o exercício do poder econômico ou social. E se a legislação não oferecer soluções que levem em conta essa situação de desequilíbrio entre os pólos de uma relação privada, então as regulações legais existentes devem ser interpretadas à luz dos direitos fundamentais. Se, ainda assim, esse caminho não for capaz de promover a eficácia dos direitos fundamentais, então, em última análise, os tribunais têm a obrigação de garanti-los, no exercício do dever de proteção estatal.[139]

5.2.2. Vinculação do juiz

A versão da teoria da "eficácia mediata em terceiros" (*Mittelbare Drittwirkung*) mais difundida entre os doutrinadores – principalmente da Alemanha – tem sido a que reconhece, junto à mediação legislativa, ainda uma segunda via de penetração dos direitos fundamentais no direito privado por meio dos órgãos judiciais.

---

[136] BILBAO UBILLOS, 1997, p. 297.

[137] ALEXY, 1997, p. 522.

[138] HESSE, 1998, p. 285.

[139] Ibid., p. 286.

Mas é o Estado que continua sendo o destinatário precípuo dos direitos fundamentais que lhe impõem dever de proteção dos indivíduos contra as agressões aos bens jurídicos fundamentais constitucionalmente assegurados, inclusive quando essas agressões forem oriundas de outros particulares. No exercício desse dever de proteção, o Estado promove a eficácia dos direitos fundamentais nas relações privadas, de forma indireta, por mediação do legislador e, subsidiariamente, pelo julgador, por meio da interpretação e integração das cláusulas gerais e conceitos indeterminados do direito privado à luz dos direitos fundamentais.

A teoria da eficácia mediata, portanto, parte, principalmente, de dois pressupostos: de um lado o reconhecimento de vinculação do Estado pelas normas de direitos fundamentais, obrigado não apenas a dever de respeito, mas também a dever geral de proteção dos direitos fundamentais do indivíduo em todas as espécies de relações jurídicas; de outro, o reconhecimento da dimensão objetiva dos direitos fundamentais, enquanto sistema de valores cujos efeitos se irradiam por todas as esferas do sistema jurídico, inclusive no âmbito privado, vinculando todos os Poderes do Estado inclusive o Judiciário.

Essa teoria da eficácia mediata, formulada pela doutrina alemã originalmente por Dürig, passou a ser adotada pelo Tribunal Constitucional Federal alemão, ainda que não expressamente, a partir da decisão proferida, em 15 de janeiro de 1958, no célebre caso "Lüth".[140]

A decisão, embora criticada pela doutrina pela falta de precisão, acabou se tornando famosa, citada por vários autores, pela postura que a partir dela passou a ser adotada pelo Tribunal Constitucional alemão, acolhendo a teoria da eficácia mediata em terceiros que acabou se consolidando posteriormente na jurisprudência alemã, muito embora não de forma unânime.[141]

O caso concreto a que se dirigiu a decisão do Tribunal Constitucional foi o litígio entre o cineasta Veit Harlan e o diretor do Clube de Imprensa de Hamburgo Erich Lüth.[142] Harlan era um popular diretor de cinema da época nazista e, em 1950, reapareceu dirigindo novo filme ("O amante imortal") de cunho notoriamente anti-semita. Lüth, durante a abertura de um festival de cinema, manifestou-se expressamente, pedindo a não-comercialização do filme e convidando o público a boicotar o filme, tudo isso reiterado por meio de carta aberta assinada por Lüth divulgada em diversos meios de comunicação. Harlan obteve, em primeira instância, decisão favorável à sua pretensão de suspensão

---

[140] BILBAO UBILLOS, 1997, p. 305.

[141] SARLET, 2000, p. 124.

[142] As informações transcritas sobre o caso "Lüth" foram retiradas, principalmente, das obras: ALEXY, 1997, p. 517-518; BILBAO UBILLOS, 1997, p. 304-308; INGO SARLET, op. cit., p. 124-125.

Direitos Fundamentais e Relações Familiares

do convite ao boicote, com a determinação de que Lüth se abstivesse de boicotar o filme e de formular declarações de incitação ao boicote. A decisão fundamentou-se no parágrafo 826 do BGB – Código Civil da Alemanha ("aquele que causa dano a outro, de maneira ofensiva aos bons costumes, está obrigado a repará-lo").[143] A decisão foi mantida pelo Tribunal de Apelação de Hamburgo.

Lüth ingressou com queixa constitucional (*Verfassungsbeschwerde*), perante o Tribunal Constitucional Federal, alegando a violação de seu direito fundamental à liberdade de expressão. O Tribunal Federal acolheu o recurso e "anulou" a decisão do Tribunal de Hamburgo por ter aquela corte estadual desconsiderado a influência dos valores dos direitos fundamentais no direito privado. Para o Tribunal Constitucional Federal, essa influência deveria ser concretizada a partir das cláusulas gerais que representam "marcos de irrupção dos direitos fundamentais no direito civil".[144] O tribunal *a quo* teria que confirmar se as normas de direito civil aplicáveis ao caso estavam em sintonia com esses valores. "Estabelecida essa vinculação, o conflito entre a lei e os direitos fundamentais deve se resolver mediante a regra da 'ponderação de bens' (*Güterabwagung*), mas respeitando, em todo caso, o conteúdo de valor essencial do direito fundamental".[145] Para o Tribunal Constitucional, no conflito entre Lüth e Harlan, essa ponderação deveria ter conduzido a uma "preferência em favor da liberdade de expressão", liberdade que representa "a mais imediata manifestação da personalidade humana em sua dimensão social".[146]

Apesar de a Corte Constitucional alemã não ter aderido expressamente às concepções da eficácia imediata ou mediata, reconheceu que a Constituição não é "uma ordenação axiologicamente neutra" e, por isso, nela os direitos fundamentais se configuram como ordem objetiva de valores, centrada no livre desenvolvimento da personalidade e no respeito à dignidade humana no seio da comunidade e que "deve valer como decisão fundamental do Direito Constitucional para todos os ramos do Direito".[147]

O que se observa como ponto de especial relevo da referida decisão é a importância do reconhecimento da posição central dos direitos fundamentais dentro do sistema constitucional, considerados como a expressão de decisão básica da Constituição, o que lhes atribui o caráter de fundamento material de todo o ordenamento, converten-

---

[143] SARLET, 2000, p. 124.

[144] BRANCO, Paulo Gustavo Gonet. Aspectos de teoria geral dos direitos fundamentais. In: MENDES, Gilmar Ferreira; COELHO, Inocência Mártires; BRANCO, Paulo Gustavo Gonet. *Hermenêutica constitucional e direitos fundamentais*. Brasília: Brasília Jurídica, 2002. p. 103-194.

[145] BILBAO UBILLOS, 1997, p. 308.

[146] Ibidem.

[147] Ibid., p. 306.

do-os em valores absolutos aos quais se vinculam todos os tipos de relações jurídicas, inclusive as relações entre particulares.[148]

As críticas que se fazem à teoria da eficácia mediata dos direitos fundamentais, por intermediação do julgador, não deixam de reconhecer a importância da compreensão da dimensão objetiva dos direitos fundamentais, bem como a relevância da aceitação da eficácia irradiante dos valores jusfundamentais em todos os ramos do ordenamento jurídico. Entretanto, o que se argumenta é a insuficiência dessa teoria para assegurar efetividade mais ampla dos direitos fundamentais.[149]

Na prática, o reconhecimento de uma eficácia dos direitos fundamentais no direito privado por intermediação do juiz, da maneira proposta pela *"Drittwirkung"*, revela tão-somente o princípio geral de que todas as normas do ordenamento devem ser interpretadas conforme a Constituição. A teoria da eficácia mediata não propõe, assim, nenhuma solução inovadora.[150]

Outra objeção que se levanta também à teoria da eficácia mediata é que, da forma como concebem a dimensão objetiva e a eficácia irradiante das normas de direitos fundamentais, acabam por eliminar ou reduzir a própria força normativa dos direitos fundamentais. Isso porque não reconhecem os direitos fundamentais enquanto normas efetivamente capazes de gerar direitos subjetivos, em toda a plenitude das relações individuais.[151]

Por outro lado, o mesmo argumento recorrente utilizado pelos defensores da eficácia mediata no sentido de que a segurança jurídica nas relações entre particulares e a própria autonomia privada restariam ameaçadas com o reconhecimento de eficácia imediata vinculando os particulares na condição de obrigados, da mesma forma são utilizados como argumentos contra a própria *Mittelbare Drittwirkung*.

Defendendo, como fez o Tribunal Constitucional no caso "Lüth", que o julgador deve verificar a sintonia das normas civis com os direitos fundamentais e resolver o conflito mediante "ponderação de bens", acaba também por abandonar o meio "seguro" de solução dos conflitos individuais unicamente por meio das normas de direito privado, admitindo a incerteza e insegurança de uma ponderação de

---

[148] BILBAO UBILLOS, 1997, p. 307.

[149] Conforme já se ressaltou na análise formulada por Alexy quanto à "tese de irradiação", no item 3.3 desta primeira parte.

[150] "Pero entonces, qué diferencia hay, en la práctica, entre la teoría de la eficacia mediata a través del juez y el principio general de interpretación de todas las normas del ordenamiento conforme a la Constitución? No veo ninguna, francamente". (BILBAO UBILLOS, op. cit., p. 313).

[151] "O los derechos fundamentales despliegan eficacia como auténticos derechos subjetivos, en toda su plenitud normativa (...); o bien operan como principios o valores deducibles de su formulación constitucional, con un significado genérico, y entonces carecen de eficacia normativa, no incidiendo como tales en las relaciones privadas". (BILBAO UBILLOS, 1997, p. 315).

Direitos Fundamentais e Relações Familiares

69

bens, deixada a critério do julgador, cujos resultados, em cada caso concreto, são imprevisíveis.[152]

A eficácia mediata gera tanta incerteza, ou ainda mais, do que a solução que propõe a vinculação direta dos particulares aos direitos fundamentais na condição de obrigados, cabendo ao julgador aferir se houve ou não, no caso concreto, lesão a direito fundamental.

Na prática, é o que os particulares em litígio vão aguardar da decisão judicial: que seja declarado o direito de um ou de outro litigante.

Daí concluir Bilbao Ubillos que a eficácia mediata dos direitos fundamentais é "uma construção artificial" que apenas tangencia o explícito reconhecimento de eficácia imediata dos direitos fundamentais nas relações privadas. Nega ao indivíduo a titularidade dos direitos fundamentais, como direitos subjetivos, frente a outros particulares, mas lhe garante que as normas de direito privado (estas sim capazes de lhe gerar direitos e obrigações) serão interpretadas em sintonia com os valores que inspiram aqueles direitos fundamentais.

É bem verdade que, no fundo, estão garantindo o próprio direito fundamental. Entretanto, partem do fundamento de que, na solução do conflito, é o julgador – e somente ele – que está vinculado pelo direito fundamental em discussão, e não os particulares em litígio. É o juiz, no exercício do dever de proteção que vincula todos os órgãos estatais, que deverá garantir a tutela dos direitos fundamentais.

Mas o que os defensores da eficácia mediata deixam de considerar é que, se o órgão judicial está obrigado a proteger direito fundamental discutido em litígio entre sujeitos privados, é porque esse direito vigora na relação jurídico-material entre os particulares, que têm obrigação de respeitá-lo.

5.3. A eficácia imediata

Os argumentos que até aqui foram analisados já seriam suficientes para demonstrar o que se entende por eficácia imediata dos direitos fundamentais e porque se pretende nesse estudo ressaltar a necessidade de seu reconhecimento.

Quando se defende a tese da eficácia imediata dos direitos fundamentais nas relações privadas – *Unmittelbare Drittwirkung*, como foi definida pelo Tribunal Federal do Trabalho alemão – o que se quer afirmar é a possibilidade de aplicação direta dos direitos fundamentais enquanto direitos subjetivos, reforçados pela garantia constitucional, frente às violações provenientes de sujeitos privados.

---

[152] BILBAO UBILLOS, 1997, p. 317.

Não se afasta a atividade do órgão judicial, mas se reconhece o recurso direto aos direitos fundamentais, e não apenas a sua utilização como critério de interpretação das normas de direito privado (como defende a teoria da eficácia mediata).

Na verdade, a teoria da eficácia mediata e a da eficácia imediata, como ressalta Alexy, são equivalentes em seu alcance e nos seus resultados, uma vez que ambas alcançam a atividade judicial e resultam na proteção dos direitos fundamentais nas relações privadas. Entretanto, vistas isoladamente, serão sempre incompletas.[153]

Por outro lado, ainda segundo Alexy, a equivalência entre as duas teorias não afasta a necessidade de buscar uma construção correta, pois a efetividade dos direitos fundamentais no sistema jurídico necessita de modelo completo capaz de abranger três níveis: o nível dos direitos do cidadão frente ao estado; o nível dos deveres do Estado e o nível dos direitos dos indivíduos nas suas relações com outros particulares. Entre esses níveis não deve haver hierarquia de graus, mas sim relação de implicação recíproca.[154]

Portanto, para compreensão da teoria da eficácia imediata, devem ser afastados alguns equívocos que podem levar à preliminar negação dessa eficácia, o que aliás já se procurou demonstrar. Aceitar a possibilidade de eficácia imediata dos direitos fundamentais frente a particulares, não afasta a importância e a necessidade de interpretar o direito privado à luz dos direitos fundamentais, como defende a teoria da eficácia mediata. Por outro lado, também não se defende que os efeitos das normas de direitos fundamentais nas relações entre os particulares se darão da mesma forma com que se operam nas relações entre o cidadão e o Estado, como se fosse simples mudança de destinatário. Os valores que inspiram a tutela dos direitos fundamentais nas duas relações não se alteram, mas o que muda é o campo de valoração, por isso a tutela dos direitos fundamentais em cada relação não poderá ser sempre a mesma.[155]

Sem dúvida que o reconhecimento da vinculação dos particulares como titulares de dever de respeito aos direitos fundamentais implicará limitação ao poder de autodeterminação dos indivíduos, no âmbito da autonomia privada. Porém, isso não significa que os limites que os particulares estão obrigados a respeitar deverão ser os mesmos impostos pelos direitos fundamentais quando vinculam os Poderes públicos.

A razão de ser, primeira e última, dos direitos fundamentais sempre foi fixar limites ao poder. Assim, reconhecidos os abusos que também os sujeitos privados podem cometer no âmbito de suas

---

[153] ALEXY, 1997, p. 514-515.

[154] Ibid., p. 516.

[155] RIBEIRO, 1998, p. 745.

Direitos Fundamentais e Relações Familiares

relações com outros particulares, os direitos fundamentais também devem exercer papel de limite negativo a sua autonomia privada, limite que se impõe com mais rigor quanto maior for a desigualdade real entre as partes de uma relação jurídica caracterizada notoriamente pelo desequilíbrio dos poderes de fato.

Isso deve representar, em última análise, um sistema de proteção unitário em que a garantia dos direitos fundamentais possa se efetivar sob o mesmo título, tanto no nível das relações, entre particulares como das relações cidadão/Estado, ainda que não necessariamente com a mesma intensidade. Em ambas as relações os direitos fundamentais devem ter a mesma natureza jurídica, superando a dicotomia público/privado e se apresentando como normas capazes de gerar direitos e obrigações em todos os níveis do ordenamento jurídico.

A teoria da eficácia imediata importa, portanto, em reconhecer que é a norma constitucional definidora de direitos fundamentais (independentemente da existência de norma infraconstitucional) que se aplica como razão primeira (embora não necessariamente a única) da fundamentação de decisão judicial em conflito privado. Isso implica reconhecer as normas definidoras de direitos fundamentais como normas de comportamento (e não apenas como regras de hermenêutica) aptas a incidir diretamente nas relações entre particulares.[156]

Esse entendimento não tem sido pacífico na doutrina constitucional, de maneira geral, nem representa problema isolado de apenas um ou outro ordenamento jurídico, mas ao contrário, trata-se de problema universal que se tem enfrentado em quase todos os ordenamentos.[157] A discussão em torno do assunto tem provocado o pronunciamento da jurisprudência constitucional que, em diversos países, tem revelado posicionamento divergente, nem sempre muito bem definido.

No Brasil, poucos doutrinadores se posicionaram quanto à forma de eficácia dos direitos fundamentais nas relações entre particulares, não obstante importantes contribuições de alguns autores. Entretanto, é possível afirmar, de um modo geral, que a tese da eficácia imediata tem sido acolhida pela doutrina brasileira, podendo ser citados, dentre os que se posicionaram expressamente em prol do reconhecimento da eficácia direta, Daniel Sarmento, Ingo Sarlet, Carlos Roberto Siqueira Castro e Gustavo Tepedino.[158]

---

[156] BILBAO UBILLOS, 1997, p. 327.
No mesmo sentido, na doutrina italiana, PERLINGIERI, Pietro. *Perfis do direito civil*. Tradução Maria Cristina De Cicco. Rio de Janeiro: Renovar, 1999. p. 12.

[157] BILBAO UBILLOS, 1997, p. 272.

[158] Na doutrina constitucional, podem ser destacados: SARMENTO, Daniel. *Direitos Fundamentais e relações privadas*. Rio de Janeiro: Lumen Juris, 2004; SARLET, Ingo Wolfgang. Direitos fundamentais e direito privado: algumas considerações em torno da vinculação dos particulares aos direitos fundamentais. In: SARLET, Ingo Wolfgang (Org). *A constituição concretizada*: construindo pontes com o público e o privado. Porto Alegre: Livraria do Advogado, 2000. p. 107-163;

Quanto aos Tribunais brasileiros, apesar de freqüentes as decisões que se utilizam diretamente de normas constitucionais para a solução de conflitos de caráter privado, não se encontra posição teórica claramente assumida quanto à forma de vinculação dos sujeitos privados às normas constitucionais definidoras de direitos fundamentais.[159]

Especificamente quanto à eficácia entre sujeitos privados, citam-se duas decisões mais antigas do Supremo Tribunal Federal que têm merecido referência na doutrina constitucionalista, pois, apesar de não precedidas de uma discussão muito aprofundada sobre a eficácia dos direitos fundamentais nas relações privadas, foram pioneiras por acolher expressamente sua aplicação direta.

Em uma decisão proferida em 1996, pela 2ª Turma, no Recurso Extraordinário nº 158215-4/RS, o STF acolheu a pretensão dos associados de uma cooperativa, que haviam sido punidos com exclusão, reconhecendo-lhes o direito à ampla defesa, por força da aplicação direta da norma constitucional.[160]

Em outra decisão, proferida também em 1996, pela 2ª Turma do STF, no Recurso Extraordinário nº 161.243-6/DF, foi igualmente apre-

---

MENDES, Gilmar Ferreira. *Direitos fundamentais e controle de constitucionalidade*. São Paulo: Celso Bastos Editor, 1998. p. 207-225; BRANCO, Paulo Gustavo Gonet. Aspectos de teoria geral dos direitos fundamentais. In: MENDES, Gilmar Ferreira; COELHO, Inocêncio Mártires; BRANCO, Paulo Gustavo Gonet. *Hermenêutica constitucional e direitos fundamentais*. Brasília: Brasília Jurídica, 2002. p. 103-194; CASTRO, Carlos Roberto de Siqueira. Aplicação dos direitos fundamentais às relações privadas. In: PEREIRA, Antônio Celso Alves e MELLO, Celso Renato Duvivier de Albuquerque (Coords). *Estudos em homenagem a Carlos Alberto Menezes Direito*. Rio de Janeiro: Renovar, 2003. p. 227-246. Na doutrina civilista destaca-se TEPEDINO, Gustavo. Direitos humanos e relações jurídicas privadas. In: TEPEDINO, Gustavo. *Temas de direito civil*. Rio de Janeiro: Renovar, 1999. p. 55-71.

[159] Remeto o leitor à decisão proferida pelo Tribunal Pleno do Supremo Tribunal Federal na Ação Direta de Inconstitucionalidade nº 2591 (origem: Distrito Federal), conhecida como a "ADIN dos Bancos", em que foi relator o Ministro Carlos Velloso, julgada em 07/06/2006, publicada em 29/09/2006, de onde se podem depreender os argumentos divergentes em torno da questão da eficácia imediata, ou não, da norma constitucional, no caso a norma do parágrafo 3º do art. 192 da Constituição Federal (íntegra da decisão disponível no site www.stf.gov.br).

[160] "DEFESA – DEVIDO PROCESSO LEGAL – INCISO LV DO ROL DAS GARANTIAS CONSTITUCIONAIS – EXAME – LEGISLAÇÃO COMUM. A intangibilidade do preceito constitucional assegurador do devido processo legal direciona ao exame da legislação comum. Daí a insubsistência da óptica segundo a qual a violência à Carta Política da República, suficiente a ensejar o conhecimento de extraordinário, há de ser direta e frontal. Caso a caso, compete ao Supremo Tribunal Federal exercer crivo sobre a matéria, distinguindo os recursos protelatórios daqueles em que versada, com procedência, a transgressão a texto constitucional, muito embora torne-se necessário, até mesmo, partir-se do que previsto na legislação comum. Entendimento diverso implica relegar à inocuidade dois princípios básicos em um Estado Democrático de Direito – o da legalidade e o do devido processo legal, com a garantia da ampla defesa, sempre a pressuporem a consideração de normas estritamente legais. COOPERATIVA – EXCLUSÃO DE ASSOCIADO – CARÁTER PUNITIVO – DEVIDO PROCESSO LEGAL. Na hipótese de exclusão de associado decorrente de conduta contrária aos estatutos, impõe-se a observância ao devido processo legal, viabilizado o exercício amplo da defesa. Simples desafio do associado à assembléia geral, no que toca à exclusão, não é de molde a atrair adoção de processo sumário. Observância obrigatória do próprio estatuto da cooperativa" (Julgado em 30/04/1996, publicado em 07/06/1996).

Direitos Fundamentais e Relações Familiares

ciada a incidência direta de direitos fundamentais em uma relação privada. Discutia-se a hipótese de trabalhador brasileiro, empregado da empresa aérea Air France, que pretendia o reconhecimento de direitos trabalhistas que eram assegurados pelo Estatuto da Empresa exclusivamente aos empregados de nacionalidade francesa, tendo o STF acolhido a pretensão do trabalhador também por força da aplicação direta da norma constitucional.[161]

Tais decisões, dentre outras, revelam que o STF aceita a possibilidade de aplicação direta dos direitos fundamentais na solução de conflitos entre sujeitos privados, independentemente da intermediação do legislador, apesar da frágil fundamentação teórica, como bem ressalta Daniel Sarmento.[162]

Mesmo na doutrina e na jurisprudência alemãs, em que prevalece a teoria da eficácia mediata, ou indireta, a adoção dessa doutrina, como já demonstrado, não se dá de forma explícita muito menos unânime.

Na Espanha, apesar de não haver dispositivo expresso no texto constitucional afirmando a vinculação dos particulares aos direitos fundamentais, a maioria dos doutrinadores é partidária da *Drittwirkung* imediata.[163] A jurisprudência constitucional na Espanha tem reconhecido a sujeição dos cidadãos às normas de direitos fundamentais, diferenciada quanto ao grau e ao modo de vinculação, mas afirmando expressamente, por meio de decisões do próprio Tribunal Constitucional, que os particulares têm "um dever geral negativo de abster-se de qualquer atuação que vulnere a Constituição".[164]

O Tribunal Constitucional espanhol, reconhecendo a dimensão objetiva dos direitos fundamentais e também o efeito de irradiação desses direitos, não tem seguido porém o mesmo caminho da jurisprudência alemã, pois, assumindo a linha divergente, tem se posicionado de forma a revelar que o que rege a relação jurídico-privada, o que o julgador há de tutelar quando invocada sua intervenção, é o direito

---

[161] "CONSTITUCIONAL. TRABALHO. PRINCÍPIO DA IGUALDADE. TRABALHADOR BRASILEIRO EMPREGADO DE EMPRESA ESTRANGEIRA: ESTATUTOS DO PESSOAL DESTA: APLICABILIDADE AO TRABALHADOR ESTRANGEIRO E AO TRABALHADOR BRASILEIRO. C.F., 1967, art. 153, § 1º; C.F., 1988, art. 5º, *caput*. I – Ao recorrente, por não ser francês, não obstante trabalhar para a empresa francesa, no Brasil, não foi aplicado o Estatuto do Pessoal da Empresa, que concede vantagens aos empregados, cuja aplicabilidade seria restrita ao empregado de nacionalidade francesa. Ofensa ao princípio da igualdade: C.F., 1967, art. 153, § 1º; C.F., 1988, art. 5º, *caput*). II – A discriminação que se baseia em atributo, qualidade, nota intrínseca ou extrínseca do indivíduo, como o sexo, a raça, a nacionalidade, o credo religioso, etc., é inconstitucional. Precedente do STF: Ag 110.846(AgRg)-PR, Célio Borja, RTJ 119/465. III – Fatores que autorizariam a desigualização não ocorrentes no caso. IV. – R.E. conhecido e provido" (Julgamento em 29/10/1996, publicado em 19/12/1997).

[162] SARMENTO, 2004, p. 294.

[163] BILBAO UBILLOS, 1997, p. 349.

[164] Ibid., p. 352.

fundamental como direito subjetivo, não apenas o valor que lhe é subjacente.[165]

A Corte Suprema argentina, em decisão proferida em 5 de setembro de 1958, também se mostra favorável à eficácia imediata dos direitos fundamentais frente a particulares, inclusive admitindo a sua proteção pela via do recurso de amparo, que, a rigor, só é cabível contra atos praticados por órgãos estatais.[166]

Na Itália, a jurisprudência tem se mostrado "vacilante", não aderindo expressamente a uma das teorias de eficácia dos direitos fundamentais frente a terceiros – não obstante algumas decisões isoladas em que se verifica receptividade à idéia de eficácia direta[167] – sendo no âmbito doutrinário onde se encontram, entre constitucionalistas e civilistas, construções teóricas que se posicionam, de forma inequívoca, favoravelmente a uma eficácia imediata.[168]

Em Portugal, são muitos os doutrinadores que acolhem a teoria da eficácia imediata dos direitos fundamentais nas relações privadas. É bem verdade que os questionamentos em torno dessa polêmica deixam de ser tão-somente uma discussão teórica, quando se verifica o seu reconhecimento explícito no texto constitucional, como ocorre na Constituição portuguesa de 1976, que fixa a regra (em seu art. 18.1) de que "os preceitos constitucionais respeitantes aos direitos, liberdades e garantias são directamente aplicáveis e vinculam as entidades públicas e privadas".[169]

---

[165] BILBAO UBILLOS, 1997, p. 322-323.

[166] Trata-se do caso "Samuel Kot" em que a Corte Constitucional argentina proferiu decisão em um recurso de amparo ordenando a retirada de um grupo de trabalhadores que teria ocupado arbitrariamente uma fábrica. Segundo a decisão: "Nada hay ni en la letra ni en el espíritu de la Constitución que permita afirmar que la protección de los llamados derechos humanos esté circunscrita a los ataques que procedan sólo de la autoridad. (...) Nada hay, tampouco, que autorice la afirmación de que el ataque ilegítimo, grave y manifesto contra cualquiera de los derechos que integram la liberdad, lato sensu, carezca de la protección constitucional adecuada(...)por la sola circunstancia de que ese ataque emane de otros particulares o de grupos organizados de individuos. (...) Siempre que aparezca – de modo claro y manifesto – la ilegitimidad de una restricción cualquiera a alguno de los derechos esenciales de las personas, así como el daño grave e irreparable que se causaría remitiendo el examen de la cuestión a los procedimientos ordinarios (...) corresponderá que los jueces restabelezcan de inmediato el derecho restringido por la vía rápida del recurso de amparo. (...) De outro modo habría que concluir que los derechos esenciales de la persona humana carecen en el derecho argentino de las garantías indispensables para su existencia y plenitud" (BILBAO UBILLOS, 1997, p. 325-326).

[167] O professor espanhol Bilbao Ubillos menciona algumas decisões da Corte Constitucional italiana, dentre elas duas decisões que se referem à proteção do direito à saúde. Na decisão nº 88/1979, o Tribunal qualificou esse direito fundamental como "derecho primario y absoluto del individuo que debe ser resarcido en cualquier supuesto de violación (...) Un derecho que la Constitución reconoce y garantiza en el ámbito de las relaciones interprivadas". E, no mesmo sentido, a decisão nº 202/1991 afirma que "el reconocimiento del derecho a la salud como derecho fundamental de la persona y bien primario constitucionalmente garantizado es plenamente operativo también en las relaciones de derecho privado" (Ibid., p. 334).

[168] Bilbao Ubillos menciona os autores Crisafulli e Pace, dentre os constitucionalistas, e Pietro Perlingieri, dentre os doutrinadores civilistas (Ibid., p. 335).

[169] Cf. RIBEIRO, 1998, p. 732.

Direitos Fundamentais e Relações Familiares

Entretanto, mesmo superado o questionamento em torno da existência de vinculação direta das entidades privadas, diante do expresso mandamento constitucional, permanece entre os doutrinadores portugueses a divergência quanto à intensidade e ao alcance dessa vinculação.[170]

O próprio Tribunal Constitucional português ainda não se posicionou claramente quanto à questão, deixando em aberto o sentido da *Drittwirkung* quanto à extensão da vinculatividade dos direitos fundamentais às entidades privadas.[171]

Essa constatação só vem ratificar o que já se afirmou ser, realmente, a controvérsia em torno do problema da eficácia dos direitos fundamentais frente a particulares, ou seja, o problema que se localiza nas questões de "como" e "em que medida" se dá concretamente essa eficácia.

É o que Gomes Canotilho expressamente reconhece ao afirmar que, uma vez inequivocamente consagrada a eficácia imediata em relação às entidades privadas – "eficácia traduzida no facto de as entidades privadas deverem respeitar, de forma directa e necessária, os direitos constitucionalmente garantidos" – "resta saber como se concebe esta eficácia".[172]

Para o professor português, o problema da eficácia dos direitos fundamentais na ordem jurídica privada "tende hoje para uma superação da dicotomia eficácia mediata/eficácia imediata" uma vez que, na verdade, o problema exige "soluções diferenciadas".[173]

Por um lado, Canotilho reconhece a existência de vinculação dos particulares aos direitos fundamentais e também afirma que os direitos fundamentais "são hoje direitos subjetivos, independentemente do caráter público ou privado" e que, portanto, nada impede que sejam aplicados como direitos subjetivos "na sua aplicação ao direito civil".[174] Entretanto, por outro lado – se bem compreendida sua "metódica da diferenciação"[175] –, Canotilho não admite, *prima facie*, a possibilidade

---

[170] O professor da Faculdade de Lisboa, Vasco Manuel Pereira da Silva, ressalta o posicionamento divergente entre doutrinadores portugueses que defendem uma eficácia mediata, dentre eles Lucas Pires e Mota Pinto, assim como, de outro lado, o posicionamento dos que defendem a aplicabilidade imediata dos direitos fundamentais nas relações privadas, como Vital Moreira, Gomes Canotilho, Ana Prata, Vieira de Andrade e Jorge Miranda (SILVA, Vasco, 1987, p. 45).

[171] BILBAO UBILLOS, 1997, p. 333; CANOTILHO, 1992, p. 610.

[172] CANOTILHO, op. cit., p. 606-607.

[173] Ibid., p. 607.

[174] Ibid., p. 612.

[175] Canotilho, em sua obra Direito Constitucional, sistematiza as distintas formas de soluções em cinco grupos distintos de situações, o que propõe como "metódica da diferenciação". O primeiro grupo seria aquele que envolve direitos fundamentais que expressamente, ou de maneira inequívoca, direcionam-se aos particulares (como o já citado exemplo dos diversos direitos trabalhistas cujos destinatários precípuos são os empregadores, regra geral particulares). Para ele, então, essas hipóteses implicariam em uma "eficácia horizontal expressamente consagrada

da aplicação direta dos direitos fundamentais (enquanto direitos subjetivos) pelo julgador, salvo em casos excepcionais.

Apesar de não assumir de forma muito clara esse posicionamento, parece ser possível afirmar que Canotilho acaba por se aproximar da linha doutrinária mais moderada (da eficácia mediata) que defende a vinculação dos sujeitos privados às normas de direitos fundamentais, em princípio, indireta – excepcionadas as hipóteses de vinculação expressamente prevista no texto constitucional e a vinculação dos assim chamados poderes privados ou poderes sociais – cabendo inicialmente ao legislador na "densificação legal do direito privado, cumprir e aplicar essas normas (de direitos fundamentais)"[176] e ao julgador, fazer "uma aplicação do direito privado legalmente positivado em conformidade com os direitos fundamentais pela via de interpretação conforme a constituição".[177]

Os defensores da eficácia imediata dos direitos fundamentais frente a particulares, pelo menos na linha que se está procurando sustentar o presente estudo, seguem raciocínio que se desenvolve de

---

na Constituição", de tal forma que, nesses casos, é facultado aos indivíduos nas suas relações com outros particulares, "apelar imediatamente para as normas constitucionais que, de forma expressa, vinculam os actos dos entes sujeitos aos direitos fundamentais" (CANOTILHO, 1992, p. 608-609). O segundo grupo envolveria as hipóteses de "eficácia horizontal através da mediação do legislador no âmbito da ordem jurídica privada", devendo essa vinculação se dar quando são editadas normas jurídico privadas, sendo sempre vinculação imediata. Isso porque, como todos os poderes e entidades públicas estão vinculados pelas normas consagradoras de direitos, liberdades e garantias, cabe ao legislador na "densificação legal do direito privado, cumprir e aplicar essas normas" (Ibid., p. 609). O terceiro grupo implicaria "eficácia horizontal imediata e mediação do juiz". Nesses casos, os juízes devem estar vinculados em primeira linha pela mediação legal dos direitos fundamentais, mas "devem também dar operatividade prática à função de proteção (objetiva) dos direitos, liberdades e garantias". Canotilho afirma que julgador (os tribunais civis laborais, constitucionais) devem considerar os direitos fundamentais como "medidas de decisão dos casos concretos" e, ao decidirem "os casos de conflitos de posições fundamentais" devem "em primeiro lugar, fazer uma aplicação do direito privado legalmente positivado em conformidade com os direitos fundamentais pela via da interpretação conforme a constituição". Cabe ainda, sendo insuficiente a interpretação conforme os direitos fundamentais, "a desaplicação da lei (por inconstitucional) violadora dos direitos (subjetivos) ou dos bens constitucionalmente garantidos pelas normas reconhecidas de direitos fundamentais" (Ibid., p. 609-610). Um quarto grupo envolve a problemática dos "poderes privados e eficácia horizontal". Esses casos seriam os "mais delicados" uma vez que os poderes privados ou poderes sociais, ao mesmo tempo que "não são juridicamente assimiláveis a 'poderes públicos' também não oferecem contornos jurídicos para se transformarem em categorias operacionais no âmbito da problemática da Drittwirkung". A solução proposta por Canotilho, para esses casos, é que "as leis e os tribunais devem estabelecer normas (de conduta e de decisão) que cumpram a função de protecção dos direitos liberdades e garantias" (Ibid., p. 610/611). Por fim, o quinto grupo abrangeria as hipóteses de ameaça ao "núcleo irredutível da autonomia pessoal". Exigem solução diversa das outras hipóteses de eficácia horizontal "os casos em que os direitos fundamentais não podem aspirar a uma força conformadora de relações privadas quando isso signifique um confisco substancial da autonomia pessoal e à qual não se pode contrapor um direito subjetivo público ou privado, cujo núcleo essencial seja sacrificado por uma utilização anormal dessa autonomia" (Ibid., p. 611).

[176] CANOTILHO, 1992, p. 609.

[177] Ibid., p. 610.

um ponto de partida inverso. O que se defende ao afirmar a eficácia imediata é que, em princípio, todos os direitos fundamentais vinculam, de alguma forma, diretamente os particulares, à exceção, como já se viu, daqueles direitos que vinculam direta e exclusivamente o Poder público (que vão incidir nas relações privadas apenas pela via "vertical" vinculando o julgador na interpretação do direito privado).

A solução proposta pelos defensores da eficácia imediata não é restringir a atuação do julgador apenas à tarefa de interpretação e integração do direito privado à luz dos direitos fundamentais (como, em resumo, defende a teoria da eficácia mediata), mas, ao contrário, admite a possibilidade de aplicação das normas de direitos fundamentais pelo julgador como normas de comportamento (e não apenas como regras de hermenêutica) aptas a incidir, em princípio, também nas relações entre particulares.

Isso não significa que se propõe eficácia imediata plena, muito menos automática.[178] Ao contrário, os defensores dessa teoria reconhecem a impossibilidade de soluções uniformes e a necessidade de avaliar, em cada caso concreto, a possibilidade de aplicação nas normas de direitos fundamentais pelo julgador.

Afirmar a vinculação imediata dos particulares significa que também nas relações privadas os indivíduos devem respeitar as normas de direitos fundamentais e, ainda que se reconheça o princípio da autonomia privada como um bem, da mesma forma, constitucionalmente protegido, esse argumento não pode representar permissão constitucional à violação, ou renúncia, dos demais bens fundamentais, muito menos pode representar empecilho para a aplicação das normas de direitos fundamentais pelos órgãos judiciais, como normas de conduta.

Ao mesmo tempo que não se pode afastar o argumento mais utilizado pelos defensores da eficácia mediata – de que a incidência dos direitos fundamentais na esfera privada não pode representar "um confisco substancial da autonomia pessoal"[179] – há de se reconhecer que o poder da autonomia privada está sujeito à limitação imposta pela vinculação dos particulares às normas de direitos fundamentais.

A questão dos limites da eficácia dos direitos fundamentais frente aos particulares, reconhecida pelos defensores da eficácia imediata, não pode deixar, portanto, de considerar o princípio da autonomia privada, como traço peculiar das relações jurídico-privadas.

É essa peculiaridade das relações entre particulares – regida pelo princípio da autonomia privada, mas, ao mesmo tempo, não podendo afastar a realidade de que ambos os sujeitos são titulares de direitos

---

[178] BILBAO UBILLOS, 1997, p. 367.

[179] CANOTILHO, 1992, p. 611.

fundamentais – que representa a complexidade do problema da efetividade dos direitos fundamentais nessas relações que se apresentam como verdadeiro "conflito da liberdade consigo própria",[180] tornando especialmente difícil a identificação de limites.

Cabe ao julgador apreciar, em cada caso concreto, por exemplo, até que ponto o poder de autodeterminação dos particulares em suas relações com outros sujeitos privados lhes permite renunciar um direito, ou, em outras palavras, em que medida é admissível que os particulares consintam com a violação de seus direitos constitucionais.

Ainda que se reconheça que não é possível estabelecer fórmulas fixas para a determinação da medida da eficácia dos direitos fundamentais nas relações entre particulares – o que, de maneira geral não é possível para qualquer situação de colisão de direitos fundamentais, independentemente da espécie de relação jurídica –, pode-se buscar a definição de alguns critérios que auxiliem a delimitação dessa eficácia, em cada caso concreto.

Bilbao Ubillos apresenta dois critérios gerais que entende devam ser considerados ao apreciar o cabimento da incidência direta dos direitos fundamentais nas relações jurídico-privadas.

O primeiro poderia ser resumido como o critério da desigualdade substancial entre as partes – apesar de não ter sido sintetizado sob esse título. Para o professor espanhol, a capacidade de penetração dos direitos fundamentais na esfera privada do indivíduo tende a ser maior à medida que se constatam situações reais de desigualdade. Essa assimetria ocorre seja quando na relação entre particulares uma das partes ostenta posição de clara supremacia frente à outra (como a posição que o empresário ocupa frente ao trabalhador), seja quando a situação concreta demonstre que o particular, assumindo posição de inferioridade na relação jurídica, encontra-se frente a dificuldades reais para a satisfação de seus interesses, não tendo na prática outra alternativa senão submeter-se àquela relação jurídica.[181]

Por esse critério, então, a autonomia privada não deixa de ser considerada na limitação da eficácia dos direitos fundamentais, entretanto somente o grau de autonomia real das partes pode ser critério válido e útil para resolver os possíveis conflitos. Assim, quanto menor a liberdade real da parte mais frágil da relação, maior será a necessidade de proteção dos direitos fundamentais. E quando, no grau máximo de restrição dessa liberdade, surge na relação entre particulares a presença de um poder privado, afasta-se, inteiramente, a legitimidade do princípio da autonomia privada como critério de validade para qualquer manifestação de liberdade individual.[182]

---

[180] RIBEIRO, 1998, p. 746.

[181] BILBAO UBILLOS, 1997, p. 368.

[182] Ibid., p. 368-369.

O segundo critério apresentado pelo Professor Bilbao Ubillos é "o respeito ao valor absoluto da dignidade humana como núcleo intangível e indisponível que deve ser preservado frente a qualquer agressão", de tal forma que a eficácia vinculante dos direitos fundamentais se impõe de forma ainda mais intensa, também nas relações privadas, quando for a própria dignidade humana que se veja afetada.[183]

Enfim, qualquer apreciação sobre a incidência dos direitos fundamentais nas relações entre sujeitos privados não pode deixar de levar em consideração, na situação concreta, os fatores que, de qualquer forma, demonstrem real situação de desigualdade entre as partes, bem como não pode ser considerada válida qualquer manifestação de liberdade individual que atente intoleravelmente contra a dignidade humana do particular preterido.[184]

O reconhecimento das peculiaridades das relações privadas bem como da necessidade de soluções diferenciadas, que são também pontos comuns entre as teorias da eficácia mediata e imediata, demonstram que, na prática, os problemas em torno da proteção dos direitos fundamentais nas relações entre particulares não está em advogar uma vinculação direta. Muito pelo contrário, o fato de se negar a um sujeito privado a possibilidade de opor contra outro particular direito fundamental, como direito subjetivo, não resolve o problema dos limites da *Drittwirkung*, apenas restringe as possibilidades de garantir judicialmente maior efetividade dos direitos fundamentais na esfera privada.

A solução das dificuldades na aplicação dos direitos fundamentais nas relações privadas não está em negar a vinculação dos particulares às normas de direitos fundamentais, na qualidade de destinatários obrigados a dever de respeito. O problema, na verdade, consiste em avaliar os limites dessa vinculação e as conseqüências práticas que dela podem ser extraídas no caso concreto.

Diante da inviabilidade de soluções uniformes, todas as vias de penetração dos direitos fundamentais na esfera privada coexistem, em princípio, simultaneamente, tanto a eficácia por intermediação do legislador, como a eficácia por intermediação do julgador ao interpretar o direito privado à luz dos direitos fundamentais, como também a eficácia imediata das normas de direitos fundamentais, como normas de comportamento que podem ser aplicadas diretamente pelo julgador, sempre respeitando os limites pautados nas circunstâncias de cada caso.

Em última análise, qualquer uma dessas vias de garantia dos direitos fundamentais na esfera privada será sempre imediata, como conclui Alexy, uma vez que acabam por garantir ao indivíduo a

---

[183] BILBAO UBILLOS, 1997, p. 369-370.

[184] Cf. RIBEIRO, 1998, p. 752; SARLET, 2000, p. 150.

possibilidade de exigir uma pretensão que não seria exigível sem a vigência dos direitos fundamentais.[185]

Na verdade, em relação ao modo com que se opera a eficácia dos direitos fundamentais frente aos particulares, os doutrinadores não negam, de forma absoluta, a possibilidade de eficácia imediata. A diferença é que uns assumem essa eficácia abertamente, enquanto outros a aceitam de forma tímida ou dissimulada.[186]

Aceitar abertamente essa eficácia imediata possibilita enfrentar diretamente o questionamento central do problema que muitos doutrinadores apenas tangenciam: os particulares são destinatários das normas de direitos fundamentais (?); estão vinculados aos direitos fundamentais na condição de obrigados (?); são titulares de um dever de respeito aos direitos fundamentais? Se é possível, em princípio, responder afirmativamente a essas questões, então é possível reconhecer uma eficácia imediata *prima facie*, ainda que necessariamente sujeita a limites e condições.

Negar a possibilidade de vinculação dos particulares aos direitos fundamentais, ou tentar negar que um particular possa ter seus direitos fundamentais violados por outro sujeito privado, por mais que se apresentem argumentos jurídicos, em última análise, representa uma opção que, sob um perfil político e ideológico, encontra-se atrelada ao constitucionalismo de inspiração liberal-burguesa. A opção por uma forma de eficácia imediata, ao contrário, representa opção política em prol de um "constitucionalismo da igualdade", visando à efetividade do sistema de direitos e garantias fundamentais.[187]

Se bem compreendida, a teoria da eficácia imediata dos direitos fundamentais nas relações entre particulares não representa ameaça nem ao Direito Privado nem aos direitos fundamentais, mas, pelo contrário, fornece elementos para que tanto um como outro sejam aplicados sob a mesma ética, visando à proteção do homem concreto, a quem ambas as esferas normativas, em primeira linha, devem servir. Trata-se de compreensão mais ampla da efetividade dos direitos fundamentais que permite analisar a igualdade e a liberdade em sua

---

[185] Para Alexy, o ponto central do conceito de eficácia imediata é que os princípios jusfundamentais, em virtude de seu efeito no sistema de normas de direito civil, exigem ou excluem a existência de determinados direitos e não direitos, liberdades e não liberdades que não seriam exigíveis ou excluídos em uma relação entre sujeitos privados somente com base em um sistema de Direito Civil analisado isoladamente sem influência das normas de direitos fundamentais. Por isso conclui que, mesmo a teoria do efeito mediato "tiene, pues, como consecuencia necessariamente un efecto inmediato en terceros" (ALEXY, 1997, p. 521 e 523).

[186] BILBAO UBILLOS, 1997, p. 381.

[187] GARCÍA, Pedro de Veja. Dificultades y problemas para la construcción de um constitucionalismo de la igualdad: em caso de la eficácia horizontal de los derechos fundamentales. In: PÉREZ LUÑO, Antonio-Enrique (Coord.). *Derechos humanos y constitucionalismo ante el tercer milenio.* Madri: Marcial Pons, 1996. p. 265-280.

dimensão real, e não simplesmente formal ou abstrata; que permite contemplar o indivíduo em suas relações com outros particulares como sujeito livre, mas também responsável; concebendo o homem capaz de autodeterminação, senhor de seu destino e gestor de seus interesses, mas que, simultaneamente, mesmo em suas relações com outros indivíduos, também é um ser humano capaz de se encontrar fragilizado por diversas situações de desigualdades reais, subjugado pelo manto da liberdade formal.

Parte II

Analisando as relações familiares em busca de uma maior eficácia dos direitos fundamentais

Quando se pretende analisar a eficácia dos direitos fundamentais no plano mais restrito das relações privadas e, além disso, quando no âmbito das relações privadas se elege esfera ainda mais específica, como é o caso do presente estudo, muitos questionamentos emergem em decorrência das peculiaridades das relações jurídicas a serem enfrentadas.

O que efetivamente representa a proteção à família, como direito amparado expressamente pela nossa Constituição Federal? Se a família "tem especial proteção do Estado", por que e a que título merece essa proteção? O Direito de Família pode ser estudado, nos dias atuais, apenas como um ramo do Direito Privado? Considerando a família como um dos espaços mais íntimos do sujeito, pode o Estado interferir nas relações familiares além do que expressamente prevê a legislação infraconstitucional? Se pode (interferir), em que medida, e com que objetivo deve fazê-lo? Qual o papel do legislador na esfera da regulação das relações familiares e quais os limites que deve respeitar? De que forma o juiz de família se apresenta (como se posiciona?) quando chamado a resolver um litígio envolvendo questões familiares e quais os instrumentos de que dispõe (dentro do ordenamento jurídico) para a solução desses conflitos? Quais as obrigações dos sujeitos envolvidos nas relações familiares e de onde elas derivam (no âmbito do ordenamento jurídico)?

São essas interrogações (além de outras que dela decorrem) que, de uma forma ou de outra, serão enfrentadas nos próximos capítulos, não com a pretensão de fornecer respostas conclusivas, mas sim objetivando utilizar as reflexões provocadas por esses questionamentos como etapas de um caminho capaz de nos conduzir a critérios comuns para a solução dos problemas em torno da eficácia dos direitos fundamentais nas relações familiares.

Direitos Fundamentais e Relações Familiares

6. O direito de família no Brasil e seu perfil constitucional

Considerando que o enfoque deste trabalho gira em torno da eficácia dos direitos fundamentais – ainda que em um corte limitado ao âmbito das relações familiares – seria despropositado analisar com profundidade a evolução histórica do Direito de Família. Porém, torna-se necessário conhecer a forma e os pilares sobre os quais o ordenamento jurídico brasileiro estruturou a proteção jurídica da família e de que maneira essa proteção à família pode ser concebida hoje, à luz da nova ordem constitucional.

É nessa estrutura jurídica que embasa a proteção da família que se deve buscar compreender qual o papel dos direitos fundamentais – e com eles a nova tábua de valores introduzida pela Constituição de 1988 – na identificação do novo eixo da proteção jurídica da família e da razão que justifica a necessidade dessa "especial proteção" prevista expressamente no artigo 226 do nosso texto constitucional.

Porém, antes de indagar sobre qual a proteção que o ordenamento jurídico destina à família, é preciso saber a quem se destina essa proteção, quem pode reclamar tal direito, *qual é a família* que se enquadra na moldura da proteção jurídica. Antes de questionar quais os direitos regulados pelo Direito de Família, ou quais os direitos que podem efetivamente ter eficácia nas relações familiares, uma questão essencial e prévia gira em torno de quem são admitidos como sujeitos desses direitos.

E além disso, tão ou mais importante que saber da especial proteção que a família recebe em sede constitucional, importa que se reconheçam os motivos que justificam a necessidade dessa proteção. Impõe-se conhecer a que título se dá essa proteção.

6.1. Direito de família e proteção constitucional à família: a quem se dirigem?

Quando se estuda o Direito Civil, as relações jurídicas por ele reguladas e os direitos e obrigações decorrentes dessas relações, o ponto de partida deve ser sempre a indagação em torno do conceito de pessoa. Mais do que isso, é importante que se questione quem são, em sentido amplo, os sujeitos considerados possuidores de direitos civis.

O Direito Civil brasileiro passou por grandes dificuldades para concretizar sua codificação, alcançada em 1916. A trajetória foi muito mais longa do que os dezessete anos desde o início da elaboração do Projeto de Beviláqua em janeiro de 1899. Foram sessenta e um anos, contados desde a contratação de Teixeira de Freitas, em 1855, para realizar a Consolidação das leis civis. Noventa e quatro anos, contados desde 1823, quando foi decretada a vigência provisória das Ordenações

Filipinas e demais legislações portuguesas no Brasil enquanto não fosse elaborado um Código Civil.[188]

É importante levar em conta essa longa trajetória quando se analisa questão fulcral para o Direito Civil, que é exatamente a compreensão e definição de quem são os possuidores de direitos civis, quem são os cidadãos. As dificuldades em torno do conceito de cidadania e da definição de quem era ou não era cidadão no Brasil, no final do século XIX e início do século XX, foi um dos entraves para a codificação do Direito Civil.[189]

A contextualização histórica do Direito Civil e sua codificação no Brasil nos ajuda a entender suas transformações, dentre elas – naquilo que interessa ao tema deste trabalho – as transformações do próprio modelo familiar.

Qual era o modelo de família descrito por essa codificação? Quem eram os membros dessa família? Enfim, quem eram os "sujeitos" a quem se dirigia o Direito de Família?

O Direito Civil codificado em 1916 revelava extremo apego à abstração e à generalização. Escudava-se por detrás da definição abstrata de sujeito para negar a sujeitos concretos a titularidade e o exercício de direitos. A noção clássica de sujeito é a compreensão de pessoa abstratamente modelada pela ordem jurídica. Nesse modelo clássico, para ser pessoa era preciso *ter, possuir,* o *status* de sujeito de direito, e não apenas *ser,* concretamente, uma pessoa humana. A personalidade – na esfera jurídica – não é caracterizada pelo fato de *ser* humano, mas pelo fato de *ter* direitos e obrigações.

---

[188] Cf. PEREIRA, Caio Mario da Silva. *Instituições de direito civil.* 12. ed. Rio de Janeiro: Forense, 1991. 1 v.

[189] Cf. GRINBERG, Keila. *Código civil e cidadania.* Rio de Janeiro: Jorge Zahar Editor, 2001. p. 10. Na referida obra, apesar de analisar vários entraves históricos que antecederam a codificação do direito civil, a autora centraliza seu enfoque nas dificuldades em se harmonizar a legislação civil com a situação de seres humanos a quem se negava a condição de titular de direitos civis (os escravos), ou ainda com as situações em que, não obstante reconhecida a condição jurídica de pessoa, negava-se totalmente o exercício pessoal de direitos civis, como era o caso das mulheres casadas, que eram consideradas incapazes.

Um dos argumentos levantados pela historiadora para sustentar sua afirmação seria então "a impossibilidade de conciliar um código necessariamente liberal, no qual os direitos de cidadania devessem ser concedidos a todas as pessoas, com o sistema escravista, fundamentado juridicamente na distinção entre pessoas – livres – e coisas – escravos". (Ibid., p. 47). Entrave ainda mais grave representava a situação em que o escravo era ao mesmo tempo coisa – pois não possuíam direitos civis – e pessoa, no aspecto penal, pois poderiam ser responsabilizados criminalmente por seus atos. Assim, mais do que a escravidão em si, a dificuldade maior para a codificação era a "transitoriedade do estado civil do escravo", pois além de ser "coisa e pessoa ao mesmo tempo", seria ainda, caso conseguisse a liberdade, uma pessoa capaz de voltar a virar coisa – já que podiam ser reescravizados caso não cumprissem com as obrigações de todo liberto, como, por exemplo o reconhecimento da devida gratidão ao seu senhor (Ibid.,p.55).

Isso explicaria, conforme a autora, o fato de que, "enquanto existiram no Brasil pessoas livres, mas que haviam sido escravas, pessoas escravizadas, mas que trabalhavam em troca de uma remuneração, na maioria das vezes com consentimento de seu senhor, ninguém conseguiu escrever um Código Civil" (Ibid., p. 57-58).

Direitos Fundamentais e Relações Familiares

Ao estabelecer abstratamente o que considera sujeito de direitos, o Direito Civil qualifica quais os sujeitos que ingressam nessa categoria e exclui os que não se enquadram na moldura.[190] A crítica que se faz contra a abstração excessiva que se operou sobre os conceitos no âmbito do Direito Privado, presente no modelo adotado pelo Código Civil brasileiro de 1916, é que a pessoa não é, em si mesma, elemento que preceda ao seu próprio conceito jurídico, ou seja, "só é pessoa quem o Direito define como tal".[191]

Priorizando o *ter* em detrimento do *ser*, desconsiderando o sujeito como realidade autônoma, o Direito Civil codificado no século XX volta-se não para o indivíduo concreto que participa das relações jurídicas, mas para os efeitos patrimoniais dessas relações, garantindo o livre tráfego daqueles que seriam os seus únicos protagonistas: o proprietário, o marido, o contratante e o testador.[192]

O sujeito não "é" por si mesmo, mas "tem" para si titularidades.

No âmbito no Direito de Família, a moldura estabelecida pelo Código Civil de 1916 para as relações familiares também atinge elevado grau de abstração, definindo a entrada no *status* de membro da família, qualifica quem é o sujeito titular do direito de dirigir a família (já que a mulher casada perdia sua capacidade para exercer direitos), quem é o sujeito titular do direito de ter um pai (já que nem todos possuíam o *status* jurídico de filho) e, enfim, qual a convivência afetiva que era titular do direito de ser amparada pelo Estado, uma vez que somente a união entre homem e mulher constituída pelo casamento era considerada família.

Em apertada síntese, esse era o modelo clássico de família adotado pelo antigo Código Civil: um modelo unitário, indissolúvel e transpessoal (uma vez não centrado na pessoa de seus membros), caracterizado ainda por ser matrimonializado, patriarcal e hierarquizado.[193]

Nessa moldura não se encaixava nenhuma outra relação afetiva não constituída pelo casamento que, apesar de terem existência real e efeitos pessoais e patrimoniais concretos, não tinham acesso na categoria de relação jurídica, eram situações de fato não reconhecidas nem amparadas juridicamente como família.

E foi esse modelo unitário da família constituída pelo casamento indissolúvel que assumiu, durante muito tempo, o papel de "sujeito" de direito diante da proteção do Estado, relegando seus membros a

---

[190] Cf. FACHIN, Luiz Edson. *Teoria crítica do direito civil*. Rio de Janeiro: Renovar, 2000.

[191] Ibid., p. 85.

[192] TEPEDINO, Gustavo. Apresentação. In: —. *Temas de direito civil*. Rio de Janeiro: Renovar, 1999.

[193] FACHIN, Luiz Edson. *Elementos críticos do direito de família*. Rio de Janeiro: Renovar, 1999. p.308.

importância periférica. Porque o alvo da tutela jurídica centrava-se não na pessoa, mas na família como instituição constituída pelo casamento, unidade de produção e reprodução dos valores culturais, religiosos e econômicos.[194]

As mudanças pelas quais, no último século, passou o Direito Civil – e nele o Direito de Família – voltaram-se para uma revalorização da pessoa humana, não em seu aspecto individualista, mas agregando à idéia de sujeito a noção de cidadania. O Direito Civil contemporâneo é marcado por uma "despatrimonialização" e "repersonalização", representada pela tentativa de superar o sujeito (abstrato) de direito com a "construção do sujeito concreto".[195]

Na esteira de mudanças por que o Direito Civil passou no último século, o Direito de Família foi, pouco a pouco, abrindo espaço para o ingresso de outros sujeitos e outras relações que estavam na periferia da moldura jurídica.

Muitas modificações foram paulatinamente inseridas no ordenamento jurídico na segunda metade do século XX , seja como resultado da construção jurisprudencial, em que diversas decisões passaram a reconhecer direitos a sujeitos de outras formas de relações familiares não matrimonializadas, seja também pela expressa previsão em diversas leis – como, por exemplo, a Lei nº 4.121, de 22.9.1962 (Estatuto da Mulher Casada), e a Lei nº 6.515, de 26.12.1977 (Lei do Divórcio) – introduzindo profundas alterações no modelo tradicional de família e passando a tutelar outras relações e outros sujeitos antes excluídos pelo próprio modelo familiar, que, como se disse, além de unitário e indissolúvel, era também matrimonializado, patriarcal e hierarquizado.

As grandes modificações, conquistadas por meio da jurisprudência e também introduzidas no ordenamento jurídico por leis dispersas, foram centralizadas e incorporadas definitivamente com a Constituição de 1988, que acrescentou, às transformações já consolidadas, aquela que pode ser considerada a mais profunda alteração no vértice do Direito de Família: a mudança de valores.

A nova tábua de valores, que passou com a nova ordem constitucional a constituir o alicerce sobre o qual se sustenta todo o Direito de Família contemporâneo, pode ser identificada basicamente em dois aspectos principais: a alteração do papel atribuído às entidades familiares e a alteração do conceito de unidade familiar.[196]

---

[194] Cf. TEPEDINO, Gustavo. A disciplina civil-constitucional das relações familiares. In: —. *Temas de direito civil*. Rio de Janeiro: Renovar, 1999. p. 347-366.

[195] FACHIN, 2000, p. 100 e 187.

[196] TEPEDINO, 1999, p. 348-349.

A família passa a ter papel funcional: servir de instrumento de promoção da dignidade da pessoa humana. Não é mais protegida como instituição, titular de interesse transpessoal, superior ao interesse de seus membros, mas passa a ser tutelada por ser instrumento de estruturação e desenvolvimento da personalidade dos sujeitos que a integram. Merece a tutela constitucional, como lugar em que se desenvolve a pessoa, em função da realização das exigências humanas.

Por outro lado, a própria noção de unidade familiar assumiu nova dimensão. Abandonou o conceito formal para adotar conceito flexível e instrumental que reconhece como família outras comunidades afetivas não constituídas pelo casamento e mesmo comunidades materialmente separadas, desde que mantenham como objetivo a função social à qual se destinam.

Unidade familiar não significa, portanto, nem unidade de modelo familiar, pois a Constituição tutela diversas formas de entidades familiares, nem indissolubilidade do casamento. Cada modalidade de família tem, na finalidade comum, sua própria noção de unidade.[197]

Dessas mudanças valorativas do Direito de Família podem ser extraídos importantes princípios constitucionais implícitos, dentre eles: o da pluralidade de formas familiares; da afetividade e da função serviente da família.[198]

Esses princípios implícitos estão presentes em diversas normas inseridas (expressamente) na Constituição. Neles se fundamentam, por exemplo, as disposições constitucionais que reconhecem como "entidade familiar" outras comunidades reunidas pelo afeto (art. 226, § 3º) ainda que não exista a presença de um casal (art. 226, § 4º); que reconhecem a adoção, como escolha afetiva, e a igualdade de direitos reconhecida a todos os filhos, independentemente da sua origem (art. 227, §§ 5º e 6º); o planejamento familiar voltado para a dignidade da pessoa humana (art. 226, § 7º); a previsão de interferência do Estado na entidade familiar para a proteção de seus integrantes (art. 226, § 8º); os deveres da família em relação a seus membros (art. 227, *caput*); liberdade de constituir família, independentemente da modalidade de organização e da liberdade de dissolução da sociedade conjugal independentemente da discussão da culpa (art. 226, § 6º).

Liberdade, igualdade e responsabilidade são valores que elevam a noção de família e seus integrantes acima das diferenças discriminatórias.[199]

---

[197] PERLINGIERI, Pietro. *Perfis do direito civil*. Tradução Maria Cristina De Cicco. Rio de Janeiro: Renovar, 1999. p. 250.

[198] Cf.TEPEDINO, 1999, p. 347 *et seq.*; PERLINGIERI, *op. cit.*, p. 244-245.

[199] FACHIN, 1999, p. 310.

Não é mais a família "constituída pelo casamento" que a ordem constitucional considera a base da sociedade (art. 175 da Constituição de 1967/69). A expressão que qualificava e restringia o modelo familiar foi suprimida, e a proteção constitucional passa a ter por alvo a "família" (*caput* do art. 226 da Constituição de 1988), ou seja, qualquer família, sem distinção entre os diferentes modelos de entidade familiar. Além disso, a Constituição se refere expressamente (nos parágrafos do art. 226) a outras entidades familiares que não se constituem pelo casamento.

A partir do princípio da pluralidade familiar, o centro da tutela constitucional se desloca do casamento para as relações familiares (decorrentes também do casamento, mas não unicamente dele).

Entretanto, mesmo após o reconhecimento constitucional da pluralidade familiar, permanecem na doutrina civilista divergências sobre o alcance dessa pluralidade, colocando-se ainda em questão a inclusão ou exclusão, para efeito de proteção do Estado, de outros tipos de entidades familiares não previstos expressamente (como, por exemplo, a união afetiva, com plena comunhão de vida, entre pessoas do mesmo sexo).

Certamente a alteração introduzida pela Constituição, se bem compreendidas as transformações introduzidas na ordem dos valores que a inspiram, é efetivamente mais profunda do que o simples reconhecimento de duas entidades familiares não constituídas pelo casamento, que são a família constituída pela união estável de um casal (art. 226, § 3º) e a família monoparental, constituída por qualquer dos pais e seus descendentes (art. 226, § 4º).

Há de se concluir, seguindo o entendimento de doutrinadores na esteira do Professor Pernambucano Paulo Luiz Netto Lôbo, que esses tipos de entidade familiar expressamente previstos no texto constitucional não encerram *numerus clausus*. A cláusula de exclusão da antiga ordem constitucional que limitava a proteção jurídica à família "constituída pelo casamento" foi substituída por uma cláusula de inclusão na qual se encaixam perfeitamente os preceitos constitucionais do art. 226, *caput*, e § 4º, os quais, compreendidos, repita-se, como integrantes de uma cláusula geral de inclusão, repelem qualquer interpretação que conclua pela exclusão ou discriminação de outras entidades familiares que são formadas com as mesmas características dos modos de relações familiares explicitados (de forma exemplificativa) nos parágrafos do art. 226.[200]

---

[200] Para o Prof. Paulo Netto Lôbo, o caput do art. 226 adota um "conceito amplo e indeterminado de família". Prevê a tutela constitucional da família sem nenhuma referência a determinado tipo de família. Além disso, "a regra do § 4º do art. 226 integra-se à cláusula geral de inclusão", pois, utilizando-se da expressão "também" (significando "igualmente, da mesma forma, outrossim"), tornou possível a inclusão de um tipo "sem exclusão de outros". Dentro desse conceito

Por outro lado, também a partir da mudança da ótica valorativa constitucional, há de se afastar qualquer entendimento que conclua por proteção desigual a qualquer modalidade de família. Diante dos dispositivos constitucionais que tratam da família (Capítulo VII, do Título VIII) e, mais ainda, diante dos princípios fundamentais da República brasileira, inseridos no Título I da Constituição, não se pode aceitar que a nova ordem constitucional pudesse instituir tipos de "famílias de primeira e segunda classe".[201] Ao contrário, dentro dessa ordem de valores, a proteção da família, prevista pelo art. 226 da Constituição, somente pode ser compreendida como tutela constitucional que se dirige indistintamente, a diversas modalidades de entidades familiares, em igualdade de situação.

A antiga estrutura da relação familiar amparada pelo ordenamento jurídico deixa de ser unitária e matrimonializada, passando a assumir forma aberta, admitindo outras maneiras de construção do vínculo familiar além do casamento.

É a família plural que ganha o abrigo constitucional.

O modelo patriarcal e hierarquizado é profundamente alterado em decorrência do princípio da igualdade entre os membros da relação familiar e diante da inegável eficácia do princípio democrático nas relações familiares, em que marido e mulher, em condições de igualdade, assumem conjuntamente a direção familiar (art. 226, § 5º), e os filhos, independentemente da forma de constituição do vínculo de filiação, possuem indistintamente os mesmos direitos (art. 227, § 6º) inclusive – e acima de tudo – o direito de que seus interesses sejam atendidos com prioridade no seio da família. No lugar da antiga versão patriarcal e hierarquizada surge a família democratizada, caracterizada por igualdade substancial (e não apenas formal) e por direção diárquica.

Delineada pelos mencionados princípios orientadores do novo perfil constitucional de família – pluralidade, afetividade e função serviente – a família assumiu dimensão aberta, tornou-se "ninho sem moldura".[202]

Mas se, por um lado, a moldura do modelo familiar se diluiu – permitindo que a textura aberta das normas constitucionais de prote-

---

amplo, "os tipos de entidades familiares explicitados nos parágrafos do art. 226 da Constituição são meramente exemplificativos, sem embargo de serem os mais comuns, por isso mesmo merecendo referência expressa". As demais entidades familiares devem ser consideradas "tipos implícitos" (LÔBO, Paulo Luiz Netto. Entidades familiares constitucionalizadas: para além do numerus clausus. In: CONGRESSO BRASILEIRO DE DIREITO DE FAMÍLIA, 3., Família e cidadania: o novo CCB e a vacatio legis, 2001, Ouro Preto. *Anais*(...) Belo Horizonte: IBDFAM, Del Rey, 2002. p. 95).

[201] TEPEDINO, 1999, p. 356.

[202] FACHIN, 1999, p. 60.

ção à família atingissem variedade maior de relações familiares – por outro lado, o centro da tutela constitucional se tornou mais concreto.

O enfraquecimento da importância antes atribuída ao vínculo formal, deslocou o questionamento em torno da moldura da proteção jurídica para o conteúdo, o sentido e a finalidade da tutela da família.

6.2. A especial proteção da família: por que e a que título?

Não apenas a tutela constitucional se deslocou do casamento para as relações familiares que concretamente existem e não podem manter-se excluídas do ordenamento jurídico, mas essa tutela deixa de se dirigir à família como instituição, dando lugar à proteção dos membros dessa instituição.

Como dito antes, os principais aspectos da profunda mudança valorativa por que passou o Direito de Família são, de um lado, a alteração da noção de unidade familiar e, de outro, a alteração do papel atribuído às entidades familiares. Ambos os aspectos estão intimamente relacionados aos princípios da afetividade e da função serviente da família.

Tanto a unidade familiar quanto o papel das entidades familiares passam a ser vistos de maneira instrumental.

O que vincula os casais para a constituição de entidade familiar não é mais o vínculo formal – pelo menos não exclusivamente. A Constituição de 1988, ao reconhecer outras relações afetivas como entidades familiares e, principalmente, ao reconhecer a igualdade entre os filhos, independentemente da origem da filiação (biológica ou não, matrimonial ou extramatrimonial), afastou o vínculo formal do seu antigo papel de elemento caracterizador e de requisito da constituição das relações familiares.

Unidade familiar, a partir dos valores constitucionais, não pode mais ser vista como a reunião de um homem e uma mulher e destes com seus filhos "legítimos", tendo como base o casamento.

O fator que passa a exercer o papel de denominador comum de qualquer núcleo familiar é a *affectio* constante e espontânea, o vínculo afetivo que liga as pessoas que integram o grupo familiar, que se traduz em plena comunhão de vida, voltada para o desenvolvimento da personalidade e para a realização de seus membros. É esse aspecto que representa o dado unificador de todas as formas familiares, pois o que toda entidade familiar deve ter em comum é sua função de servir ao desenvolvimento da pessoa.[203]

Não é o vínculo formal do casamento que transforma uma reunião de pessoas e "estabelece comunhão plena de vida", como se poderia

---

[203] PERLINGIERI, 1999, 244-245; TEPEDINO, 1999, p. 350.

Direitos Fundamentais e Relações Familiares

absurdamente compreender da literalidade do art. 1.511 do Código Civil brasileiro. É a *affectio*, vínculo afetivo que impulsiona as pessoas a manter relação em torno de projeto de vida em comum, que estabelece essa comum-união espiritual e de vida e faz dessa comunhão o elemento unificador de toda relação familiar, que se constrói em função da realização e desenvolvimento dos sujeitos dessa relação.

A interpretação literal do artigo 1.511 do Código Civil levaria a crer – em extremo apego ao formalismo jurídico e na contramão do perfil constitucional da família – que o vínculo formal do casamento seria capaz de estabelecer comunhão de vida, instituída pela família matrimonializada, ignorando que a família é, ela própria, uma comunhão de vida.[204]

É a existência de relação afetiva consubstanciada em comunhão plena de vida que, no novo perfil constitucional de família, passa a representar o principal elemento caracterizador das entidades familiares (qualquer que seja a forma assumida pela família).[205]

É também essa afetividade, assim compreendida como o núcleo do conceito da unidade familiar, que representa o principal elemento de constituição da família e de preservação de famílias que não se "extinguem" com a separação ou com o divórcio, mas se "transformam", mantendo a unidade familiar em torno do vínculo entre os pais (ainda que separados) e seus filhos, fazendo com que permaneça vivo aquele elemento comum da relação familiar a serviço do desenvolvimento da personalidade de seus integrantes.

O reconhecimento da relevância jurídica da relação familiar, sua constituição, preservação e proteção somente se justifica a partir da função serviente da família.

Fala-se então de concepção eudemonista da família, de acordo com a qual não é mais o indivíduo que existe para a família, mas, ao contrário, a família (e também o casamento) que existe em função do desenvolvimento pessoal do indivíduo, em busca de sua aspiração à felicidade.[206]

Quando a Constituição fala em especial proteção à família (art. 226, *caput*), expressa também que o Estado deve concretizar essa proteção assegurando a "assistência à família na pessoa de cada um dos que a integram" (art. 226, § 8º).

---

[204] SILVA, Eduardo. A dignidade da pessoa humana e a comunhão plena de vida: o direito de família entre a constituição e o código civil. In: MARTINS-COSTA, Judith (Org). *A reconstrução do direito privado*. São Paulo: Editora Revista dos Tribunais, 2002. p. 475.

[205] Paulo Luiz Netto Lôbo aponta três características comuns, indispensáveis para que se configure uma entidade familiar: "a) afetividade, como fundamento e finalidade da entidade, com desconsideração do móvel econômico; b) estabilidade, excluindo-se os relacionamentos casuais, episódicos ou descomprometidos , sem comunhão de vida; c) ostensibilidade, o que pressupõe uma unidade familiar que se apresente assim publicamente". (LÔBO, 2002, p. 91).

[206] FACHIN, 1999, p. 291.

A tentativa de explicar o sentido da proteção constitucional da família e a finalidade dessa tutela deve superar qualquer idéia de hipotético interesse familiar.

A família não é titular de direitos autônomos, não é pessoa jurídica. Nela, a titularidade dos direitos pertence a seus membros. Assim, quando se fala de interesse familiar, não se pode compreendê-lo como algo superior à proteção da personalidade daqueles que integram o grupo familiar. Ao contrário, o interesse familiar deve ser compreendido como interesse comum aos membros de uma mesma relação familiar. Um interesse que não é exclusivo e por isso mesmo diz respeito a todos os componentes da família.[207]

Falar de interesse familiar não pode representar a idéia de sacrifício imposto ao desenvolvimento e à realização da personalidade dos integrantes de um grupo familiar para favorecer hipotética indissolubilidade desse agrupamento. Ao contrário, o interesse familiar, como interesse comum de todos os integrantes da família, deve ter por principal objetivo o respeito à personalidade de todos os membros do grupo familiar, indistintamente.

O interesse familiar deve ser compreendido como espécie de "cláusula geral" que tem por finalidade a proteção dos direitos dos integrantes de uma família contra possíveis arbitrariedades oriundas de um dos pólos da relação.[208]

O que se protege não é a família titular de interesse separado e autônomo. Protege-se a funcionalização da família para o desenvolvimento da personalidade de seus membros. É a pessoa que ocupa o centro da tutela constitucional que protege a família, não como instituição valorada em si mesma, mas como – e apenas – instrumento de tutela da dignidade humana.[209]

A família é tutelada como formação social, "lugar-comunidade" que deve ser propício à formação e ao desenvolvimento da personalidade de seus participantes.[210] Vista sob a perspectiva da unidade familiar entendida como comunhão de vida, a família se reveste de peculiar solidariedade que representa implícita impossibilidade de se tutelar interesse individual que implique negação da realização da personalidade de qualquer dos integrantes da família.[211]

Mas também pelo fato de caracterizar comunhão plena de vida, a responsabilidade para com a realização da personalidade dos que integram a família deve ser recíproca. A solidariedade, desatrelada do

---

[207] PERLINGIERI, 1999, p. 178.

[208] ROCA, Encarna. *Familia y cambio social*: de la casa a la persona. Madrid: Civitas, 1999. p. 77.

[209] TEPEDINO, 1999, p. 355-356.

[210] PERLINGIERI, 1999, p. 178.

[211] Ibid., 179.

Direitos Fundamentais e Relações Familiares

significado de reciprocidade e fora do contexto da comunhão plena que reúne os integrantes da família em torno do mesmo projeto de vida, pode esconder um sacrifício suportado de maneira desequilibrada por algum dos membros da família, mascarando situação de submissão ou até mesmo de total anulação da vontade e da personalidade dos sujeitos da relação familiar.[212]

Portanto, o princípio da função serviente da família deve traduzir-se, em linhas gerais, como a necessidade de respeitar o valor da pessoa na vida interna da comunidade familiar. Mas como formação social inspirada no princípio da democracia, a família deve ser uma comunidade onde se garanta a participação com igual título, seja na condução da vida familiar, seja na igual dignidade dos filhos.

A tutela constitucional da família e a intervenção do Estado na comunidade familiar somente podem ser explicadas a partir da função serviente da família, assim compreendida em harmonia com os princípios que fundamentam o Estado Democrático de Direito.

Mas por outro lado a compreensão do porquê da tutela constitucional da família e a justificativa da intervenção do Estado na comunidade familiar não pode se satisfazer tão-somente com a afirmação da necessidade de tutela da pessoa sem que se enfrente o problema de delinear qual o papel global da pessoa na família, isto é o problema de definir de que forma a pessoa se apresenta na família sendo titular de direitos – principalmente do direito à sua própria realização pessoal – e simultaneamente co-responsável (solidariamente) pela construção de um "lugar-comunidade"[213] onde também se respeite o desenvolvimento da personalidade dos outros integrantes da mesma comunidade, tornando efetivamente possível a vontade espontânea de plena comunhão de sentimentos, de vida e de história.

7. Funcionalização da família e tutela da personalidade

A função serviente da família – a idéia de formação social com função instrumental a serviço da realização da personalidade de seus membros e a noção de que a tutela constitucional da família dirige-se à proteção dos membros do grupo familiar – deve ser compreendida inserida no contexto mais amplo das transformações que se operaram em decorrência do papel central que a pessoa humana passou a ocupar no ordenamento jurídico a partir da normativa constitucional.

Para alcançar essa compreensão mais ampla, é preciso, porém, que se enfrentem, primeiramente, as transformações conceituais por que

---

[212] PERLINGIERI, 1999, p. 249.

[213] Ibidem.

passou a conformação clássica de sujeito e a nova dimensão da tutela da personalidade no ordenamento jurídico.

7.1. O sujeito como centro da tutela constitucional: individualismo ou personalismo?

As mudanças que se operaram no Direito Civil por meio da irradiação da nova ordem valorativa introduzida pela Constituição estão voltadas, como já dito anteriormente, para revalorização da pessoa humana.

O princípio da dignidade da pessoa humana, incluído dentre os fundamentos do Estado Democrático Brasileiro (art. 1º, III), passa a ser concebido como o "princípio-matriz"[214] e unificador dos direitos fundamentais, colocando a pessoa em lugar distinto daquele em que o indivíduo se encontrava frente ao Estado Liberal.

A dignidade humana, positivada pela normativa constitucional, ainda que não se configure como direito fundamental autônomo,[215] perpassa, de uma forma ou de outra, todos os direitos fundamentais que podem ser considerados, em maior ou menor medida, concretizações ou explicitações daquele princípio.[216]

Não se tem neste estudo a pretensão de discorrer sobre o princípio da dignidade humana, mesmo porque, como alerta a Professora Maria Celina Bodin de Moraes, a reflexão jurídica a respeito do tema se desenvolve necessariamente com recurso à filosofia, à política e à história, o que não teria lugar nos limites deste trabalho.[217] Não cabe à ordem constitucional definir a dignidade humana, não obstante as Constituições lhe reservem posição de relevo e especial proteção, incorporando-a como princípio fundamental do Estado Democrático.

O que interessa destacar, portanto, são os efeitos da positivação do princípio da dignidade da pessoa humana, dentre eles a alteração na própria dimensão dos direitos fundamentais, os quais, superada a concepção que assumiram inicialmente no Estado Liberal, conforme já se teve oportunidade de analisar anteriormente, passaram a representar mais do que limite negativo para a atuação dos Poderes públicos, impondo-lhes também atuação (positiva), dever de proteção da

---

214 FINGER, Julio Cesar. Constituição e direito privado: algumas notas sobre a chamada constitucionalização do direito civil. In: SARLET, Ingo Wolfgang (Org.). *A constituição concretizada*: construindo pontes com o público e o privado. Porto Alegre: Livraria do Advogado, 2000. p. 94.

215 SARLET, 2001, p. 100.

216 SARLET, *op. cit.*, p. 99; SARMENTO, 2004, p. 113. Encontra-se uma análise do tema com mais profundidade em SARLET, Ingo Wolfgang. *Dignidade da pessoa humana e direitos fundamentais na constituição federal de 1988*. Porto Alegre: Livraria do Advogado, 2001.

217 MORAES, Maria Celina Bodin. O conceito de dignidade humana: substrato axiológico e conteúdo normativo. In: SARLET, Ingo Wolfgang (Org). *Constituição, direitos fundamentais e direito privado*. Porto Alegre: Livraria do Advogado, 2003. p. 114-115.

Direitos Fundamentais e Relações Familiares

pessoa humana e promoção das condições necessárias para o efetivo exercício de seus direitos fundamentais.

A incorporação do princípio da dignidade humana na ordem constitucional é marco significativo da superação da ideologia individualista, pois o homem não é mais visto como ator isolado, responsável exclusivo por si mesmo, titular de direitos fundamentais que podem ser usados como escudos para impedir a intromissão do Estado no espaço particular. O reconhecimento da dignidade humana como fundamento do Estado Democrático de Direito e como vértice axiológico da ordem constitucional coloca o ser humano, como o principal destinatário da tutela constitucional, no centro da preocupação de todo o ordenamento jurídico.

Entretanto, o efeito que mais diretamente atinge o tema deste estudo é a penetração do princípio da dignidade humana no Direito Civil, alterando substancialmente a tutela da personalidade e com ela a própria concepção de pessoa.

Como já se disse anteriormente, o conceito de pessoa sempre ocupou lugar de grande relevo para o Direito Civil, mas na nova tábua de valores introduzida na Constituição a pessoa não mais pode ser considerada somente em função da noção de sujeito que "possui" direitos, dentro dos modelos de relação jurídica expressamente previstos na legislação civil. A pessoa humana destinatária do ordenamento não pode mais ser equiparada, de maneira simplista, nem à noção de indivíduo nem à idéia de sujeito de direitos.

Tradicionalmente, no Direito Civil clássico, a noção de pessoa era equivalente ao significado da palavra *persona* que, em Roma, era usada para designar a máscara do ator e a máscara dos ancestrais que se apresentavam nos cortejos fúnebres. Assim, o conceito jurídico de pessoa correspondia à moldura do sistema jurídico, abstraía a noção material de pessoa e a resumia à noção formal, transformando o homem em sujeito titular de direitos. Como a máscara colocada sobre a face, a noção jurídica de pessoa era algo que se colocava "sobre" o ser, algo "externo ao próprio ser".[218]

A partir do princípio da dignidade da pessoa humana, o valor da personalidade não mais se vincula ao aspecto externo simbolizado pelo "ter" direitos, mas se vincula direta e concretamente ao "ser" humano. A pessoa tutelada pelo ordenamento não é mais – pelo menos não apenas – a pessoa da máscara "jurídica", mas a pessoa "humana".

O sentido jurídico que a personalidade assumia no Direito Civil clássico é profundamente transfigurado pela ordem axiológica constitucional que acrescenta à idéia de personalidade como titularidade de direitos a noção de personalidade como objeto da proteção do Direito.

---

[218] FACHIN, 2000, p. 144.

O Direito Civil que, de maneira geral, foi profundamente redimensionado em decorrência da irradiação da nova ordem axiológica introduzida pela Constituição – efeito irradiante que, como vimos, atinge todos os âmbitos do ordenamento jurídico – foi afetado, de forma tão ou muito mais intensa, no que diz respeito à tutela da personalidade, tendo em vista a importância verdadeiramente central que a noção de pessoa representa para a estrutura do Direito Civil.

Os efeitos dessa valorização da dignidade da pessoa humana consolidaram as mudanças qualificadas como "repersonalização" e "despatrimonialização"[219] do Direito Civil, dois aspectos conexos e, ambos, diretamente influenciados pela chamada "constitucionalização" desse ramo do Direito.

Mas o que é preciso que se perceba é que essas mudanças não significam apenas a inserção no tecido normativo constitucional de matéria antes restrita ao Direito Privado, como também não se limitam a estabelecer simplesmente nova interpretação do Direito Privado à luz da ordem axiológica da Constituição que sobre ele se irradia.

Como adverte Gustavo Tepedino, a adjetivação do Direito Civil – personalizado, despatrimonializado, constitucionalizado – poderia suscitar a idéia de que os institutos de Direito Civil estão apenas coloridos com elementos externos, quando na verdade é o próprio Direito Civil que se altera desde seus pilares. Esses adjetivos, quando usados, não podem ser compreendidos como "a superposição de elementos exógenos do direito público" sobre conceitos do direito privado, devem, antes, significar "interpenetração do direito público e privado".[220]

A partir dessa compreensão é que se pode discernir que a chamada personalização do Direito Civil se refere à valorização da pessoa humana no âmbito de um Direito Civil completamente transformado, que não mais se sustenta em valores individualistas.

Essa personalização, que prioriza a proteção do ser humano, elevando-o à posição de principal destinatário do ordenamento jurídico, não se confunde com o individualismo que coloca o indivíduo, abstraído de seus laços de integração, no centro do sistema jurídico, buscando isoladamente seus interesses particulares.

No personalismo, a mudança que se opera é a partir da própria noção de sujeito, que superou o individualismo e foi redimensionada pelo reconhecimento do valor da dignidade humana.

Nessa nova dimensão, o sujeito não é mais abstrato, a pessoa com a máscara jurídica que a habilita a ser sujeito de direito na estrutura de relação jurídica reconhecida pelo sistema normativo. Descortinando a moldura jurídica, o valor da dignidade humana inspira a proteção do

---

[219] FACHIN, 2000, p. 100.

[220] TEPEDINO, 1999, p. 21-22.

Direitos Fundamentais e Relações Familiares

sujeito concreto; da pessoa "de carne, osso e alma";[221] do homem em sua existência real, com necessidades vitais; da pessoa – *humana*, e não criação *jurídica* – que antecede e extrapola a previsão normativa.[222]

Com isso, infiltrada pelo valor da dignidade, a proteção do ordenamento jurídico estende-se àqueles que estavam marginalizados, excluídos, dos modelos jurídicos; aos que estavam na periferia da moldura normativa que define (limitando) quais as relações jurídicas tuteladas; estende-se às pessoas que, por não se enquadrarem no modelo abstrato da norma jurídica, não poderiam atuar (com as devidas "máscaras" jurídicas) no papel de sujeitos de direitos.

No ordenamento jurídico que tem por substrato axiológico a tutela da pessoa em sua dignidade humana, é a "vulnerabilidade humana" que será tutelada prioritariamente, onde quer que ela se manifeste.[223]

Maria Celina Bodin de Moraes[224] – partindo da elaboração do que ela apresenta como os postulados do "substrato material da dignidade" – afirma que a dignidade humana se manifesta juridicamente por meio dos princípios jurídicos que lhe são corolários: igualdade, integridade psicofísica, liberdade e solidariedade social.[225]

No entendimento desenvolvido pela autora – aqui resumido em apertada síntese –, verifica-se a preocupação em compreender a que título e com base em que princípios deve-se dar a tutela da dignidade da pessoa humana no ordenamento jurídico. Aponta-se primeiramente a igualdade (formal e material), cujo postulado é a noção de pessoa humana como sujeito ético que reconhece a existência de outros sujeitos iguais em dignidade, mas que, ao mesmo tempo, deve respeitar as diferenças e a singularidade de cada um, conjugando assim o princípio da igualdade com o da diversidade, o que implica o reconhecimento de um direito de não receber tratamento discriminatório. Em segundo lugar, a integridade psicofísica, partindo do pressuposto de que, sendo semelhantes, todos devem ter direito à existência digna, incluindo um "amplíssimo direito a saúde compreendida esta como completo bem-estar psicofísico e social", direito que se reflete em questões cada vez mais complexas em decorrência do desenvolvimento

---

[221] Daniel Sarmento, também distinguindo pessoa de indivíduo, qualifica este (o indivíduo) como "uma realidade abstrata e impalpável", pois "não era a pessoa real, de carne, osso e alma, que sente fome e frio, mas também afeto e paixão, que adoece e convalesce, que se alegra e entristece, que vive e convive" (SARMENTO, 2004, p. 116).

[222] Sobre a mudança em torno da idéia de sujeito e a superação do sujeito abstrato na busca do sujeito concreto, ver FACHIN, p. 173-243.

[223] MORAES, 2003, p. 116.

[224] Ibid., p. 105-147.

[225] Ibid., p. 117.

da biotecnologia.[226] Em terceiro lugar, a liberdade individual, diante do pressuposto de que se deve garantir ao ser humano condições de exercer seu poder de autodeterminação, exercendo sua liberdade no sentido de "poder realizar, sem interferências, as próprias escolhas (...) o próprio projeto de vida";[227] e, por fim, o princípio da solidariedade social, com o qual deve ser sopesado o direito de liberdade, partindo do pressuposto de que os seres humanos coexistem e devem estar voltados para "garantir uma existência digna, comum a todos, em uma sociedade que se desenvolva como livre e justa, sem excluídos ou marginalizados".[228]

Percebe-se nessa elaboração a dimensão da mudança em torno da noção de sujeito a partir do valor da dignidade, que permite compreender o personalismo como opção ideológica que se distancia do individualismo, pois o que se coloca como vértice do sistema jurídico não é o indivíduo solitário, auto-suficiente, mas a pessoa que convive – e não apenas coexiste – com seus semelhantes, situado em uma sociedade, na qual se encontra efetivamente integrado.[229]

Certamente há que de concluir que foi essa a opção adotada pela Constituição de 1988, quando se constata que, ao valor da dignidade da pessoa humana, reconhecido como princípio fundamental (art. 1º, III), são agregados os valores de cidadania (art. 1º, II), solidariedade e igualdade material (art. 3º, I e III), que também fundamentam o Estado Democrático de Direito.

Localiza-se assim o personalismo que reconhece a superioridade do valor do ser humano (axiologicamente superior ao Estado), mas que, ao elevar o valor de dignidade da pessoa em si mesma, não o abstrai do valor de humanidade presente em todas as pessoas indistintamente. Coloca-se em relevo a promoção da dignidade da pessoa humana, mas inserida no objetivo maior da promoção do bem de todos, com a redução das desigualdades, em uma sociedade que se quer justa e solidária.

7.2. Tutela da personalidade e direitos fundamentais

A tutela da personalidade no Direito Civil, com a construção da teoria dos chamados direitos da personalidade, é fruto de elaborações doutrinárias, principalmente germânica e francesa, que se desenvolveram na segunda metade do século XIX.[230]

---

[226] MORAES, 2003, p. 125.

[227] Ibid., p. 136.

[228] Ibid., p. 140.

[229] Cf. SARMENTO, 2004, p. 117.

[230] TEPEDINO, 1999, p. 24.

Direitos Fundamentais e Relações Familiares

Assim, a personalidade, no âmbito do Direito Civil, passou a ser considerada em dois aspectos setoriais. No primeiro, do ponto de vista estrutural, tem-se a personalidade como capacidade, habilitando o ser humano a assumir a titularidade das relações jurídicas, integrando na estrutura dessa relação a posição de elemento subjetivo, isto é, no papel de sujeito de direito. Sob o segundo aspecto, tem-se a personalidade como conjunto de atributos da pessoa humana, considerada como objeto de proteção por parte do ordenamento jurídico. Esses atributos que se irradiam da personalidade, tidos como inerentes e indispensáveis ao ser humano, são considerados, em si mesmos, bens jurídicos dignos de tutela privilegiada.

A doutrina civilista, admitindo então que a personalidade pudesse ser também objeto de direito, passou a discutir se estes direitos subjetivos teriam incidência sobre a própria pessoa ou sobre algumas partes de sua unidade física e moral. Dito em outras palavras, a discussão doutrinária passou a oscilar entre conceber a tutela da personalidade de forma unitária, admitindo um "complexivo direito de personalidade", ou compreender essa tutela "atomisticamente", como pluralidade de direitos "incidindo cada um sobre um particular aspecto da personalidade".[231]

Os adeptos da teoria monista, que concebiam de forma unitária a tutela da personalidade, desenvolveram então a idéia de "direito geral da personalidade".[232]

Na Alemanha, apesar da inexistência de previsão expressa no Código Civil, a jurisprudência acabou por adotar a tese monista, reconhecendo a existência de um "direito geral da personalidade" (*allgemeines Persönlichkeitsrech*), partindo do que dispõem os artigos 1º e 2º da Lei Fundamental da Alemanha, que tratam, respectivamente, da proteção da dignidade da pessoa humana e do direito ao livre desenvolvimento da personalidade.[233]

---

[231] MOTA PINTO, Paulo. Notas sobre o direito ao livre desenvolvimento da personalidade e os direitos de personalidade no direito português. In: SARLET, Ingo Wolfgang (Org.). *A constituição concretizada*: construindo pontes com o público e o privado. Porto Alegre: Livraria do Advogado, 2000. p. 67.

[232] Atribui-se a Otto von Gierke, a referência, pela primeira vez, a um "direito geral da personalidade", em sua obra Deutsches Privatrecht (1895), que não chegou a influenciar o Código Civil alemão de 1896 ("Bürgeliches Gesetzbuch" – BGB), em que predominou a idéia de capacidade jurídica, expressa no § 1º do BGB, o que também ocorreu no Código Civil brasileiro de 1916, em seu art. 2º. Porém a tese de Gierk em torno de um direito geral da personalidade encontrou eco no Código Civil suíço de 1907 ("Zivilgesetzbuch" – ZGB) já que seu elaborador, Eugen Huber era partidário da doutrina de Gierke (Cf. LUDWIG, Marcos de Campos. O direito ao livre desenvolvimento da personalidade na Alemanha e a possibilidade de sua aplicação no direito privado brasileiro. In: MARTINS-COSTA, Judith (Org.). *A reconstrução do direito privado*. São Paulo: Editora Revista dos Tribunais, 2002. p. 265-305.

[233] Segundo Paulo Mota Pinto, desde a primeira decisão em que foi reconhecido o direito geral da personalidade (proferida no caso "Leserbrief", em 1954) o Supremo Tribunal Federal alemão ("Bundesgerichtshof" – BGH) apoiou-se nestes dois artigos da Constituição de 1949, porém,

Também se passou a reconhecer uma tutela geral da personalidade na Suíça, a partir das disposições do art. 28 do Código Civil, compreendido como "cláusula geral de protecção da personalidade".[234]

No direito português, o reconhecimento do direito ao livre desenvolvimento da personalidade, expressamente amparado no art. 26, nº 1, da Constituição da República Portuguesa, é considerado pela doutrina portuguesa como o "fundamento constitucional" para o "direito geral de personalidade", que também é reconhecido pela legislação infraconstitucional, onde se estatui a "tutela geral da personalidade" (art. 70, nº 1, do Código Civil Português).[235]

No Brasil, diferentemente da solução adotada em Portugal, não houve previsão expressa nem de direito constitucional ao livre desenvolvimento da personalidade, nem de "direito geral da personalidade" em nosso novo Código Civil, que passou a vigorar em 2003.[236]

Tal fato não tem sido empecilho, porém, para o desenvolvimento de corrente doutrinária que sustenta ser possível extrair da Constituição brasileira (e também do Código Civil de 2002) ampla proteção da personalidade que se afasta definitivamente do modelo dos direitos da personalidade, ou seja, a possibilidade de compreensão da tutela da personalidade que não se traduz em pluralidade taxativa de direitos, mas, antes, refere-se à proteção da personalidade como um todo, multifacetado e unitário.[237]

---

ainda assim, na Alemanha, "o direito geral de personalidade mantém-se uma criação da prática jurídica e da doutrina, não tendo recebido acolhimento legal" (MOTA PINTO, 2000, p. 70).

Também, no mesmo sentido, Daniel Sarmento, cita como exemplo a decisão proferida no caso "Princesa Soraya", pela Corte Constitucional germânica ("Bundesverfassungsgericht" – BVerfG), para apontar o reconhecimento de um direito geral de personalidade na jurisprudência constitucional alemã, fazendo com que "a disciplina legal da responsabilidade civil no Direito Privado alemão fosse reinterpretada, para abarcar danos em caso de lesões extrapatrimoniais" (SARMENTO, 2004, p. 126-127).

Assim dispõe o artigo 1, 1, da Lei Fundamental da Alemanha: "A dignidade da pessoa humana é inviolável. Todas as autoridades públicas têm o dever de respeitá-la e proteger". O artigo 2, 1, estatui: "Todos têm o direito ao livre desenvolvimento da sua personalidade, desde que não violem os direitos de outrem e não atentem contra a ordem constitucional ou a lei moral". (Cf. LUDWIG, 2002, p. 291).

[234] O citado artigo estabelece que "aquele que sofre uma ofensa ilícita nos seus interesses pessoais pode pedir ao juiz que a faça cessar" (Cf. MOTA PINTO, op. cit., p. 70).

[235] MOTA PINTO, 2000, p. 61-83.

[236] Lei nº 10.406, de 10 de janeiro de 2002.

[237] Podem ser citados, nessa linha doutrinária: MARTINS-COSTA, 2003, p.79 (afirmando ser possível reconhecer a existência de um "modelo aberto de tutela"); TEPEDINO, 1999, 48 (afirmando a existência de verdadeira "cláusula geral de tutela e promoção da pessoa humana"); MORAES, 2003, p. 144-145 (adotando opção terminológica na mesma linha de Tepedino, afirma que "os direitos das pessoas estão, todos eles (...) protegidos pela cláusula geral de tutela da pessoa humana"); LUDWIG, 2002, p. 266 (defendendo que "o direito ao livre desenvolvimento da personalidade vigora também no Brasil, como princípio implícito").

Direitos Fundamentais e Relações Familiares

Entretanto, a crítica que se faz às teorias que tradicionalmente tentam explicar e conceituar o objeto e o conteúdo dos direitos da personalidade é que o debate que se travou entre essas correntes doutrinárias manteve extremo apego ao modelo dos direitos subjetivos patrimoniais. Em síntese, a teoria monista, de um lado, sustentando a existência de um único direito da personalidade, original e geral; e, de outro, a teoria pluralista defensora de múltiplos direitos da personalidade.[238] Ambas, porém, tomando os direitos patrimoniais como paradigma para a compreensão dos direitos da personalidade. Enquanto a teoria monista justifica que o direito da personalidade compreende vários atributos postos à disposição do titular, à semelhança do domínio, sem que tal poder seja fracionado em vários direitos, a teoria pluralista compara os direitos da personalidade com o patrimônio, o qual, sendo universalidade de direitos, não se reduz a um só, comportando uma única massa patrimonial tantos direitos quantas relações jurídicas possam ser identificadas.[239] Também à semelhança do direito de propriedade, os direitos da personalidade foram tidos, por ambas as correntes doutrinárias, como direitos subjetivos que correspondem a um dever geral de abstenção e cuja violação corresponde a uma tutela meramente ressarcitória.[240]

Compreender os direitos da personalidade como complexo unitário e dissociado do modelo do direito subjetivo formulado pela tradição patrimonialista importa em superar a idéia de tutela jurídica que se limita a uma sanção *a posteriori* e se esgota em um ressarcimento.

É nesse sentido que se pode reconhecer a adoção de tutela geral da personalidade pelo novo Código Civil, a partir da cláusula geral inserida no art. 21, segundo a qual caberá ao julgador, a pedido do interessado, "adotar as providências necessárias para impedir ou fazer cessar" qualquer atentado ou ameaça a "vida privada da pessoa natural".[241]

Mas, acima de tudo, a escolha da dignidade da pessoa humana como fundamento da República, juntamente com a previsão do § 2º do art. 5º da nossa Constituição, permite afirmar, efetivamente, a existência de uma "cláusula geral de tutela e promoção da pessoa humana", no sentido de que não pode ser afastada a possibilidade de se reconhecerem outros direitos como também a necessidade de proteção de outras situações jurídicas que, embora sem expressa previsão normati-

---

[238] No âmbito das teorias pluralistas, que Pietro Perlingieri também denomina de "concepções atomísticas", distinguem-se ainda correntes que defendem a atipicidade dos direitos da personalidade (considerando a existência de uma série aberta de direitos), de outras correntes que, ao contrário, defendem que os direitos da personalidade são típicos, considerando-os como uma série fechada de direitos (PERLINGIERI, 1999, p. 153-154).

[239] TEPEDINO, 1999, p. 45.

[240] Ibid., p. 45-46.

[241] MARTINS-COSTA, 2003, p. 79.

va, mostram-se merecedores de tutela jurídica voltada a plena realização da personalidade.[242]

Falar de "direito geral da personalidade", ou direito constitucional voltado à garantia do "livre desenvolvimento da personalidade" (como previsto nas Constituições da Alemanha e de Portugal) ou, ainda, reconhecer no âmbito da Constituição Federal a existência de "cláusula geral de tutela e promoção da pessoa humana" (como defendem alguns doutrinadores brasileiros), pode, na verdade, representar, ainda que por diferentes designações, a compreensão de um mesmo fenômeno: a tutela da pessoa humana em qualquer situação jurídica de que participe, exigindo a garantia e promoção de necessidades existenciais indispensáveis à realização da personalidade.[243]

O que se impõe reconhecer, a partir do princípio constitucional da dignidade da pessoa humana, é que a personalidade passa a ocupar, também no Direito Civil, lugar desvinculado do modelo de direito subjetivo nos moldes da tradição patrimonialista. Deixa de ser compreendida a partir da categoria do "ter" para poder ser traduzida nas diversas situações existenciais que, na complexidade da vida humana, nem sempre se apresentam sob a moldura de um direito subjetivo.[244]

A personalidade há de ser compreendida, portanto, não como um direito, mas como um valor. E como valor fundamental do ordenamento jurídico, impõe a tutela de uma série aberta de situações subjetivas que se traduzem como manifestações e exigências da própria existência humana.[245]

Entretanto, além das dificuldades em superar a análise setorial e fragmentada da personalidade no âmbito do direito civil, a concepção da tutela da pessoa humana enfrenta, na concepção liberal, outra grande divisão, pois os direitos da personalidade considerados como direitos subjetivos privados deveriam conviver, como categoria distinta, ao lado dos direitos civis que atenderiam às aspirações do indivíduo em face do Estado. A vida, a integridade física, a honra, a liberdade, sob a ótica da dicotomia entre direito público e privado, estariam amparadas, em esferas isoladas, tanto nas relações entre particulares,

---

[242] TEPEDINO, 1999, p. 47-48.

[243] Nesse sentido, Daniel Sarmento afirma serem essas três expressões "(...) 'direito geral da personalidade', 'direito ao livre desenvolvimento da personalidade' e 'cláusula geral de tutela da personalidade humana', podem ser apenas designações diferentes para um mesmo instituto, desde que se tenha presente que o direito fundamental em questão não assume, necessariamente, as feições de um direito subjetivo" (SARMENTO, 2004, p. 128).

[244] O entendimento é defendido por Perlingieri, para quem "a pessoa se realiza não através de um único esquema de situação subjetiva, mas com uma complexidade de situações que ora se apresentam como poder jurídico (potesta), ora como interesse legítimo, ora como direito subjetivo, faculdade, poderes" (PERLINGIERI, 1999, p. 155).

[245] Ibid., p. 155-156.

Direitos Fundamentais e Relações Familiares

sob a forma de direitos da personalidade, como nas relações entre o indivíduo e o poder público, protegidos pelas normas constitucionais definidoras de direitos fundamentais.

O que se passou a colocar em xeque, porém, a partir da posição central ocupada pelo valor da dignidade humana, foi a insuficiência das orientações setoriais de tutela da personalidade, seja pela construção dogmática do direito privado – que, do ponto de vista estrutural posiciona a personalidade como elemento subjetivo das relações jurídicas, ou a apresenta como elemento objetivo dos direitos da personalidade – seja pela visão compartimentalizada do direito público e do direito privado que, isoladamente, nem sempre podem garantir a tutela da personalidade que, em muitas situações, exige a proteção simultânea do Estado e das sociedades intermediárias, como é o caso de matérias atinentes à família, como se procurará demonstrar mais adiante.[246]

A tutela da personalidade no âmbito das situações jurídicas privadas representa simultaneamente a tutela dos direitos fundamentais que naquela situação específica tiver sido violado ou ameaçado. Na verdade, o reconhecimento de que a pessoa é titular de direitos fundamentais constitui essencialmente a própria premissa para a compreensão da personalidade.[247] A cláusula geral de tutela da pessoa humana que se depreende da Constituição Federal inclui inegavelmente as situações de direito privado e pressupõe a possibilidade de aplicação das normas constitucionais, especialmente as definidoras de direitos fundamentais, também às relações privadas.

Enfim, não apenas o sentido jurídico que a personalidade assumia no Direito Civil clássico foi profundamente transfigurado pela ordem axiológica constitucional, como vimos acima, mas também, no contexto dessa mudança em torno do valor da dignidade humana, colocando o ser humano no centro da ordem jurídica como um todo, a tutela da personalidade, passa a representar um território comum onde o público e o privado coexistem como verdadeira simbiose.

8. Peculiaridades das relações familiares e o papel dos direitos fundamentais no direito de família constitucionalizado

Diante do que até aqui foi exposto, já é possível apontar as peculiaridades mais marcantes em torno do problema específico deste trabalho. Se o que chamamos de Direito de Família é o Direito de uma

---

[246] Cf. TEPEDINO, 1999, p. 36.

[247] ROCA, 1999, p. 33.

"versão de família",[248] pode-se afirmar que a atual versão da família, sem sombra de dúvida, encontra-se definida pelos princípios constitucionais. E é importante que se ressalte, mais uma vez, que o novo perfil constitucional da família não pode ser visto como um "modelo" de família, pois na normativa constitucional não se encontra lugar para o aprisionamento das relações familiares em molduras rígidas, impondo-se, ao contrário, a proteção às comunidades de afeto (independentemente da forma pela qual se apresente) em razão de sua função instrumental a serviço da realização da personalidade de seus membros.

A primeira peculiaridade que se impõe observar nesse novo perfil da família, portanto, é que sua base, seu vértice, deslocou-se do Código Civil para a Constituição. Aliás, fenômeno que se operou, de resto, em todo o Direito Privado, uma vez que as normas civis, fragmentadas em diversas legislações isoladas, somente podem encontrar sua unidade na tábua axiológica da Constituição Federal.[249]

É somente na Lei Maior que se pode localizar o centro do Direito Privado, reunindo suas partes e dando sentido coerente ao seu conteúdo. Nem mesmo a edição de novo Código Civil, como recentemente ocorreu, poderia ter o condão de deslocar a Constituição de sua posição de centro do sistema jurídico privado, em primeiro lugar pela posição hierárquica superior de suas normas (o que não poderia ser subvertido pelo legislador ordinário) e pelo fato de que estas normas constitucionais dirigem-se também às relações privadas, como vimos na primeira parte deste trabalho. Por outro lado, a rigidez da Constituição, considerando intangíveis também os direitos fundamentais que se aplicam às relações privadas (art. 60, § 4º, inciso IV) justifica, em nome da estabilidade, a sua manutenção no vértice do sistema. Mas não se pode omitir que essa opção pelo reconhecimento de que a Constituição, e não mais o Código Civil, passou a ocupar o centro do sistema do Direito Privado, reflete, além de posicionamento jurídico, também opção ideológica que leva em consideração os valores que inspiram a Constituição de 1988.[250]

Quando se fala de Direito de Família constitucionalizado – ou seja, fundamentado primordialmente nas normas constitucionais –, não se pode esquecer que esse processo de "constitucionalização" se opera essencialmente a partir de princípios constitucionais, aos quais não se pode atribuir tão-somente função subsidiária. Há de se compreender

---

[248] Expressão utilizada pelo Professor João Baptista Villela (VILLELA, João Baptista. Repensando o direito de família. In: CONGRESSO BRASILEIRO DE DIREITO DE FAMÍLIA, 1., 1997, Belo Horizonte. *Anais*(...) Belo Horizonte: IBDFAM, Del Rey, 1999. p. 16).

[249] Cf. TEPEDINO, 1999, p. 13; FACHIN, 1999, p. 56-57.

[250] Cf. SARMENTO, 2004, p. 89-107.

Direitos Fundamentais e Relações Familiares

tanto os princípios como as regras[251] constitucionais aplicáveis às relações familiares como normas que não podem ser encaradas como preceitos desprovidos de força vinculativa.

A família trocou os "códigos" pelo "governo dos princípios", porém essa mudança não deve ser vista como enfraquecimento, e sim, como a demonstração de nova densidade.[252] A crítica da constitucionalização do direito civil decorre da "fetichização de uma racionalidade sistêmica fechada", em que os modelos e os conceitos limitam a proteção jurídica, restringindo-a a soluções previamente previstas pelo legislador. Os princípios constitucionais, de outro lado, são normas vinculantes que, entretanto, não apresentam conjunto de soluções *prêt-a-porter*, pois sua concretização se dá a partir de cada caso concreto, por meio de um método que parta da tópica.[253]

Enfim, a importância dos princípios constitucionais na chamada constitucionalização do Direito Privado – e relativamente aos princípios constitucionais do Direito de Família não poderia ser diferente – só pode ser compreendida a partir do reconhecimento de sua força normativa, a partir do reconhecimento de que existem para se realizar. Nesse sentido, cabe ao operador do direito a tarefa de buscar mecanismos para sua real aplicação, garantindo sua efetividade e evitando que seus preceitos se transformem em simples proclamações utópicas.[254]

No que diz respeito aos direitos fundamentais, as questões relativas a sua aplicação concreta e a sua força vinculativa tornam-se tão ou mais complexas considerando o reconhecimento de sua natureza como princípios de altíssimo grau de abstração, cuja aplicação, exatamente em decorrência de sua imprecisão, exige argumentação racional, sob pena de cair nos perigos da discricionariedade.[255]

---

[251] Utiliza-se aqui a distinção qualitativa formulada por Dworkin, apontando princípios e regras ("principles and rules") como espécies de normas que se diferenciam pelo modo de incidência, de tal forma que os princípios devem ser considerados como normas que prescrevem direitos, porém sem que seja possível, nem mesmo em tese, enumerar as hipóteses de exceção à sua aplicação, ao contrário das regras, para as quais se admite, pelo menos em tese, a enumeração das hipóteses de exceção à aplicação de seu comando. Conseqüentemente as regras incidem sob a forma de "um tudo ou nada" ("all or nothing") enquanto os princípios possuem uma dimensão de peso ou importância que diferenciam sua aplicação em cada caso concreto (DWORKIN, Ronald. *Taking rights seriously*. Cambridge: Harvard University Press, 1978, p. 23-31).

[252] FACHIN, 1999, p. 297 e 302.

[253] RUZYK, Carlos Eduardo Pianovski; FACHIN, Luiz Edson. Direitos fundamentais, dignidade da pessoa humana e o novo código civil: uma análise crítica. In: SARLET, Ingo Wolfgang (Org.). *Constituição, direitos fundamentais e direito privado*. Porto Alegre: Livraria do Advogado, 2003. p. 99 e 101.

[254] Sobre o conceito de efetividade ao qual aqui se recorre ver: BARROSO, Luís Roberto. *O direito constitucional e a efetividade de suas normas*: limites e possibilidades da constituição brasileira. 3. ed. Rio de Janeiro: Renovar, 1996, pp 82-87.
Também: BARROSO, Luiz Roberto. *Interpretação e aplicação da constituição*: fundamentos de uma dogmática constitucional transformadora. São Paulo: Saraiva, 1996, p. 218-244.

[255] Ver as observações sobre a dimensão objetiva dos direitos fundamentais desenvolvidas na primeira parte deste trabalho.

Entretanto, não se pode mais negar, conforme se viu na primeira parte deste trabalho, que a eficácia direta dos direitos fundamentais é uma idéia que já se consolidou a partir das Constituições do período do segundo pós-guerra, não sendo diferente o posicionamento da Constituição brasileira de 1988, que estabeleceu expressamente, no § 1º do seu artigo 5º, que as normas definidoras dos direitos e garantias fundamentais devem ter aplicação imediata. Portanto, a afirmativa de que essas normas não podem ser aplicadas de forma imediata às relações privadas (ou podem somente em caráter excepcional), vai exatamente na contramão dessa hermenêutica constitucional que se preocupa com a efetividade da Constituição.[256]

No âmbito das relações familiares, são ainda maiores os argumentos favoráveis à aplicação imediata dos direitos fundamentais, considerando a peculiaridade do tratamento dispensado pela Constituição Federal à proteção da família. No Capítulo VII, do Título VIII ("Da Ordem Social"), a Constituição não apenas apresentou novo perfil às entidades familiares mas, principalmente, reforçou os princípios e direitos fundamentais enunciados nos títulos I e II, o que nos permite afirmar também o caráter fundamental dos direitos inseridos, expressa e implicitamente, nos artigos 226 e seguintes da Constituição Federal.[257]

Nesse contexto, ainda que não se possa formular enumeração taxativa, é possível citar diversos direitos fundamentais tutelados pela Constituição Federal na esfera da proteção à família, os quais, em virtude de sua própria formulação, deixam inquestionável a possibilidade de uma vinculação direta também dos sujeitos privados.

Assim, no âmbito da "especial proteção" à família expressamente prevista no art. 226 da Constituição, o direito de igualdade e o de liberdade justificam materialmente o reconhecimento de um direito de toda e qualquer pessoa em ter uma família e nela buscar, conjuntamente com seus integrantes, ambiente propício ao desenvolvimento de sua personalidade (a partir do princípio da dignidade humana e da paternidade responsável, conforme § 7º do art. 226).[258] No âmbito da liberdade de constituir família, há de se reconhecer, ainda, não apenas o direito de casar[259] como também o direito de não casar (optando por

---

[256] O assunto foi tratado também na primeira parte deste trabalho no capítulo onde se discorreu sobre as "Premissas para o reconhecimento da eficácia dos direitos fundamentais nas relações entre particulares".

[257] Partindo aqui de um conceito material dos direitos fundamentais, permitido pela Constituição Federal a partir do enunciado do § 2º do art. 5º.

[258] Sobre "o direito de qualquer pessoa de ter uma família", ver PERLINGIERI, 1999, p. 246. Também, no mesmo sentido, na doutrina brasileira, ver FACHIN, 1999, p. 42-43.

[259] Francisco José Ferreira Muniz qualificava a liberdade de casar como um direito fundamental, considerando que essa liberdade corresponde a um interesse fundamental do ser humano, amparado inclusive pelo art. 16 da Declaração Universal dos Direitos do Homem, devendo, portanto, ser considerada como um direito fundamental integrante do Direito Brasileiro, a partir

---

Direitos Fundamentais e Relações Familiares

outras formas de comunidades familiares), além da liberdade de não permanecer casado, independentemente de atribuição de culpa a qualquer dos cônjuges (a liberdade de dissolução do casamento, conforme o § 6º do art. 226). O direito de igualdade também é reforçado com a expressa proibição de discriminação entre os filhos, que devem ter iguais direitos e prerrogativas, independentemente da forma do vínculo de filiação (conforme o § 6º do art. 227). Também refletindo o direito de igualdade, mas com especial reforço do princípio democrático, a Constituição estabelece ainda a democratização do espaço doméstico com o direito à igual participação nas decisões referentes à comunidade familiar (conforme o § 5º do art. 226).[260] Por outro lado, a partir da cláusula geral de tutela da personalidade, associada a redobrada dimensão do princípio da solidariedade e responsabilidade no âmbito da família, é possível apontar o direito de ser amparado na família, tendo em vista a expressa previsão constitucional do dever recíproco de assistência entre pais e filhos, em situações de carência, enfermidade ou velhice (art. 229), como também considerar materializado no art. 227 o reconhecimento do direito fundamental à infância implicando, no contexto das relações familiares, um dever de assistência muito mais amplo e privilegiado, diante do caráter de "absoluta prioridade" que lhe foi deliberada e expressamente atribuído pelo referido preceito constitucional.[261]

Ainda que se tenha muito a discorrer sobre os diversos direitos fundamentais no âmbito das relações familiares, é preciso retomar e restringir o enfoque ao tema central deste trabalho que se refere mais especificamente à questão de sua eficácia imediata frente aos sujeitos privados.

A questão não é simples e a efetividade das normas constitucionais em cada caso concreto apresenta dificuldades que não podem ser desprezadas pelo intérprete e aplicador do direito. Como já exposto na fase inicial desse trabalho, a eficácia dos direitos fundamentais nas

---

no enunciado do art. 5º, § 2º, da Constituição de 1988 (MUNIZ, Francisco José Ferreira. O direito de família na solução dos litígios. In: —. *Textos de direito civil*. Curitiba: Juruá, 1998. p. 99).

[260] Há de se compreender a democratização da família sem restringir seu alcance apenas ao casal, pois até mesmo aos filhos menores de idade, respeitando-se obviamente os limites de sua imaturidade, a Constituição garante o direito ao respeito e à liberdade (art. 227, *caput*), bem como o Estatuto da Criança e do Adolescente, regulando os direitos fundamentais da criança e do adolescente, estabelece expressamente que lhes deve ser garantido o direito à liberdade de opinião e à liberdade de participação na vida familiar (Lei nº 8.069/90, art. 16, incisos II e V).

[261] A doutrina tem reconhecido que o direito fundamental à infância se encontra materializado na nossa Constituição Federal, por meio do artigo 227, apontando como fundamento subjetivo desse direito a importância de se resguardar essa fase peculiar do desenvolvimento do ser humano como período decisivo e imprescindível à formação da personalidade e que, uma vez ultrapassado, jamais poderá ser resgatado (PEREIRA, Tânia da Silva. Licença-maternidade: direito da mãe e da criança na adoção. *Revista Brasileira de Direito de Família*, Porto Alegre: Síntese, IBDFAM, n. 8, p. 90-100, jan-fev-mar. 2001. p. 97).

relações privadas deve atentar para as peculiaridades dessas relações que são regidas pelo princípio da autonomia privada e ao mesmo tempo convivem com a realidade de que todos os sujeitos envolvidos são titulares de direitos fundamentais.

De fato, o reconhecimento da vinculação dos particulares como titulares de dever de respeito aos direitos fundamentais importa em limitação de sua liberdade, no âmbito da autonomia privada. O argumento do perigo de restrição da autonomia privada deve ser realmente enfrentado. Qualquer que seja a forma de introduzir o respeito aos direitos fundamentais na esfera privada – seja pelo reconhecimento de vinculação do legislador, do juiz ou, além deles, também dos sujeitos privados – implicará a necessidade de fixar limites para que a garantia de um direito fundamental não implique "confisco substancial" da autonomia pessoal. Entretanto esse argumento há de ser analisado dentro de seus elementos intrínsecos, seja porque a autonomia privada não é absoluta nem ilimitada, seja porque o poder de autodeterminação somente pode ser efetivamente exercido se houver equilíbrio entre os pólos de uma relação, isto é, se os sujeitos envolvidos estiverem em situação de substancial igualdade.[262]

Esse critério da igualdade substancial entre as partes, como vimos, é sem dúvida o principal critério para ultrapassar o argumento de proteção da autonomia privada e aferir a necessidade de aplicação imediata dos direitos fundamentais e, nas relações familiares, o poder de autodeterminação encontra-se sempre afetado pela substancial posição de desequilíbrio, no que se refere aos filhos, e, não raro, também pela situação de desigualdade entre os cônjuges ou companheiros em convivência marital.

E aqui se impõe analisar as peculiaridades da autonomia privada nas situações que envolvem os membros de uma comunidade familiar.

Primeiramente, a compreensão da autonomia no campo familiar impõe a superação da idéia que identifica seu conceito com a autonomia contratual, em sentido estrito, pois os negócios patrimoniais não exaurem a área de relevância jurídica da liberdade das pessoas que ora se referem a situações existenciais, ora patrimoniais, ora em situações que envolvem concomitantemente valores patrimoniais e existenciais. É preciso, então, entender a autonomia privada em seu sentido mais amplo abrangendo a liberdade da pessoa na determinação de seu próprio comportamento, tanto na esfera da liberdade econômica (exercida tipicamente na celebração de contratos envolvendo direitos patrimoniais), como também no âmbito das situações subjetivas[263]

---

[262] Ver, também, na primeira parte, o capítulo que trata dos "Argumentos em torno de uma eficácia dos direitos fundamentais nas relações entre particulares".

[263] Lembre-se que para Pietro Perlingieri a "situação jurídica" é conceito geral. O entendimento por ele sustentado parte da noção de que "o efeito jurídico – enquanto um dever-ser – é um

não-patrimoniais, em que a liberdade e o poder de autodeterminação da pessoa reflete, mais diretamente, os aspectos ligados a escolhas existenciais.[264]

O reconhecimento de que os atos de autonomia se fundamentam em distintos âmbitos da liberdade individual permite a compreensão de que a proteção à autonomia exige tratamento diversificado, pois nas situações subjetivas não patrimoniais a autonomia se refere diretamente ao próprio valor da pessoa, que como vimos no capítulo anterior, ocupa posição central como valor fundamental do ordenamento jurídico. Portanto, a partir da concepção de pessoa adotada pela Constituição, é possível afirmar que as liberdades existenciais devem merecer tutela diferenciada e privilegiada, por serem mais relevantes para o livre desenvolvimento da personalidade do que as liberdades econômicas.

Enfim, é exatamente a unidade axiológica do ordenamento centrado no valor da pessoa que exige proteção heterogênea da autonomia privada, devendo ser mais intensa quando estão em jogo as dimensões existenciais da vida humana e assumindo importância bem menor quando se refere a situações de caráter exclusivamente patrimoniais.[265] Nesse sentido, a contraposição da autonomia privada como obstáculo ao reconhecimento da eficácia imediata dos direitos fundamentais nas relações privadas assume diferente intensidade dependendo da natureza da questão sobre a qual paira a controvérsia. Quando a autonomia do sujeito estiver vinculada a decisão de cunho puramente econômico ou patrimonial, o argumento da proteção à autonomia privada tem menor peso favorecendo o reconhecimento de eficácia mais intensa do direito fundamental contraposto.[266]

Entretanto, nem sempre é possível isolar as ações humanas distinguindo de forma clara e precisa situações que envolvem apenas escolhas existenciais daquelas que se referem exclusivamente a questões patrimoniais. E aqui reside uma das peculiaridades do problema da autonomia no campo familiar. Em diversas situações subjetivas no âmbito das relações familiares, as escolhas de vida dos sujeitos nessa esfera doméstica espelham livre acordo entre os membros do grupo

---

instrumento de avaliação do agir humano entendido segundo categorias. O conceito geral de tais categorias é a situação jurídica. O efeito é, portanto, um conjunto simples ou complexo de constituição, modificação ou extinção de situações jurídicas. Fazem parte do conceito geral de situação jurídica, por exemplo, o direito subjetivo, o poder jurídico (potesta), o interesse legítimo, a obrigação, o ônus, etc.: trata-se sempre de situações subjetivas" (PERLINGIERI, 1999, p. 105).

[264] Ibid., p. 275-277.

[265] SARMENTO, 2004, p. 211-220.

[266] Parece ser também esta a conclusão a que chega Daniel Sarmento pelo que se depreende de diversas passagens de sua tese sobre essa questão (SARMENTO, 2004, p. 175-176; Ibid., p. 220 e p. 376).

familiar (ou pelo menos deveriam espelhar). Entretanto, se por um lado prevalecem nas decisões do grupo familiar os aspectos existenciais da vida de seus integrantes, por outro essas decisões na direção da família torna-se típica expressão da confluência entre exigências patrimoniais e existenciais.[267]

Independente da classe econômica ou mesmo do regime de bens adotado (na hipótese de famílias constituídas pelo casamento), toda e qualquer entidade familiar, como uma comunhão plena de vida, desenvolve-se com base em conjunto de regras estabelecidas internamente entre os dirigentes do grupo familiar, disciplinando a organização e o funcionamento econômico do lar. Regras que constituem verdadeiro "estatuto patrimonial de base" e decorrem do acordo sobre a condução dos assuntos da vida familiar, muitas vezes criadas e alteradas automaticamente na dinâmica do dia-a-dia, renovando o compromisso próprio da comunhão de vida e refletindo uma responsabilidade conjunta e solidária na direção moral e material da família. Porém, esse acordo, repita-se, nem sempre se refere a questões exclusivamente patrimoniais, pois, na maioria das vezes, volta-se aos aspectos básicos de manutenção da família e de garantia às necessidades existenciais dos integrantes do grupo familiar, como, por exemplo, o modo de contribuição de cada sujeito para os encargos da família, a distribuição de tarefas e recursos para assegurar interesses voltados à própria existência como moradia, alimentação, saúde, etc.[268]

Há de se reconhecer, portanto, que efetivamente existe um poder negocial[269] na direção familiar que reflete o exercício da autonomia privada no âmbito interno das relações familiares, em que deve ser garantida a liberdade de seus integrantes na busca de solução, adequada e autônoma, para seus problemas.[270] Porém, essa autonomia é particularmente diferenciada por outra peculiaridade da família constitucionalizada, que é a sua função serviente. Sendo a família uma comunidade que tem como função precípua proporcionar pleno desenvolvimento da personalidade de seus membros, os atos de liberdade dos membros da família são profundamente limitados pela responsabilidade (recíproca e solidária) na construção de ambiente propício à plena realização da personalidade de todos os integrantes do grupo familiar. Assim, o direito de conduzir as decisões e o planejamento da família somente pode ser reconhecido e tutelado se efetivamente espelhar a funcionalização da família.

---

[267] Cf. PERLINGIERI, 1999, p. 302-303.

[268] Sobre o entendimento doutrinário que se desenvolveu, principalmente na França e na Bélgica, acerca de um "estatuto patrimonial de base", ver MUNIZ, 1998, p. 105-106.

[269] Sobre a natureza negocial da direção familiar: PERLINGIERI, 1999, p. 303.

[270] Ibid., p. 283.

Direitos Fundamentais e Relações Familiares

É também a função serviente da família que deve delinear o aspecto externo da autonomia familiar, ou seja, a liberdade da família, como comunidade intermédia, em relação ao Estado. É somente o caráter funcional da família que pode explicar a intervenção do Estado na comunidade familiar.[271] A partir do reconhecimento de que, também na família, o valor central é a pessoa, é possível compreender a necessidade do controle Estatal sobre questões familiares se – e à medida que – esse controle for feito em função da garantia dos direitos fundamentais das pessoas que integram a família, por iniciativa dos próprios interessados, de seus representantes, ou ainda pelo Ministério Público, no exercício de suas atribuições constitucionais (art. 127).

Não se pode negar que a idéia de privacidade do lar fortalece a defesa de autonomia externa da família contra o Estado. De fato, a preservação da intimidade da vida familiar é necessidade inerente à própria natureza das comunidades de afeto, traduzindo-se no direito de todos os que integram o grupo familiar de manter resguardados do conhecimento externo quaisquer fatos e comportamentos relativos à esfera existencial de sua própria pessoa e de sua família. Porém, não se pode admitir, sob o manto da intimidade e sob o argumento de proteção da privacidade, que se defenda uma "imunidade" absoluta da família, concebendo-a como insuscetível de qualquer controle e impedindo seus membros de buscar mecanismos de controle sobre as vicissitudes familiares.[272]

A análise dessas peculiaridades das relações familiares, diante do seu já delineado perfil constitucional, revela que a autonomia do sujeito e a intervenção do Estado no âmbito familiar não estão em posições antagônicas. A intervenção do Estado – que, repita-se, justifica-se tão-somente em função da garantia dos direitos fundamentais – não visa a impedir o exercício da autonomia, mas sim a coibir a arbitrariedade. Assim compreendida, a ingerência do Estado não deve se contrapor ao direito dos sujeitos na solução autônoma das questões familiares, mas sim resguardar os direitos fundamentais do pólo mais frágil da relação familiar que tem o exercício de sua autonomia prejudicado em decorrência de uma situação de submissão.

Por fim, analisando os conflitos familiares partindo do critério funcionalista, há de se concluir, portanto, que a tutela dos direitos fundamentais das pessoas que integram uma comunidade familiar vai ao encontro da concretização da própria função serviente da família.

---

[271] PERLINGIERI, 1999, p. 246.

[272] Ibid., p. 248-249.

9. O sistema misto de proteção dos direitos fundamentais nas relações familiares

Vimos que para compreender a tutela dos direitos fundamentais nas relações familiares, como em qualquer relação entre sujeitos privados, torna-se necessário identificar a nova conformação que esses direitos assumiram a partir do Estado social de direito, superando a sua concepção originária no Estado Liberal.[273] A tese liberal dos direitos fundamentais, profundamente marcada pela ideologia individualista, solidificou a concepção dos direitos fundamentais como direitos de defesa do indivíduo frente ao Estado, assumindo a função de resguardar aos sujeitos particulares uma esfera privada independente e livre de interferências por parte dos Poderes públicos.

Nessa concepção liberal individualista não havia lugar para falar de intervenção do Estado na esfera familiar em razão da tutela dos direitos fundamentais. A vinculação dos Poderes públicos aos direitos fundamentais no Estado Liberal gerava efeito diametralmente oposto, ou seja, representava autêntica barreira para a intervenção do Estado na família. Por sua vez, o conceito liberal de família era ditado pela mínima intervenção estatal, coerente com a função incipiente dos direitos fundamentais de resguardar um espaço alijado das ingerências dos Poderes públicos.

Por um lado, o Estado Liberal regulava a forma de constituição da família, delimitando previamente modelos rígidos de relações familiares; por outro, deixava que as famílias se desincumbissem de suas próprias obrigações. Enfim, no sistema liberal, a família era encarada como uma realidade em si mesma, reconhecida pelo Estado como instituição autônoma.[274]

Somente a partir da superação do modelo liberal de família, no Estado Social de Direito, é que se pode identificar a proteção da família como uma exigência constitucional que se justifica pela necessidade de proteção das pessoas que integram as comunidades familiares.

Um Estado que abre mão de qualquer controle sobre a vida familiar, em nome da proteção do espaço privado da família, pode incorrer na perpetuação de opressões e desigualdades, fugindo da postura que lhe é exigida frente aos direitos fundamentais, já que, superada a concepção liberal, como vimos, o Estado passa a ser devedor não apenas de postura negativa (de não-intromissão), mas também de postura ativa, titular do dever de proteção integral dos direitos fundamentais.

---

[273] Maiores considerações sobre esse aspecto já foram desenvolvidas no início da Parte I deste livro.

[274] Sobre o conceito liberal de família como instituição privada autônoma, ver ROCA, 1999, p. 63-66.

Direitos Fundamentais e Relações Familiares

A profunda transformação do papel do Estado frente aos direitos fundamentais – saindo da posição meramente abstencionista e garantidora de esfera privada inviolável, para assumir papel também protecionista capaz de superar ou minorar desigualdades e de garantir os direitos fundamentais – é acompanhada, ainda, no âmbito familiar, da radical alteração do próprio fundamento da proteção da família, que deixa de ser tutelada como instituição, valorada em si mesma, e passa a ser amparada como instrumento a serviço da pessoa humana, valorada em razão de sua funcionalidade.

Portanto, como vimos, o novo perfil da família no ordenamento constitucional brasileiro afasta a idéia de família como organismo autônomo e independente, mas também não apresenta família passiva e dependente exclusivamente do protecionismo estatal. A função instrumental da família implica o reconhecimento de responsabilidades aos seus membros, de tal forma que o sistema constitucional de proteção à família não pode ser compreendido no âmbito isolado dos deveres de proteção do Estado.

A proteção familiar delineada na Constituição impõe que se supere a idéia de simples protecionismo, possibilitando compreender a tutela da família como sistema de reconhecimento de direitos.[275] A importância dessa distinção é que, ao concluir que a proteção familiar se baseia no reconhecimento de direitos, permite-se aos membros da comunidade familiar pleitear – não apenas do Estado mas, também, dos próprios familiares – o cumprimento de deveres que concretizem esses direitos.[276]

A partir de toda a análise até aqui desenvolvida neste trabalho em torno do papel que os direitos fundamentais passaram a desempenhar, bem como acerca do novo perfil constitucional das relações familiares, é possível identificar que o sistema de proteção das famílias que se deduz das disposições constitucionais é um sistema misto que distribui suas funções entre o Estado e os particulares. Por um lado, a vinculação dos Poderes públicos aos direitos fundamentais lhes impõe dever de proteção do grupo familiar, assegurando que as pessoas que o integram recebam do Estado a garantia de seus direitos fundamentais. De outro lado, se a família recebe proteção do Estado em razão de sua função serviente, precisa concretizar sua finalidade essencial de facilitar a seus membros o exercício dos direitos fundamentais.[277]

Ao Estado se impõe o dever de estabelecer um sistema que permita aos cidadãos gozar da plenitude de seus direitos fundamen-

---

[275] ROCA, 1999, p. 74.

[276] Não obstante essa conclusão desenvolvida pela Professora Encarna Roca se dirija à realidade do ordenamento espanhol, parece ser possível tomá-la como referencial para a realidade brasileira, diante das disposições de nossa Constituição de 1988.

[277] ROCA, 1999, p. 72-76.

tais, em todas as esferas, inclusive na vida familiar. Por isso, incumbe aos Poderes públicos a organização dos sistemas de educação, saúde, seguridade social, etc, além da obrigação de proporcionar à família todos os recursos necessários para o livre planejamento e condução da vida familiar (CF, art. 226, § 7º).

Aos particulares que integram o grupo familiar incumbe o dever de colaborar para a construção de ambiente capaz de propiciar a plena realização de sua personalidade e a efetiva fruição dos seus direitos fundamentais, de acordo com os princípios da solidariedade e da responsabilidade. Daí o dever de sustento, criação e educação dos pais em relação aos filhos, o dever de assistência recíproca entre os companheiros e entre parentes etc.

É importante que se ressalte, porém, que o reconhecimento de sistema misto de proteção à família não pode ser interpretado como desoneração do Estado, tampouco como repartição de suas funções e deveres sociais. Tal interpretação geraria deturpação da compreensão da função serviente da família. Um sistema misto de proteção baseado no reconhecimento de direitos e deveres implica reconhecer que os integrantes dos grupos familiares são reciprocamente responsáveis para com a realização da personalidade daqueles com quem convivem em plena união sem, entretanto, relegá-los à própria sorte.

Os enunciados do *caput* do artigo 227 e do artigo 230 da Constituição Federal, ao considerarem como dever "da família, da sociedade e do Estado" assegurar diversos direitos fundamentais (individuais e sociais) à criança, ao adolescente e ao idoso, não podem ser interpretados como responsabilidade sucessiva, atribuída, em primeiro lugar, à família e, posteriormente, à sociedade, restando ao Estado participação de caráter supletivo ou residual.[278] Na verdade os deveres da família, da sociedade e do Estado para com suas crianças, adolescentes e idosos devem ser exercidos conjuntamente, respeitando os limites de atuação e a própria natureza de cada um desses organismos.

A proteção da família como instrumento para a realização de seus membros não exime obrigações do Estado, como também não relega suas funções a papel subsidiário, mas ao contrário, inserida em sistema misto, intensifica ainda mais a vinculação dos Poderes públicos como obrigados a um dever de proteção dos direitos fundamentais, impondo-lhes ainda, no âmbito familiar, o dever de garantir às famílias as condições e os recursos necessários para o desempenho de suas

---

[278] Nesse sentido, criticando a redação dos artigos 227 e 230 da Constituição: DIAS, Maria Berenice. A estatização das relações afetivas e a imposição de direitos e deveres no casamento e na união estável. In: CONGRESSO BRASILEIRO DE DIREITO DE FAMÍLIA, 3., Família e cidadania: o novo CCB e a *vacatio legis*, 2001, Ouro Preto. *Anais*(...) Belo Horizonte: IBDFAM, Del Rey, 2002. p. 301-308.

Direitos Fundamentais e Relações Familiares

funções – como estabelece expressamente o § 7° do artigo 226 da Constituição.

Ressalte-se ainda que os citados artigos 227 e 230 da Constituição mencionam conjuntamente os deveres da família, da sociedade e do Estado apenas no enunciado de seu *caput*, enquanto, ao enunciar deveres específicos de proteção, referem-se essencialmente (em cinco dos parágrafos do art. 227 e nos dois parágrafos do art. 230) a atividades de exclusiva atribuição dos Poderes públicos (como destinação de recursos públicos; programas de atendimento especializado; políticas públicas; incentivos fiscais e subsídios; garantias de direitos previdenciários; garantias de acesso a programas de educação e saúde etc).

Por outro lado, diante da realidade socioeconômica da esmagadora maioria da população brasileira, é inconcebível qualquer interpretação das normas constitucionais de proteção à família que exima o Estado de seus deveres de garantia e promoção dos direitos fundamentais, afastando-o de seus objetivos fundamentais, enunciados no artigo 3° da Constituição Federal, dentre eles o de erradicar a pobreza, reduzir as desigualdades sociais e promover o bem de todos.

Entretanto, este não é o enfoque específico da problemática a que se refere este trabalho. O problema central de que se ocupa este estudo gira em torno da eficácia dos direitos fundamentais frente aos sujeitos privados, ou mais especificamente, ocupa-se das situações em que as ameaça ou lesões aos direitos fundamentais são diretamente decorrentes do comportamento dos próprios particulares envolvidos na relação familiar.

Como já se expôs, o posicionamento que aqui se defende, tendo em vista maior efetividade dos direitos fundamentais, é que deve ser considerada a vinculação também dos particulares, de maneira geral, a dever de respeito aos direitos fundamentais no âmbito das relações que mantêm com outros sujeitos privados. O que se pretende acrescentar neste capítulo são considerações acerca da eficácia dos direitos fundamentais nas relações entre os membros da família.

É nesse sentido que será analisada a vinculação do Estado – legislador e julgador – aos direitos fundamentais, na elaboração de normas destinadas a regular a relação familiar e na decisão de conflitos entre integrantes de uma família. Bem como analisar de que forma os sujeitos de uma relação familiar estão vinculados pelos direitos fundamentais.

9.1. O papel do legislador e do julgador perante os direitos fundamentais na esfera familiar

É inegável a importância do legislador na tarefa de introduzir por meio da legislação infraconstitucional normas que sejam capazes de apresentar mecanismos para a garantia da eficácia dos direitos fundamentais. Mas também não se pode afastar a relevância da função do julgador em realizar, em cada situação específica, a concreção dessa eficácia.

Em muitas situações, é possível ao julgador garantir o direito fundamental ameaçado em uma relação familiar, recorrendo apenas às leis infraconstitucionais, por meio das quais o legislador já realizara sua tarefa de acomodação dos valores constitucionais.

Apenas exemplificando, cite-se a possibilidade prevista no Estatuto da Criança e do Adolescente que permite ao juiz, dentre as diversas medidas aplicáveis aos pais, impor a obrigação de matricular o filho em instituição de ensino e acompanhar sua freqüência e aproveitamento escolar (Lei n° 8.069/90, art. 129, V). Nesse caso, o exercício do direito fundamental à educação, ameaçado pela conduta omissiva dos pais, pode vir a ser garantido pelo juiz com a aplicação da referida norma legal.

Muitas outras situações de ameaça a direitos fundamentais no âmbito familiar podem ocorrer sem que exista, porém, previsão legal expressa para a solução que o caso requer. Em alguns casos, o julgador pode recorrer à analogia ou interpretar dispositivos legais a partir de princípios constitucionais, mas em outras questões mais complexas esses métodos não são suficientes para a garantia de direitos fundamentais dos familiares.

Citem-se aqui, apenas à guisa de ilustração, as diversas situações que podem ocorrer nas hipóteses de filiação decorrente da utilização das técnicas de reprodução assistida, para as quais ainda não há regulamentação legal.[279] O que poderia justificar, por exemplo, decisão judicial que autoriza a lavratura de registro de nascimento em que a mulher que se apresenta como mãe da criança não é a mesma pessoa que consta como parturiente no documento da maternidade? Mesmo em situação onde não exista conflito de interesses entre as duas mulheres – para tornar o exemplo menos complexo – com base em que fundamento poderia o julgador determinar o registro de nascimento de uma criança como filha de quem não é sua mãe biológica, independentemente de processo de adoção?[280]

---

[279] Sobre a reprodução assistida, encontra-se em tramitação o Projeto de Lei n° 90, de 1999, apresentado pelo Senador Lucio Alcântara.

[280] O exemplo baseia-se em um caso real, apreciado pelo Juízo da 2ª Vara de Registros Públicos de São Paulo (capital) nos autos do Processo n° 66/90. O expediente foi suscitado pelo Cartório de Registro Civil de Nascimento, cujo oficial não sabia em nome de quem registrar as crianças, pois o documento da maternidade indicava como parturiente pessoa distinta da mulher que se apresentava como mãe perante o Cartório. A decisão determinou que as crianças, nascidas pela via da gestação substituta, fossem registradas em nome da doadora do óvulo, apresentando o seguinte fundamento: "o desenvolvimento da reprodução assistida impõe que se passe a enfocar o tema sob a ótica da chamada paternidade de intenção, fruto de um projeto planejado, no

Direitos Fundamentais e Relações Familiares

Sabe-se que a Constituição reconhece o direito ao livre planejamento familiar (art. 226, § 7º), o que inclui a possibilidade de utilização da técnica de fertilização *in vitro* e da "maternidade de substituição" – em que a mãe gestadora (ou biológica) não é necessariamente a mãe genética (a quem pertence o óvulo fecundado). Sabe-se também que a Constituição reconhece amplo direito de proteção à infância (art. 227, *caput*) e de amparo aos filhos independentemente da forma do vínculo da filiação (art. 227, § 6º). O que se questiona é de que forma o julgador se vincula a essas normas.

A situação é realmente complexa, e o tema da reprodução assistida, também em seu enfoque jurídico, tem sido objeto de muitos debates, não cabendo nos limites deste estudo analisar os muitos aspectos que envolvem a questão.[281] O recurso a esse exemplo tem aqui função bem mais modesta.

Nossa pretensão, nesse momento, é constatar que a atividade do legislador será sempre incapaz de prever e regular todas as situações que, na prática, podem representar ameaça a direitos fundamentais. O excesso de leis não representa o aumento da certeza e segurança jurídicas, mas, ao contrário, revela a incapacidade do Estado em elaborar leis suficientes para a proteção das pessoas em todas as relações de que participa.

Na esfera familiar, torna-se ainda muito mais remota a viabilidade de regular, de maneira abrangente e detalhada, as relações entre os integrantes da família. As próprias comunidades familiares têm passado por inúmeras e constantes transformações, e o gênero *família* tem comportado diversas espécies, que embora estruturadas de maneira distinta, são porém, reconhecidamente, merecedoras da mesma tutela constitucional (de acordo com o próprio princípio da pluralidade familiar). Por outro lado, a complexidade dos vínculos afetivos impõe reconhecer que a comunhão de vida entre os integrantes de um grupo familiar assume diferentes feições no âmbito interno de cada relação. Esses são apenas alguns dos fatores que revelam a impossibilidade de fornecer soluções prévias para os intrincados e dinâmicos problemas familiares.

---

estabelecimento de uma filiação desejada pelos requerentes" (Cf. LIMA, Taisa Maria Macena de. Filiação e biodireito: uma análise das presunções em matéria de filiação em face da evolução das ciências biogenéticas. *Revista Brasileira de Direito de Família*, Porto Alegre, Síntese, IBDFAM, n. 13, p. 143-161, abr-mai-jun. 2002. p. 150).

281 Sobre o tema, podem ser consultados, dentre outros: FERRAZ, Sérgio. *Manipulações biológicas e princípios constitucionais*: uma introdução. Porto Alegre: Sergio Fabris, 1991; VELOSO, Zeno. *Direito brasileiro da filiação e paternidade*. São Paulo: Malheiros, 1997; GAMA, Guilherme Calmon Nogueira da. Filiação e reprodução assistida: introdução ao tema sob a perspectiva do direito comparado. *Revista Brasileira de Direito de Família*, Porto Alegre: Síntese, IBDFAM, n. 05, p. 07-28, abr-jun. 2000; Idem, A reprodução assistida heteróloga sob a ótica do novo código civil. In: *Revista Brasileira de Direito de Família*, Porto Alegre: Síntese, IBDFAM, n. 19, p. 41-75, ago-set. 2003.

Qual deve ser, portanto, a postura do legislador ao regular as relações entre particulares no âmbito interno do grupo familiar? E qual o papel dos direitos fundamentais perante a tarefa do legislador de família?

A vinculação do Estado aos direitos fundamentais exige-lhe, como vimos, atuação positiva, no sentido de promover as condições necessárias para o efetivo exercício dos direitos fundamentais, fornecendo às famílias os recursos de que necessita para cumprir sua função, principalmente no que diz respeito aos direitos sociais, competindo, portanto, aos Poderes públicos a implementação de políticas púbicas capazes de garantir o direito à saúde, à educação, à seguridade social etc.

Porém, no que diz respeito à regulação da conduta dos envolvidos em relação familiar e a previsão normativa de efeitos jurídicos para os fatos ocorridos no âmbito doméstico, a atuação do Estado legislador deve ser extremamente cautelosa, para não representar ingerência indevida na liberdade dos sujeitos em conduzir suas próprias relações afetivas.

É nesse ponto que se quer ressaltar a importância da compreensão dos direitos fundamentais como limites negativos à atuação do legislador de família e ao mesmo tempo como única justificativa para a interferência do Estado nas relações familiares.

A livre manifestação da vontade dos sujeitos na esfera familiar há de ser respeitada não apenas no momento da constituição da união. A clássica pergunta formulada, de forma quase mecânica, nas cerimônias de casamento – "é de livre e espontânea vontade que o fazeis?" – deve ser, na verdade, preocupação constante do Estado na solução dos conflitos familiares. A vontade dos sujeitos, em todas as espécies de entidades familiares, deve ser considerada como elemento essencial não apenas para a constituição mas também para o desenvolvimento das relações familiares, e, muito mais do que o requisito isolado da celebração de uma união, deve ocupar posição continuamente relevante em todos os momentos que se seguirem ao "sim" solene.

O legislador deve evitar a edição de leis que instituam um direito de família "autoritário, determinista, substitutivista, invasivo e extremamente guloso", como o Professor João Baptista Villela define o direito de família brasileiro.[282]

São autoritárias as leis de família sempre que retirarem dos sujeitos a possibilidade de exercer sua capacidade de escolha e sua própria capacidade negocial no âmbito da família. Nesse sentido, parece ter evoluído o novo Código Civil quando reconhece a possibilidade de ser alterado, na constância do casamento, o regime de bens que tiver sido anteriormente escolhido (NCC, art. 1.639, § 2º), diferente-

---

[282] VILLELA, 1999, p. 21.

Direitos Fundamentais e Relações Familiares

119

mente do Código Civil de 1916, que estatuía a irrevogabilidade do regime de bens. Porém, mantém-se extremamente autoritário quando impõe o regime obrigatório da separação de bens para os maiores de 60 anos (NCC, art. 1641).

Deterministas são as leis de família quando têm a pretensão de condicionar a conduta dos sujeitos em suas íntimas relações amorosas, deixando de levar em conta que os vínculos afetivos que caracterizam uma comunhão de vida não resultam de imposições legais. Os vínculos que unem os sujeitos em convivência familiar são da ordem do desejo e, portanto, sempre escaparão da regulamentação estatal.[283]

Mais do que deterministas, apresentam-se também como leis invasivas e substitutivas da vontade das partes quando, por exemplo, estabelecem quais os requisitos para presumir a intenção de um casal em constituir família. Se a Constituição estende às uniões informais o amparo às pessoas que constituem tais uniões, inclusive para assegurar-lhes os benefícios sociais de assistência à família, o legislador ordinário ultrapassa sua função protetiva e invade a liberdade daqueles que optaram por não se casar, impondo regras que equivalem a um casamento *ex officio* para quem deliberadamente não quis casar *motu proprio*.[284]

As leis podem assim tornar guloso o direito de família quando – equivalente a "alguém que perdeu o sentido do gosto e que sacrifica o bom em favor do muito"[285] – acabam por sobrepor a quantidade à qualidade, ocupando-se em estabelecer regras sobre opções de vida, impondo deveres relativos a atitudes ou escolhas dos sujeitos, como o dever de fidelidade e o de convivência no mesmo domicílio, visando a "modelar" a vida em comum, embora, na prática, somente apresentam utilidade depois de finda a união, quando são invocadas, muitas vezes, no esforço vão de apontar um culpado pelo fim do amor.

O que se quer defender, porém, não é uma diminuição da importância da atuação do legislador na regulação das relações familiares, mas, ao contrário, ressaltar a relevância de seu papel naquilo que é a função essencial da família.

No Direito de Família que tem suas bases delineadas na Constituição, a partir de princípios que reforçam as normas definidoras de direitos fundamentais, a família se apresenta, como vimos, com a finalidade essencial de facilitar a seus membros o exercício de seus direitos fundamentais. É sob essa ótica da funcionalidade do direito de família que o legislador exerce o importantíssimo papel de aproximar

---

[283] PEREIRA, Rodrigo da Cunha. *Direito de família*: uma abordagem psicanalítica. Belo Horizonte: Del Rey, 1999. p. 55.

[284] VILLELA, 1999, p. 24.

[285] Ibid., p. 30.

as leis de família aos valores dos direitos fundamentais, estendendo a eficácia desses direitos às relações familiares.

Porém, essa intermediação do legislador deve ser encarada como forma de facilitar a efetividade dos direitos fundamentais no seio da família, e não como trâmite indispensável para a atuação do juiz de família na busca desse mesmo objetivo. Repita-se, não se pode afastar, diante de cada situação de ameaça ou lesão de direitos fundamentais na família, a relevante função do julgador na tarefa de garantir a concreção desses direitos. O fato de determinado conflito entre familiares não encontrar na lei previsão adequada para sua solução não pode representar obstáculo para que o julgador garanta a efetividade dos direitos fundamentais ameaçados, recorrendo diretamente às normas constitucionais.

Como vimos na primeira parte deste trabalho, esta é a posição que se defende na chamada eficácia direta (ou imediata) dos direitos fundamentais frente aos sujeitos privados. Eficácia que não desconhece a importância da atividade do legislador nem afasta a atividade de interpretação das leis de direito privado a partir das normas constitucionais, mas reconhece também a possibilidade de recurso direto aos direitos fundamentais na solução dos conflitos entre particulares.

É importante ressaltar, porém, que o papel do julgador na solução de conflitos familiares também deve ser revestido de profundo cuidado para não suprimir a liberdade dos integrantes da família no modo de conduzir suas relações. Diante de decisões dos membros de uma família onde se observe respeito mútuo, sem constrangimentos e possibilitando uma efetiva realização da personalidade, o juiz não deve ser mais do que um espectador ou um colaborador, para delinear as condições de acordo (como, por exemplo, nas separações e nos divórcios consensuais). Nesse contexto é que hoje, no Direito de Família, estimula-se, sempre que possível, a busca de solução de conflitos pelas próprias partes, reconhecendo-se, inclusive, a importância de técnicas de mediação familiar, buscando, por meio de intervenção interdisciplinar, viabilizar o entendimento e a solução pacífica dos conflitos familiares.[286]

A intervenção do julgador nas relações familiares, impondo o cumprimento de obrigações, deve dar-se em situações limite da convivência familiar, em que o acordo entre as partes não é alcançado ou é formulado em condições de desequilíbrio. Naquelas situações em que a divergência de opinião e de interesses pode representar ameaça a direitos fundamentais de quem se apresenta mais frágil, em posição mais submissa na relação familiar, como ocorre nas questões que

---

[286] Sobre mediação, ver: PORTO, Alice Costa; BREITMAN, Stella. *Mediação familiar*: uma intervenção em busca da paz. Porto Alegre: Criação Humana, 2001.

envolvem os interesses dos filhos ou nas diversas formas de violência contra o companheiro, seja física ou moral.

Para isso, é preciso que o juiz de família saiba ouvir muito mais do que os argumentos jurídicos sustentados por familiares em litígio. É necessário que julgador nas questões familiares tenha escuta atenta mesmo para os acordos pré-formulados que lhe são apresentados para simples homologação – que nem sempre são tão simples – escondendo muitas vezes os fatores que constrangeram uma das partes à aceitação dos termos de uma pseudoconciliação. Há de se reconhecer que "a crise do processo de família é, sobretudo, uma crise de escuta".[287]

É preciso que o juiz de família saiba escutar o sofrimento dos familiares para poder localizar possível ameaça ou lesão de direitos fundamentais. Isso porque, nas convivências familiares, o constrangimento de revelar os comportamentos mais íntimos dos sujeitos favorece, em grande escala, que as violações de direitos fundamentais permaneçam encobertas e muitas vezes "aceitas" pelo pólo mais frágil da relação.

A vinculação direta do julgador às normas constitucionais definidoras de direitos fundamentais implica a compreensão de que, na família, os sujeitos privados estão imediatamente obrigados não apenas ao dever de respeito, mas também ao dever de assegurar o exercício dos direitos fundamentais no seio do grupo familiar.

O que se defende aqui, no que se refere à importância do papel do julgador, é que a preocupação com a tutela dos direitos fundamentais deve ocupar a posição mais relevante em todas as linhas de solução dos conflitos no âmbito do Direito de Família.

Assim, o reconhecimento da vinculação dos sujeitos privados como obrigados a dever de respeito e proteção dos direitos fundamentais reflete na própria postura do julgador diante das questões de família. A proteção dos direitos fundamentais, a partir dessa compreensão da eficácia imediata nas relações familiares, passa a ser compreendida como a razão primária e justificadora da relevância jurídica das relações familiares e da intervenção do julgador nessa esfera. O posicionamento do juiz de família, diante das normas constitucionais de direitos fundamentais, deverá estar sempre direcionado para garantir a realização concreta de tais direitos no seio da família e, ainda que recorra também à aplicação de leis infraconstitucionais, o que visa efetivamente a garantir (também com a facilitação da intermediação do legislador) é a concreção dos direitos fundamentais.

---

[287] VILLELA, 1999, p. 29.

9.2. Os sujeitos privados e os direitos fundamentais na família: critérios para aferir uma vinculação direta

As reflexões até aqui desenvolvidas já seriam suficientes para justificar o posicionamento defendido nesse estudo no sentido de que a eficácia dos direitos fundamentais nas relações familiares é direta e imediata, não dependendo da intermediação do legislador, como um trâmite indispensável, nem se restringindo à utilização das normas constitucionais definidoras de direitos fundamentais na interpretação do Direito de Família.

Os direitos fundamentais, no entendimento delineado neste trabalho, devem incidir nas relações familiares como normas de comportamento aptas a influir diretamente nas relações familiares, não somente ao permitir o reconhecimento direitos subjetivos dos sujeitos envolvidos nessas relações, habilitando-os a reclamar o cumprimento de deveres imediatamente decorrentes das normas constitucionais, mas incidindo também diretamente na delimitação de outras situações subjetivas (como o exercício do poder familiar e o livre planejamento e condução da vida em comum), conformando e funcionalizando as situações familiares aos valores fundamentais introduzidos pela normativa constitucional.

Impõe-se, porém, nesse derradeiro momento da análise teórica do tema proposto, arrematar os argumentos desenvolvidos ao longo do estudo, para apontar finalmente de que forma se dá a vinculação dos sujeitos privados aos direitos fundamentais na esfera familiar, efetivamente que obrigações podem decorrer dessa vinculação e quais os parâmetros para aferir a medida (mais ou menos intensa) dessa vinculação.

Primeiramente, há de se reconhecer que é a própria Constituição Federal que reforça a tutela dos direitos fundamentais na família impondo aos seus membros um dever de garantir a eficácia desses direitos no âmbito familiar. Outra conclusão não se pode extrair dos dispositivos constitucionais, já analisados nos capítulos antecedentes, que se dirigem expressamente à família (artigos 226 e seguintes), em que o legislador constituinte deixa claro que o dever dos integrantes da família relativamente à garantia dos direitos fundamentais não se limita a dever geral de abstenção, que se traduz em dever de respeito aos direitos fundamentais dos membros do grupo familiar, porém, muito mais além, abrange também a imposição de deveres positivos, de *amparar, assistir, assegurar* o efetivo exercício dos direitos fundamentais (individuais e sociais) e inclusive de *proteger* os integrantes mais frágeis na relação familiar *colocando-os a salvo* em relação a ameaças e lesões provenientes de terceiros.[288]

---

[288] Os verbos descritivos desses deveres foram expressamente utilizados pelo constituinte na redação dos artigos 227, 229 e 230.

Direitos Fundamentais e Relações Familiares

Nas relações entre particulares, de maneira geral, a vinculação dos sujeitos privados aos direitos fundamentais representa o reconhecimento da obrigação jurídica de respeitar – omissivamente e, em algumas situações específicas, também comissivamente – os direitos fundamentais de outros sujeitos privados. Porém, o dever de proteger esses direitos diante de agressões de terceiros é característica da vinculação dos sujeitos de relações familiares que não pode ser generalizada como critério para aplicação dos direitos fundamentais em todas as relações privadas.[289]

Como vimos, são as peculiaridades da funcionalização da família, delineando especial solidariedade e responsabilidade entre seus membros, que a diferenciam substancialmente de outras comunidades intermédias, permitindo o reconhecimento de dimensão muito mais ampla dos deveres dos familiares em relação à proteção dos direitos fundamentais no grupo familiar.

Assim, os sujeitos mais frágeis na comunidade familiar – principalmente os filhos, mas não exclusivamente – encontram na família não apenas refúgio afetivo, mas também um lugar em que podem ser protegidos e efetivamente colocados a salvo das ameaças de terceiros.

Lembre-se ainda que no âmbito das relações familiares, em decorrência do sistema misto de proteção dos direitos fundamentais, outro diferencial que caracteriza a vinculação dos sujeitos privados nessas relações é o reconhecimento de que sua obrigação se estende também à garantia de direitos sociais, cuja destinação mais típica é, sem dúvida, a imposição de obrigações aos Poderes públicos.

Excluindo desde logo da discussão os direitos sociais trabalhistas – que por sua própria natureza se dirigem imediatamente às relações privadas entre empregadores e empregados – para tratar especificamente dos direitos sociais não-trabalhistas, verifica-se que não há maior dificuldade em se reconhecer, da mesma forma que aos direitos individuais, uma vinculação imediata dos sujeitos privados em geral, pelo menos no que diz respeito à dimensão defensiva desses direitos, impondo aos particulares abstenção de quaisquer condutas que possam ameaçar ou lesar os bens jurídicos em questão.[290]

Mas o que se quer destacar aqui é que, além da dimensão defensiva, a vinculação dos sujeitos privados aos direitos sociais no âmbito da família supera em grande parte os problemas encontrados em outras esferas das relações interprivadas para o reconhecimento de uma vinculação também no que diz respeito à dimensão prestacional

---

[289] Daniel Sarmento afirma que a vinculação dos particulares aos direitos fundamentais "não abrange o dever de proteção dos mesmos, em relação a lesões e ameaças provenientes de terceiros" (...) "afora algumas exceções pontuais", dentre as quais aponta, em nota de rodapé, as relações familiares (SARMENTO, 2004, p. 300).

[290] SARMENTO, 2004, p. 335; SARLET, Ingo Wolfgang, 2000, p. 154.

desses direitos fundamentais. E mais uma vez há de se reconhecer que esse diferencial decorre de decisão do próprio legislador constituinte ao reforçar os princípios da solidariedade e da responsabilidade entre os familiares além de impor diretamente à família a obrigação de assegurar diversos direitos sociais, como o faz expressamente nos artigos 205, 227 e 230.

Novamente é a natureza distinta do vínculo que une os familiares que deve ser levada em conta para se reconhecer o dever de garantir no seio da família a proteção dos direitos sociais de seus membros.[291] Repita-se aqui, que não se trata de afastar os deveres do Estado, como responsável primário pela garantia dos direitos sociais, mas sim reconhecer que a garantia de concreção desses direitos na família não pode ser alcançada se não houver concomitantemente o cumprimento dos deveres de assistência que se impõem aos familiares. Se ao Estado cumpre, por exemplo, garantir sistema de saúde e educação eficazes, impõe-se, por sua vez, aos integrantes da família o dever de assistência recíproca em qualquer enfermidade (CF, art. 229) bem como o dever de garantir o acesso à educação aos filhos (CF, art. 227), como se exemplificou no início deste capítulo.

Essas considerações até aqui discorridas resumem o entendimento defendido neste trabalho sobre a forma da vinculação dos sujeitos privados às normas de direitos fundamentais e, conseqüentemente, sobre as obrigações que devem ser reconhecidas em decorrência dessa vinculação. Resta-nos, porém, uma última incumbência: além da forma pela qual os integrantes da família estão vinculados pelos direitos fundamentais, impõe-se delimitar, ao menos em linhas gerais, em que medida deve ser compreendida essa vinculação.

Nesse passo é preciso, então, acomodar às peculiaridades das relações familiares toda a análise em torno do problema da eficácia dos direitos fundamentais nas relações privadas, para extrair, diante do próprio perfil constitucional da família, critérios capazes de auxiliar a delimitação dessa eficácia, ou seja, critérios que possibilitem aferir em que medida, mais ou menos intensa, deve ser reconhecida a vinculação dos sujeitos privados aos direitos fundamentais no âmbito da família.

Antes de mais nada, é preciso compreender que é a função serviente da família que se coloca como pano de fundo para a construção de qualquer critério de aplicação dos direitos fundamentais nas relações familiares. É a funcionalidade da família que potencializa a

---

[291] Daniel Sarmento afirma que: "o primeiro requisito para o reconhecimento de uma vinculação do particular a determinada obrigação positiva, decorrente de um direito social, diz respeito à existência de alguma conexão entre a relação jurídica mantida pelas partes e a natureza da obrigação jusfundamental em discussão" (Ibid., p. 344). Parece ser exatamente o caso das relações familiares, cuja funcionalidade representa, em sua própria essência, a razão da vinculação dos particulares à dimensão prestacional dos direitos sociais no seio da família.

Direitos Fundamentais e Relações Familiares

vinculação dos sujeitos integrantes da família aos direitos fundamentais e, ao mesmo tempo, limita o exercício da autonomia desses mesmos sujeitos em função dos deveres recíprocos de respeito e solidariedade. Somente a partir da compreensão dessa funcionalidade, atribuindo relevância jurídica à comunhão plena de vida dos membros de uma família, que se pode delimitar a dimensão que em cada caso concreto pode ser conferida à eficácia imediata dos direitos fundamentais na esfera familiar.

O ponto de partida para a garantia da eficácia dos direitos fundamentais na família é, portanto, a compreensão de que os membros da comunidade familiar, em virtude da própria função dessa comunidade, estão sempre diretamente vinculados às normas de direitos fundamentais, devendo o julgador em cada situação concreta aferir se essa vinculação pode ser exigida de forma mais intensa.

Priorizando a concepção do Direito de Família sob a ótica funcionalista, pode-se localizar a importância da atuação dos operadores do direito não apenas para ajustar as relações entre os membros da família quando a comunidade familiar se rompe mas, concomitante com essa função de ajuste, ressaltar a relevância de buscar mecanismos capazes de atender a duas outras importantes funções: (1°) apoiar a condução autônoma dos assuntos da família (sempre que as regras acordadas internamente no grupo familiar refletirem real liberdade de escolha dos membros do grupo) e (2°) proteger as pessoas envolvidas nas relações familiares contra possíveis prejuízos a seus direitos fundamentais dentro da própria família.[292]

Colocadas na balança, essas funções buscam o equilíbrio entre os dois pesos (tantas vezes mencionados neste trabalho): direitos fundamentais e autonomia privada. No reconhecimento da eficácia imediata dos direitos fundamentais na família, a ponderação sempre será necessária, pelo menos entre a autonomia dos familiares e o direito fundamental ameaçado.

As peculiaridades do exercício da autonomia privada no âmbito da família constituem assim importante baliza para aferir a dimensão da vinculação dos familiares aos direitos fundamentais, isso porque, também na condução autônoma das questões familiares, como vimos, os integrantes da família estão diretamente vinculados pelos deveres de respeito e promoção dos direitos fundamentais.

É exatamente nessa esfera do exercício da autonomia privada nas relações familiares que se pode localizar o primeiro critério para aferir a necessidade de maior intensidade na vinculação de um integrante da

---

[292] De acordo com a professora Encarna Roca, o funcionalismo impõe à família e ao direito de família três importantes funções: "la de proteccion, la de ajuste a las nuevas circunstancias que puedam producirse e la de ajuda" (ROCA, 1999, p. 32 e 56).

família frente aos direitos fundamentais dos outros familiares. E nesse sentido, o grande questionamento que deve orientar o operador do direito é: até que ponto os envolvidos em determinada relação familiar encontram condições reais de exercer seu poder de autodeterminação, dispondo igualmente da mesma liberdade para manifestar sua vontade? Ou, visto sob o aspecto negativo: até que ponto a autonomia de um dos membros da família não está neutralizada ou anulada em virtude de sua posição de fragilidade ou inferioridade na relação familiar?

Esse deve ser, portanto, o primeiro critério para reconhecer vinculação mais intensa dos direitos fundamentais na relação familiar: o critério da desigualdade substancial entre os integrantes da família.[293] Por esse critério, recorrendo às lições do professor espanhol Bilbao Ubillos, é o grau da autonomia real dos sujeitos que indicará a maior ou menor necessidade de proteção dos direitos fundamentais.[294]

Quanto maior for o poder ostentado por um dos sujeitos da relação familiar, menor deverá ser a tutela de sua autonomia privada e mais intensa a sua vinculação aos direitos fundamentais do sujeito mais frágil.

Assim, a nítida posição de supremacia ocupada pelos pais justifica, invariavelmente, o reconhecimento de vinculação muito mais intensa aos direitos fundamentais dos filhos menores de idade, que, sem dúvida, ocupam o pólo sempre mais frágil da relação familiar.

Porém, o desequilíbrio na relação familiar não se restringe às situações de supremacia ostentadas pelo exercício do poder familiar dos pais. Muitas vezes a assimetria decorre de outras formas de subordinação que podem assumir feições diferentes em cada caso concreto, seja em decorrência do uso da força física do homem sobre a mulher; pela fragilidade emocional de um dos familiares; pela dependência econômica; ou por qualquer outra circunstância que permita a um dos pólos da relação familiar manter o outro em posição de submissão.

A proclamada igualdade entre os sujeitos integrantes de união afetiva ainda está longe da realidade vivida por muitas famílias brasileiras. Apenas para recorrer a dado concreto, pesquisa realizada pelo Fundo das Nações Unidas para a Infância (Unicef) revela que no ano de 1999, somente na Região Norte do Brasil, foram registradas em delegacias especializadas mais de trinta e quatro mil ocorrências relatando violências contra mulheres. A pesquisa destaca que o risco de uma mulher ser agredida em casa é "nove vezes maior do que na

---

[293] No mesmo sentido, referindo-se à aplicação de direitos fundamentais nas relações entre particulares de maneira geral, Daniel Sarmento indica como um "parâmetro" importante o "grau de desigualdade fática entre as partes da relação jurídica" (SARMENTO, 2004, p. 303 e 375).

[294] Conforme já analisado no final da primeira parte deste trabalho (BILBAO UBILLOS, 1999, p. 168 *et seq.*).

Direitos Fundamentais e Relações Familiares

rua" e que o efeito dessa violência afeta diretamente as crianças e os adolescentes, seja pelo aspecto psicológico, seja pelo fato de que, sujeita à violência, a mulher não tem condições de proteger os filhos. É muito provável ainda (aliás praticamente certo) que esse índice de violência doméstica contra mulheres seja muito superior ao apontado na pesquisa, levando-se em consideração que o número de delegacias de atendimento a mulheres, de acordo com dados do Ministério da Justiça, não cobrem nem 10% dos municípios do país,[295] sem esquecer também que muitos casos de violência doméstica permanecem velados e dificilmente chegam a ser apurados (ou nem sequer conhecidos) pelo poder público.[296]

Não poderia aqui abordar os inúmeros aspectos em torno dos problemas enfrentados pela mulher na sociedade e nas relações familiares, o que se quer é tão-somente alertar para o fato de que a igualdade formal de direitos e deveres, preconizada também pela Constituição, por si só, não é suficiente para afastar as desigualdades reais que existem nas relações familiares. A igualdade entre os integrantes de uma família precisa ser encarada a partir das diferenças concretas. E, a partir do momento em que as diferenças se traduzirem em subordinação, maior será o risco de ameaça aos direitos fundamentais.

O que se defende é que, à medida que se verifique o desequilíbrio entre os envolvidos na relação familiar, quanto mais numerosos ou mais graves forem os fatores que revelem a inferioridade e a submissão de um dos familiares, mais intensa deverá ser a vinculação do sujeito mais fortalecido em relação aos direitos fundamentais daquele que se encontra subjugado ou fragilizado.

Outro critério para indicar vinculação mais intensa dos sujeitos privados aos direitos fundamentais parte da análise dos distintos âmbitos da autonomia privada, que, como vimos, deve receber maior proteção quando se referir a escolhas existenciais e, ao contrário, assumir importância menor quando se referirem a escolhas de caráter exclusivamente patrimoniais, cedendo espaço para uma proteção mais intensa do direito fundamental contraposto.[297]

No âmbito da família, esse critério da proteção heterogênea da autonomia privada é válido, porém, ao mesmo tempo muito complexo, considerando que nas questões familiares muitas situações subjetivas convergem, concomitantemente, aspectos patrimoniais e existenciais da vida dos integrantes da família. Assim, há de se observar a natureza

---

[295] Esses e outros dados da pesquisa realizada pelo Unicef foram divulgados pelo Jornal *O Liberal*, Belém, 28 mar. 2004, caderno "Atualidades", p. 10.

[296] Ressalta-se que, no que tange ao enfrentamento da violência contra a mulher no âmbito doméstico e familiar, já há, em nosso ordenamento jurídico, lei infraconstitucional específica, vigente desde 22/09/2006 (Lei nº 11.340/2006, conhecida como Lei "Maria da Penha").

[297] Cf. SARMENTO, 2004.

existencial tanto dos atos de escolha dos sujeitos quanto do bem jurídico a que se refere o direito fundamental ameaçado por esses atos.

Tomando como exemplo as ofertas ou pedidos de redução de alimentos devidos aos filhos, há de se observar, de um lado, se o valor ofertado pelo alimentante toma por base argumentos patrimoniais que consideram o prejuízo a bens supérfluos desfrutados no padrão de vida do alimentante, situação em que a liberdade econômica (em dispor livremente de seu patrimônio) deve ter reduzida proteção, permitindo tutela mais ampla dos bens essenciais à própria dignidade do alimentando. Por outro lado, a situação torna-se bem mais complexa quando a alteração no valor dos alimentos expressa situação patrimonial que envolve necessidades existenciais do próprio alimentante, não podendo ser desconsiderada na fixação judicial da pensão alimentícia, que, diante das peculiaridades de cada caso, deve garantir ao alimentando a assistência de que necessita, sem, entretanto, privar o alimentante de manter sua própria subsistência.

Lembre-se de que esse critério – apontando para a necessidade de proteção diferenciada das liberdades existenciais e patrimoniais – justifica-se em função da supremacia do valor da pessoa humana, que permite reconhecer a necessidade de maior proteção para as situações subjetivas mais relevantes ao livre desenvolvimento da personalidade. Portanto, o que se busca garantir por meio desse critério é a própria tutela da pessoa humana, compreendida essa proteção em sua dimensão mais ampla, como vimos anteriormente, ou seja, como cláusula geral de tutela exigindo, em qualquer situação jurídica, a garantia e a promoção de necessidades existenciais indispensáveis à realização da personalidade.

Há de se considerar, ainda, que, na esfera das relações familiares, esse objetivo já se encontra inserido na própria compreensão da funcionalidade da família, atribuindo, como já se disse, uma feição diferenciada à autonomia dos sujeitos integrantes da família, vinculados, pela própria natureza da relação familiar, por uma obrigação (recíproca e solidária) de respeitar e promover a realização da personalidade dos integrantes do grupo familiar.

Portanto, implícito à própria função serviente da família, poderia ser apontado como critério para aferir a necessidade de vinculação mais intensa aos direitos fundamentais nas relações familiares, a percepção do grau de prejuízo à realização da personalidade do titular do direito fundamental ameaçado. Assim, a tutela do direito fundamental deverá ser mais intensa quanto maior for o prejuízo que a lesão desse direito representar à realização da personalidade de seu titular.

Entretanto, para aferir esse grau de prejuízo não é possível fixar, abstratamente, parâmetros prévios. Somente em cada situação familiar específica é possível localizar as necessidades existenciais dos sujeitos envolvidos. Mas é necessário não deixar que o princípio da dignidade humana e, a partir dele, o direito ao livre desenvolvimento da personalidade permaneçam "como mera proclamação discursiva".[298]

Se o conceito de dignidade humana tem contornos vagos e de conceituação imprecisa, a sua negação é algo concreto, sendo possível identificá-la nas situações em que é espezinhada e agredida.[299]

Se é possível afirmar a existência de direito ao livre desenvolvimento da personalidade a partir da positivação do princípio da dignidade humana, concretamente só se pode identificar esse direito a partir de sua negação. O ponto de partida deve ser "a tomada de consciência dessa negatividade", que se expressa "no sofrimento das vítimas".[300]

Proclamar a garantia de plena realização da personalidade, a partir da elevação do valor da dignidade humana, somente pode alcançar um nível de concretização por meio de critério que parta da negatividade, ou seja, do reconhecimento do espaço em que a dignidade é negada. E o sofrimento aparece como o sintoma dessa negação.

É nesse sentido que se ressalta a importância de escuta criteriosa do juiz de família. Escuta capaz de reconhecer o sofrimento decorrente da negação das necessidades existenciais de um dos sujeitos da relação familiar.

O sofrimento se apresenta, assim, não propriamente como critério autônomo em linha de argumentação jurídica, mas como importante parâmetro para aferir, em cada caso concreto, a negação de necessidades indispensáveis à realização da personalidade.

Para que se possa garantir a concreção da função primordial da família, promovendo a realização da personalidade de seus membros, é preciso, como vimos, superar a noção abstrata de sujeito (como titular de direitos e deveres). É preciso ultrapassar a idéia dos sujeitos da relação familiar como abstrata e formalmente iguais (titulares dos mesmos direitos e deveres), para que se possa reconhecer o sujeito concreto, em suas reais necessidades, o ser humano fragilizado, que tem carências e que sofre.

Portanto, há de se considerar que o sofrimento é também parâmetro capaz de indicar o nível de desigualdade concreta de uma relação familiar. O sofrimento do sujeito da relação familiar, provocado pela conduta (omissiva ou comissiva) de outro integrante da relação, pode ser escutado como o ponto de ruptura do equilíbrio da relação,[301]

---

[298] RUZYK; FACHIN, 2003, p. 87-104., p. 100.

[299] SARLET, 2001, p. 105.

[300] Esse é o enfoque a partir do qual Enrique Dussel desenvolve o que denominou uma "Crítica ética do sistema vigente: a partir da negatividade das vítimas" (DUSSEL, Enrique. *Ética da libertação*: na idade da globalização e da exclusão. Tradução Ephraim Ferreira Alves; Jaime Clasen; Lúcia Orth. 2. ed. Petrópolis: Vozes, 2002, p. 313 et seq).

[301] Pietro Barcellona defende o entendimento de que o homem concreto, a quem se refere como o "sujeito débil", deve ser valorizado a partir do sofrimento. Para ele, "es necesario um nuevo

devendo nessas "fissuras" se inserir eficácia mais intensa dos direitos fundamentais do sujeito fragilizado e conseqüentemente maior vinculação do outro pólo da relação aos direitos fundamentais ameaçados.[302]

Não se pode deixar de ressaltar que nas relações familiares o sofrimento causado a um dos sujeitos pela conduta de outro reveste-se de conotações muito mais profundas, seja porque se apresenta como uma "dor-afeto"[303] – estreitamente vinculada pelos laços que unem a vítima ao ser amado – seja porque o sofrimento psíquico, revelando prejuízos à própria estruturação da personalidade e assumindo o sentido mais profundo de dor, pode causar prejuízo irreversível.[304]

O sofrimento na relação familiar pode ser também parâmetro capaz de indicar uma situação limite[305] que exige atuação mais incisiva do julgador, intervindo na relação familiar ainda a tempo de garantir aos seus sujeitos a proteção de seus direitos fundamentais ameaçados, não para evitar o sofrimento – tarefa que escapa ao Direito – mas para lhes garantir as condições mínimas para uma superação e, se o prejuízo for inevitável, que ao menos lhes sejam garantidos os caminhos para uma reconstrução.

Por fim, é preciso reconhecer que é impossível apresentar receitas prontas capazes de satisfazes as exigências de todas as situações de ameaça de direitos fundamentais que podem ocorrer na família. Esses critérios que foram apresentados não podem ser encarados como respostas acabadas, mas tão-somente como alguns dos ingredientes úteis para encontrar a fórmula adequada em cada caso concreto. Ingredientes comuns que podem ser utilizados conjunta ou separadamente, em diversas variações, acrescidos ou não de outros elementos que se façam necessários para a construção de soluções diferenciadas.

---

pensamiento que asuma el sufrimiento humano y la miseria das relaciones como punto de ruptura de los equilibrios sistémicos. Las nuevas formas de dolor humano son quizás el anuncio de um cataclismo de la persona que, como dicen los psicoanalistas, puede abrir el camino a um itinerario distinto de la emancipación" (BARCELLONA, Pietro. *El individualismo propietario*. Tradução Jesús Ernesto García Rodríguez. Madrid: Editorial Trotta, 1996, p. 147).

[302] Também partindo da compreensão de Pietro Barcellona em torno do sofrimento como ponto de ruptura do equilíbrio, Luiz Edson Fachin afirma que "É nessas fissuras que deve ser inserida uma racionalidade de respeito aos Direitos Fundamentais(...)" (RUZYK; FACHIN, 2003, p. 101).

[303] A noção de "dor-afeto" é desenvolvida por Juan-David Nasio nos primeiros capítulos de sua obra, onde aborda o tema da dor psíquica, dividindo sua análise em três categorias de dor, sendo a primeira compreensão voltada para a "dor-afeto". Nesse sentido, para Nasio, "a dor é um derradeiro afeto, a última muralha(...) Ela é como um estremecimento final que comprova a vida e o nosso poder de nos recuperarmos. Não se morre de dor. Enquanto há dor, também temos as forças disponíveis para combatê-la e continuar a viver" (NASIO, Juan-David. *O livro da dor e do amor*. Tradução Lucy Magalhães. Rio de Janeiro: Jorge Zahar Editor, 1997. p. 19).

[304] "A dor é a certeza de um mal já realizado" (NASIO, 1997, p. 62). "O inconsciente é um conservador da dor. Ele não a esquece" (Ibid., p. 57).

[305] "(...) a dor – física ou psíquica, pouco importa – é sempre um fenômeno de limite" (Ibid., p. 19).

Direitos Fundamentais e Relações Familiares

Parte III

Situações concretas de eficácia imediata dos direitos fundamentais no âmbito das relações familiares

Sem que se tenha a pretensão de formular análise abrangente sobre a eficácia dos direitos fundamentais nos incontáveis desdobramentos que podem decorrer de relações familiares e nas incontáveis situações em que se podem vislumbrar ameaçados os direitos fundamentais dos membros de um grupo familiar, mas, ao mesmo tempo, consciente da necessidade de conduzir o referencial teórico desenvolvido a algum nível de concretização, o que se pretende nesse momento, na verdade, é tão-somente analisar, exemplificativamente, algumas decisões judiciais sob a perspectiva da eficácia das normas constitucionais definidoras de direitos fundamentais, buscando apontar, por meio dessa análise, critérios comuns que podem ser utilizados para o reconhecimento de uma eficácia imediata dos direitos fundamentais nas relações entre familiares.

10. Filiação adotiva, licença-maternidade e direito fundamental à infância

A primeira situação que se traz para análise prática é o questionamento, que durante algum tempo se manteve com divergência na jurisprudência trabalhista, em torno do reconhecimento (ou não) do direito à "licença à gestante" às mães adotivas.

As normas constitucionais de direitos fundamentais colocadas em discussão, nessa situação, são aquelas inspiradas nos valores de proteção à maternidade e à infância, principalmente: a norma inserida no inciso XVIII do artigo 7º ("licença à gestante, sem prejuízo do emprego e do salário"); o amparo à maternidade e à infância (incluído dentre os direitos sociais, no art. 6º); e, ainda com maior relevo, o próprio direito fundamental à infância assegurado no art. 227, do qual decorrem outros direitos fundamentais de proteção às crianças, como o direito ao

Direitos Fundamentais e Relações Familiares

133

respeito, à dignidade e à convivência familiar, e outros (expressa ou implicitamente previstos no mesmo art. 227); além da norma que estabelece a igualdade de direitos dos filhos, "havidos ou não da relação de casamento, ou por adoção" (art. 227, § 6°).

Portanto, a situação escolhida é pertinente ao tema deste trabalho, pois, não obstante a relação jurídica analisada não seja propriamente relação familiar, envolve direitos fundamentais cuja titularidade é exercida diretamente por sujeitos que compõem a família e cujo dever de assegurar-lhes a eficácia de tais direitos se impõe, por expressa disposição da norma constitucional, à família, à sociedade e ao Estado.[306]

Quanto à abordagem adotada no presente estudo, em torno do tema da eficácia dos direitos fundamentais, é interessante verificar que os Tribunais Trabalhistas, em muitas situações, têm reconhecido a vinculação de sujeitos privados como obrigados pelas normas constitucionais definidoras de direitos fundamentais. Pode-se apontar como um dos fatores que justificam essa postura das cortes trabalhistas o fato, já ressaltado anteriormente, de que os direitos trabalhistas assegurados pela Constituição Federal de 1988, em seu artigo 7°, têm por destinatários precípuos os empregadores que, regra geral, são sujeitos privados.

Assim, em virtude de sua própria formulação, os direitos fundamentais garantidos aos trabalhadores estão, regra geral, excluídos da discussão em torno da vinculação ou não dos particulares na condição de obrigados.

Mas o caso concreto que se escolheu para essa primeira análise torna-se ainda mais interessante para este trabalho, repita-se, por trazer à discussão não apenas o reconhecimento da eficácia de direito fundamental do trabalhador (no caso o do art. 7° inciso XVIII), mas também o reconhecimento de eficácia mais ampla de direitos fundamentais de proteção à família e que não se dirigem exclusivamente aos particulares, como é o caso dos direitos fundamentais assegurados no *caput* e parágrafos do art. 227 da Constituição Federal.

Foi com fundamento, precipuamente, nesses direitos fundamentais, consagrados na Constituição de 88, que algumas cortes trabalhistas passaram a reconhecer o direito à referida licença, em decorrência da maternidade, também às mães adotivas, não obstante a redação do inciso XVIII do art. 7° referir-se ao direito de licença concedido "à gestante".

---

[306] Constituição Federal de 1988, art. 227: "É dever da família, da sociedade e do Estado assegurar à criança e ao adolescente, com absoluta prioridade, o direito à vida, à saúde, à alimentação, à educação, ao lazer, à profissionalização, à cultura, à dignidade, ao respeito, à liberdade e à convivência familiar e comunitária, além de colocá-los a salvo de toda forma de negligência, discriminação, exploração, violência, crueldade e opressão".

Ressalte-se que, à época do início de vigência da atual Constituição, a chamada licença-maternidade era prevista por lei para o período de 64 (sessenta e quatro) dias, afirmando expressamente os artigos 392 e 393 da Consolidação das Leis do Trabalho (Decreto-Lei nº 5.452, de 1º.5.1943, com a redação dada pelo Decreto-Lei nº 229, de 28.2.1967) que "a mulher grávida no período de 4 (quatro) semanas antes e 8 (oito) semanas depois do parto" teria o direito de se afastar de seu trabalho, percebendo o salário integral.

Quais os fundamentos para afirmar que a empregada, em decorrência da maternidade, não apenas biológica, mas também adotiva, teria o direito de se afastar de seu trabalho, pelo período de 120 dias, e que o empregador teria a obrigação de garantir-lhe o emprego e o salário durante esse afastamento?

Os questionamentos sobre a eficácia mediata ou imediata dos direitos fundamentais frente a particulares, que norteiam o presente trabalho, certamente também ressoam nas decisões das cortes trabalhistas que se posicionaram sobre a questão do reconhecimento do direito à licença-maternidade às mães adotivas, ainda que tais questionamentos não tenham sido enfrentados abertamente.

Estão os sujeitos privados, no caso os empregadores, vinculados diretamente pelas normas constitucionais de direitos fundamentais que não se dirigem exclusivamente aos particulares, como os direitos fundamentais de proteção à maternidade e à infância?

Formulando-se a questão de outra maneira, essas normas de direitos fundamentais de proteção à maternidade e à infância têm, nas relações privadas, eficácia direta (imediata) no sentido de que se destinam também aos sujeitos particulares, vinculando-os, na condição de obrigados, e, enfim, gerando diretamente direitos e obrigações?

Ou, ao contrário, a eficácia desses direitos fundamentais nas relações privadas somente poderá ser alcançada de forma mediata, dependendo essas normas definidoras de direitos fundamentais da intermediação do legislador para que passem efetivamente a produzir efeitos, obrigando os particulares, por meio de leis infraconstitucionais, impondo-lhes deveres e garantindo-lhes direitos?

Ou ainda, quando as decisões da Justiça do Trabalho, mesmo diante da inexistência de previsão legal expressa, reconheceram o direito de mães adotivas à licença-maternidade, atribuíram aos direitos fundamentais de proteção à infância eficácia apenas mediata, por intermediação do julgador ao interpretar o Direito Privado à luz das normas constitucionais definidoras daqueles direitos fundamentais?

Diferentes respostas a esses questionamentos podem explicar os diferentes posicionamentos adotados nas decisões judiciais que marcaram a divergência jurisprudencial em torno da questão.

Direitos Fundamentais e Relações Familiares

Um dos entendimentos sustentados pela Justiça do Trabalho sobre a questão prática ora em análise, conforme já dito, tem seu esteio nos direitos fundamentais de proteção à maternidade e à infância, como é o caso da decisão proferida pelo Tribunal Regional do Trabalho da 4ª Região, seguindo o voto da relatora (Juíza Beatriz Brun Goldschmidt), do qual se destacam alguns trechos adiante transcritos:[307]

Trata-se na espécie, de *concessão, à reclamante, da licença-gestante prevista no inc. XVIII do art. 7º da Constituição Federal*. Reitera, o reclamado, a alegação de que a autora não tinha interesse e legitimidade para propor a ação cautelar, em apenso, bem como a própria reclamatória, uma vez que detinha, na época, somente a guarda e responsabilidade provisória da criança, haja vista que, o seu processo de adoção, estava ainda *sub judice*. O segundo *argumento* do réu é no sentido *de que a norma constitucional se refere apenas à licença para a gestante nada mencionando com relação à mãe adotiva*. Não assiste razão ao reclamado.

(...)

Ao contrário do que entende o reclamado, o fato da reclamante, quando do ajuizamento das ações (tanto a cautelar como a principal), deter somente a guarda e responsabilidade provisória da criança não constitui óbice para pleitear a referida licença, eis que *um dos objetivos desta norma constitucional é direcionada a atender o recém nascido*. Esperar os trâmites legais pertinentes à Adoção Plena, para depois entrar com a ação como entende o réu, seria *ameaçar de perecimento a própria finalidade da norma onde, repita-se, está em jogo o direito do infante*.

(...)

A matéria em debate traz, em seu bojo, aspectos nitidamente sociais, onde está em evidência a preocupação com a criança. Aliás, esta preocupação do Poder Público exsurge da própria Carta Magna onde, em vários artigos, se consignou expressamente *o princípio de proteção 'à maternidade e à infância' como um direito fundamental do indivíduo e da coletividade e num reconhecimento explícito e incontestável de relação de interdependência entre ambos*. Veja-se, por exemplo, o caput do art. 6º onde tal proteção é incluída dentre os direitos sociais. O art. 201 dispõe sobre os planos de previdência social, dizendo que os mesmos, decorrentes de contribuição, atenderão, nos termos da lei, a: I – (...); II – proteção à maternidade(...) Mais adiante, no art. 203, I, ao tratar da assistência social, afirma que 'será prestada a quem dela necessitar, independentemente de contribuição à seguridade social, e tem por objetivos: I – a proteção à família, à maternidade, à infância, à adolescência e à velhice'. Igualmente se verifica esse espírito protetor, no art. 227: 'É dever da família, da Sociedade e do Estado assegurar à criança e ao adolescente, com absoluta prioridade, o direito à vida, à saúde, à alimentação(...)'

(...)

Com propriedade, observa a decisão de origem, que, *com relação à norma inserta no art. 7º, XVIII da Constituição Federal, há que se buscar a verdadeira intenção do legislador Constituinte que, com certeza, além de assegurar o direito à mãe gestante, também visou principalmente proteger a criança recém-nascida, a fim de proporcionar-lhe todas as condições necessárias à adaptação ao mundo exterior*. Despicienda, pois, a assertiva do réu, haja vista que, o fato da mãe da criança ser adotiva e não biológica não altera os encargos e atenção com o recém-nascido.

(...)

Por outro lado, é de se salientar que o *Direito de Família não distingue o filho legítimo do adotado, atribuindo a este último a ficção de verdadeiro filho*. O Direito do Trabalho, por sua vez, que também guarda certa similitude de protetividade Social, não poderia ficar alheio, impondo-

---

[307] Conforme consta no relatório do Acórdão proferido pela 1ª Turma do Supremo Tribunal Federal, no Recurso Extraordinário n. 197.807-4/RS, Relator Min. Octavio Gallotti, julgamento em 30.5.2000 – DJU 18.8.2000.

se, destarte, seja reconhecido à mãe adotiva as mesmas prerrogativas atribuídas à mãe-gestante (Grifos).

Essa decisão foi mantida pelo Tribunal Superior do Trabalho, tendo a 5ª Turma da referida Corte[308] negado provimento ao agravo de instrumento interposto, considerando a mãe adotiva parte legítima para pleitear a licença-gestante (mesmo antes de concluído o processo de adoção), bem como afirmando não ter ocorrido violação literal da norma do art. 7º inciso XVIII da Constituição:

> De meritis, necessário se faz definir o instituto da analogia que consiste exatamente em aplicar à hipótese não prevista especialmente em lei a disposição relativa a caso semelhante. Dessume-se, portanto, que, no caso sub examine, corretíssima a aplicação do Enunciado nº 221, pois não foi utilizado o citado verbete para afastar a violação do Texto Constitucional, mas, tão-somente, indicar a interpretatividade que reveste a matéria. A analogia, por si só, afasta a hipótese de violação literal. Assim, concluo restarem intactos os arts. 3º, do CPC e 7º, inc. XVIII, da Constituição Federal.
> (...)
> Ex positis, nego provimento ao agravo (Grifos).

Ainda inconformado, o empregador interpôs Recurso Extraordinário ao Supremo Tribunal Federal, atacando o mérito da decisão recorrida por considerar que esta contrariou o artigo 5º, inciso II, e o artigo 7º, inciso XVIII, ambos da Constituição Federal, conforme os argumentos da petição de interposição do recurso que foram transcritos no relatório da decisão da Suprema Corte:[309]

> 8.1 Afastou-se a violação ao art. 5º, II, da CF/88 ao argumento de analogia. Entretanto, não procede o argumento. 8.2 Vero que nada impede, sem ofensa ao princípio da legalidade, decida o juiz com base na analogia. Entretanto, para que seja possível o recurso a este meio interpretativo, mister se faz além da lacuna da lei, que as mesmas razões que determinaram a edição da norma se façam presentes. Ubi eadem ratio, ibi eadem iuris dispositio. 8.3 A ratio da licença-gestante está na necessidade biológica do resguardo pós-parto. Evidentemente, não é o caso da mãe adotiva. Não se sabe de nenhuma mulher que, após adotar, tenha sentido as mesmas debilitações em que fica a gestante logo após o parto. Onde, pois, residiria a identidade de razões autorizativa do emprego da analogia? (...) Logo, não houve a analogia autorizada no ordenamento jurídico pátrio, mas sim imposição de obrigação ao recorrente sem anterior previsão em lei. A exigência da anterior previsão em lei não existe para impedir que o julgador faça justiça, mas sim para preservar o poder de auto-determinação de cada um: a liberdade. (...) Logo, esbatido o art. 5º, II, da CF/88. 8.4 A violência ao art. 7º, XVIII, da CF/88 decorre de ter ele como ratio a debilitação em que ficam as mulheres em função do trabalho de parto. Ora, a mãe adotiva, em razão da adoção, não fica no estado de debilitação da gestante. Assim, foi aplicada a norma a fato sobre o qual ela não incide. A tanto equivale a sua violação (Grifos).

A decisão do Supremo Tribunal Federal, na contramão do posicionamento adotado pelo Tribunal Regional do Trabalho da 4ª Região, deu provimento ao Recurso Extraordinário por contrariedade ao art. 7º, inciso XVIII, da Constituição Federal, sustentando entendimento que

---

[308] Conforme consta no relatório do Acórdão proferido pela 1ª Turma do Supremo Tribunal Federal, no Recurso Extraordinário n. 197.807-4/RS, Relator Min. Octávio Gallotti, julgamento em 30.5.2000 – DJU 18.08.2000.

[309] STF – 1ª Turma – RE n. 197.807-4/RS – Rel. Min. Octavio Gallotti – J. 30.05.2000 – DJU 18.8.2000.

Direitos Fundamentais e Relações Familiares

acabou por restringir, sobremaneira, a eficácia dos direitos fundamentais de proteção à maternidade e à infância, consoante se depreende do voto do relator Ministro Octávio Gallotti, adiante transcrito na íntegra:

A exegese gramatical certamente não merece as galas de um método definitivo ou conclusivo de interpretação, mas serve para marcar os limites em que se possa perquirir o resultado dos demais critérios de integração da norma jurídica. *No caso em exame, o direito à licença é vinculado ao fato jurídico gestação, que não permite, segundo penso, a extensão do benefício à hipótese do ato de adoção.* Fosse a referência constitucional, por exemplo, simplesmente a "mãe" ou a "maternidade", poder-se-ia, ainda, cogitar da assimilação da adotante à gestante. Não, porém, segundo penso, quando especificada a primeira na norma aplicável.

Não há falar, por outro lado, em analogia, ante a diversidade de uma e outra das situações acima enunciadas, sendo o caso de simples inexistência de direito social constitucionalmente assegurado e, dessa forma, relegado ao legislador ordinário, o tratamento da matéria, oportunidade em que seria útil, ademais, prover a fixação do prazo da licença e a limitação da idade do menor, suscetível de ensejar o benefício. Assim é que o art. 71 da Lei nº 8.213/91, aplicável aos segurados do regime geral da Previdência, situa em 28 dias antes do parto o termo inicial do salário-maternidade, e a Lei nº 8.112/90 (Regime Jurídico dos Servidores da União), ao passo que concede cento e vinte dias de licença à gestante (art. 207), diminui o afastamento para noventa dias nas circunstâncias de adoção ou guarda judicial (art. 210, *caput*), reduzindo-o, ainda mais, para trinta quando tenha a criança mais de um ano de idade. E não vislumbro como se possa acoimar de inconstitucionalidade alguma dessas restrições legais.

Registro, afinal, que não é indiscrepante a jurisprudência do Tribunal Superior do Trabalho acerca do tema, como se depreende de ulterior acórdão no Recurso de Revista nº 179.769, relator o eminente Ministro ALMIR PAZZIANOTTO PINTO:

'Ementa: Licença-gestante. Mãe Adotiva. Art. 7º, XVIII, da Constituição da República. A norma constitucional, ao dispor sobre a licença-gestante, garantiu benefício apenas à mãe biológica, tendo como finalidade precípua proteger a saúde da mãe do recém-nascido, nas semanas que precedem o parto e nas que sucedem ao mesmo. De acordo com o disposto na legislação ordinária (art. 71, da Lei nº 8.213/91), o salário-maternidade é devido nos 28 (vinte e oito) dias anteriores e nos 92 (noventa e dois) posteriores ao parto. A mãe adotiva, não preenchendo o requisito indispensável para garantir a licença-gestante (a gravidez), não faz jus, conseqüentemente, à licença-maternidade. Revista conhecida e não provida' (5ª Turma, em 8.5.1996).

Por contrariedade ao disposto no art. 7º, XVIII, da Constituição, conheço do recurso e dou-lhe provimento, para julgar improcedente a reclamação (Grifos).

Seguindo o voto do Relator, a 1ª Turma do Supremo Tribunal Federal julgou à unanimidade o Recurso Extraordinário, dando-lhe provimento, tendo o acórdão a seguinte Ementa:

NÃO SE ESTENDE À MÃE ADOTIVA O DIREITO À LICENÇA, INSTITUÍDO EM FAVOR DA EMPREGADA GESTANTE PELO INCISO XVIII DO ART. 7º DA CONSTITUIÇÃO FEDERAL, FICANDO SUJEITO AO LEGISLADOR ORDINÁRIO O TRATAMENTO DA MATÉRIA.

Conquanto não tenha enfrentado a questão nesses termos, a decisão proferida pelo Supremo Tribunal, de forma muito clara, traduz a negação da eficácia imediata dos direitos fundamentais de proteção à maternidade e à infância, à medida que não reconheceu a possibilidade de serem aplicadas diretamente à relação jurídica que estava sob julgamento as normas constitucionais que definem esses direitos (artigo 6º, artigo 227, *caput* e § 6º), afastando os efeitos que as decisões das instâncias inferiores já haviam reconhecido a essas normas, e isentando o empregador do dever de respeito aos direitos fundamentais de uma criança, discriminada em decorrência da natureza da filiação.

As normas constitucionais de proteção à infância que deixaram de ser aplicadas ao caso em questão tiveram sua efetividade extremamente fragmentada. Na verdade, naquele caso concreto, essas normas não produziram efeitos, não vincularam o empregador, não o obrigaram a respeitar e garantir o direito do filho adotivo a ter as mesmas prerrogativas constitucionais que um filho biológico teria quanto ao direito fundamental à convivência familiar e, de uma maneira mais ampla, ao próprio direito fundamental à infância, que, naquela situação específica em julgamento, somente seria efetivamente garantido se fosse deferida a licença-maternidade à reclamante.

A doutrina tem reconhecido que o direito fundamental à infância apresenta-se materializado na nossa Constituição Federal por meio do art. 227. O fundamento subjetivo desse direito fundamental se encontra na importância de se resguardar essa fase peculiar do desenvolvimento do ser humano, como período imprescindível à formação da personalidade e que, uma vez ultrapassado, jamais poderá ser resgatado.[310]

Quando o Supremo Tribunal Federal nega o direito da mãe adotiva à licença maternidade, afirmando que tal direito não existe e que está "relegado ao legislador ordinário o tratamento da matéria", na verdade está sustentando eficácia apenas mediata ao direito fundamental à infância frente aos sujeitos privados (no caso os empregadores), isto é, as normas de direitos fundamentais de proteção à infância somente poderão obrigar, vincular os particulares, se houver intermediação do legislador privado.

Seguindo o posicionamento do STF, a única conclusão que se pode chegar é que as normas constitucionais definidoras dos direitos fundamentais da criança não são suficientes, por si mesmas, para impor obrigação aos sujeitos privados; não podem ser utilizadas pelo julgador como normas de conduta, para reconhecer um direito e impor o cumprimento de um dever. Esse dever somente poderia ser imposto aos particulares por meio de lei ordinária.

É como se as normas constitucionais que consagram os diversos direitos fundamentais de proteção às crianças precisassem de um "selo de qualidade"[311] que assegurasse ao julgador a possibilidade de aplicar

---

[310] PEREIRA, Tânia, 2001, p. 97.

[311] Expressão utilizada por João Baptista Villela na abertura do 1º Congresso Brasileiro de Direito de Família, em 1997, ao explicar o que chama de "patológico pendor nacional para a regulamentação". Para o professor mineiro, "a bulimia normativa constitui um dos traços mais persistentes e autoritários da nossa cultura: legisla-se sempre, e cada vez mais, sobre o imaginável e o inimaginável, como se a regra do Estado apusesse aos assuntos uma espécie de selo de qualidade". (VILELLA, 1999, p. 23).

e garantir a efetividade desses direitos fundamentais em determinado caso concreto.

No caso em análise, esse "selo de qualidade" somente ocorreu com o advento da Lei nº 10.421, de 15 de abril de 2002.[312] A partir de então, a resposta sobre o reconhecimento do direito à "licença à gestante" às mães adotivas é fornecida, direta e expressamente, pela legislação infraconstitucional.

Mas os questionamentos em torno da eficácia dos direitos fundamentais de proteção à infância continuam a merecer reflexão mais atenta dos operadores do direito. O simples fato de estar em vigor a Lei nº 10.421/2002 não parece ser suficiente para responder de que forma e em que medida estão os particulares obrigados pelas normas constitucionais definidoras dos direitos fundamentais.

Interessante observar que a 5ª Turma do Tribunal Superior do Trabalho, em julgamentos de outros casos semelhantes, já havia se manifestado, antes da edição da Lei nº 10.421/2002, defendendo o direito da mãe adotante à licença-maternidade em igualdade de condições com a mãe biológica e, após a referida lei, a mesma Turma – tendo por relator o mesmo Ministro –, passou a sustentar a inexistência do referido direito às hipóteses de adoção ocorridas antes da vigência da Lei ordinária.

Eis os fundamentos extraídos do voto do Ministro Gelson de Azevedo antes da vigência da Lei nº 10.421/2002, em decisão proferida em 18.11.1998:

> Discute-se, *in casu*, se a licença à gestante, prevista no art. 7º, XVIII, da CF/88, é aplicável à mãe adotante.
>
> (...)
>
> No referido preceito constitucional, ao se estabelecer a licença maternidade de 120 (cento e vinte) dias, objetiva-se a proteção da criança, que necessita de assistência da mãe no início da vida. Em conseqüência, não se pode diferenciar a mãe biológica da mãe adotante – por certo, quando a adoção se faz em situação semelhante à que permite o afastamento do trabalho da mãe biológica – para a concessão do aludido benefício, porque os filhos respectivos – havidos ou não da relação do casamento, ou por adoção – situam-se no mesmo nível de carecimento, de direitos e de qualificações, nos termos do art. 227, § 6º, da CF/88.
>
> Diante do exposto, nego provimento ao recurso de revista (Grifos).[313]

À unanimidade, seguindo o voto do Relator, os Ministros da 5ª Turma do TST negaram provimento ao Recurso, tendo o acórdão a seguinte Ementa:

---

[312] Lei que estende à mãe adotiva o direito à licença-maternidade e ao salário-maternidade, alterando a Consolidação das Leis do Trabalho, aprovada pelo Decreto-Lei nº 5.452, de 1º de maio de 1943 (modificando a redação do art. 392), e a Lei nº 8.213, de 24 de julho de 1991 (modificando a redação do art. 71).

[313] TST – Recurso de Revista nº 240925, ano: 1996 – Origem: 12ª Região – Recorrente: Artex S/A – Fábrica de Artefatos Têxteis; Recorrida: Elizabete Mendes da Silva – Órgão Julgador: 5ª Turma – Decisão: 18.11.1998 – DJU 11.12.1998, p. 00213.

LICENÇA-MATERNIDADE. MÃE ADOTANTE. A mãe adotante de recém-nascido, cuja integridade objetivam a Constituição e a lei proteger, tem direito à licença-maternidade, em igualdade de condições com a mãe biológica. Inteligência do art. 227, § 6º, da Constituição Federal. Recurso de revista a que se nega provimento.

Esses fundamentos, porém, foram inteiramente abandonados pela mesma 5ª Turma do TST, seguindo o novo entendimento do Ministro Gelson de Azevedo, sustentado após a vigência da Lei nº 10.421/2002, conforme se vê de trechos de seu voto proferido em outro julgamento, realizado em 7.5.2003:

Debate-se, *in casu*, se a licença à gestante, assegurada no art. 7º, XVIII, da Constituição Federal, é aplicável à mãe adotante.
(...)
No referido preceito constitucional, ao se estabelecer a licença-maternidade de 120 (cento e vinte) dias, alude-se ao termo gestante, ou seja, faz-se referência à mãe natural, não se podendo concluir pela aplicação da referida norma à hipótese de adoção. Ademais, na Lei nº 10.421/02, de 15 de abril de 2002, em que se estende à mãe adotiva o direito à licença-maternidade e ao salário-maternidade, alterando-se os arts. 392 da CLT e 71 da Lei nº 8.213/91, estabeleceu-se disposição no seguinte sentido: 'Art. 5º. As obrigações decorrentes desta Lei não se aplicam a fatos anteriores à sua publicação.'
(...)
Diante do exposto nego provimento ao recurso de revista (Grifos).[314]

Nesse julgamento, também à unanimidade, o acórdão da 5ª Turma da Corte superior trabalhista teve a seguinte ementa:

LICENÇA-MATERNIDADE. MÃE ADOTANTE. O direito à licença-maternidade, previsto em benefício da mãe biológica (art. 7º, XVIII, da Constituição Federal), não se estende à mãe adotante de recém-nascido, na hipótese de adoção ocorrida anteriormente a 15 de abril de 2002 (art. 5º, Lei nº 10421/2002). Recurso de revista a que se nega provimento.

Confrontando os dois votos do Ministro Gelson de Azevedo, o primeiro, proferido em 1998, e o segundo, em 2003, percebe-se, de forma bastante pragmática, a importância de enfrentar os questionamentos em torno da eficácia dos direitos fundamentais frente aos particulares e assumir um posicionamento sobre a vinculação dos sujeitos privados às normas definidoras de direitos fundamentais.

Afinal, as normas inseridas no art. 227, *caput* e § 6º, da Constituição Federal amparam ou não os direitos fundamentais à infância e à convivência familiar a todas as crianças (independentemente da forma do vínculo de filiação)? Os sujeitos privados são também destinatários dessas normas, vinculados na condição de obrigados a um dever de respeito? Enfim, se essas normas impõem deveres também aos sujeitos privados, pode o julgador aplicá-las na solução dos conflitos entre particulares levados à sua apreciação, garantindo a efetividade imediata desses preceitos constitucionais em cada caso concreto, ou somente

---

[314] TST – Recurso de Revista nº 480958, ano: 1998 – Origem: 15ª Região – Recorrente: Ivanete de Freitas Alves;e Recorrida: ITAMED-Itaupeva Assistência Médica S/C Ltda. – Órgão Julgador: 5ª Turma – Decisão: 7.5.2003 – DJU 23.5.2003.

Direitos Fundamentais e Relações Familiares

as leis ordinárias podem impor (aos particulares) o dever de respeito aos direitos fundamentais já amparados pela Constituição Federal?

De acordo com entendimento sustentado pelo TST, na última decisão acima referida (de 7.5.2003), parece que a Lei n° 10.421/2002 representa muito mais do que um "selo de qualidade" dos direitos fundamentais de proteção à infância. É como se essa lei ordinária representasse, para os sujeitos privados (no caso os empregadores), o termo inicial da própria vigência do art. 227, *caput* e § 6°, da Constituição Federal.

Na prática, foi exatamente essa a conseqüência extraída da decisão do Superior Tribunal do Trabalho. Pois de acordo com o último posicionamento da 5ª Turma dessa Corte, antes de 15 de abril de 2002 (por força do art. 5° da Lei n° 10.421/2002) os empregadores não estavam obrigados a respeitar o § 6° do art. 227 da Constituição; não estavam obrigados a reconhecer igualmente a todas as crianças (independentemente da filiação biológica ou adotiva) o direito fundamental à convivência familiar, amparado de forma mais intensa aos recémnascidos por meio da licença-maternidade de 120 dias.

Esse posicionamento, na mesma linha do entendimento do Supremo Tribunal Federal, reflete eficácia apenas mediata dos direitos fundamentais, restringindo sua efetividade.

Ao contrário, o entendimento defendido pelo Tribunal Regional do Trabalho da 4ª Região possibilita o reconhecimento de eficácia imediata dos direitos fundamentais garantidos no art. 227 da Constituição, à medida que extraiu diretamente dessas normas os comandos para a solução do litígio que estava sob sua apreciação, permitindo alcançar, naquele caso concreto, maior efetividade das normas constitucionais que definem os direitos fundamentais de amparo à infância.

Em outro caso semelhante, o TRT da 4ª Região, mantendo o mesmo entendimento sustentado no julgamento anteriormente descrito, defendeu, de forma ainda mais contundente, a aplicação direta do art. 227, *caput* e § 6°, da Constituição Federal, para o reconhecimento da licença-maternidade à mãe adotiva, mesmo em situações anteriores à Lei n° 10.421/2002, conforme o voto da Juíza-Relatora, de onde se extraíram os trechos adiante transcritos.[315]

---

[315] Processo n° 01280.004/01-0 (Recurso Ordinário) – Recorrente: Irmandade da Santa Casa de Misericórdia de Porto Alegre; Recorrida: Cristiane Magalhães Sequeira de Campos Morais. – Juíza Relatora: BEATRIZ ZORATTO SANVICENTE – J: 12.12.2002 – Publicação: 20.1.2003 – EMENTA: "LICENÇA-MATERNIDADE. MÃE ADOTANTE. A concessão de licença-maternidade à mãe-adotante encontra amparo no disposto no *caput* do art. 227, bem como no § 6° do mesmo artigo da Constituição Federal, dispositivos estes que estabelecem ser dever da família, da sociedade e do Estado impedir qualquer forma de discriminação à criança, garantidos aos filhos adotivos os mesmos direitos e proibidas quaisquer designações discriminatórias relativas à filiação. Apelo negado".

A pretensão deduzida na inicial é de ser reconhecido à mãe adotante o direito ao gozo da licença-maternidade concedido à mãe biológica.
Segundo descrito na inicial, em 27.11.2001 a recorrida obteve a guarda judicial de uma criança nascida em 3.11.2001 (documento da fl. 17), iniciando-se ali o processo de adoção. Ao encaminhar à reclamada o pedido de concessão da licença-maternidade (fl. 15), não obteve êxito, pois o empregador entendeu incabível conceder tal benefício à mãe adotante (fl. 16).
Muito embora à época do ajuizamento da ação inexistisse legislação específica aplicável à matéria em comento, hoje regulamentada pela Lei nº 10.421 de 15.04.2002, o direito ora vindicado encontra amparo na própria Constituição Federal, através dos seguintes dispositivos: "Art. 6º – São direitos sociais a educação, a saúde, o trabalho, a moradia, o lazer, a segurança, a previdência social, a proteção à maternidade e à infância, a assistência aos desamparados, na forma desta Constituição".
"Art. 203 – A assistência social será prestada a quem dela necessitar, independentemente de contribuição à seguridade social, e tem por objetivos:
I – a proteção à família, à maternidade, à infância, à adolescência e à velhice;
II – o amparo às crianças e adolescentes carentes".
"Art. 227 – É dever da família, da sociedade e do Estado assegurar à criança e ao adolescente, com absoluta prioridade, o direito à vida, à saúde, à alimentação, à educação, ao lazer, à profissionalização e à cultura, à dignidade, ao respeito à liberdade e à convivência familiar e comunitária, além de colocá-los a salvo de toda forma de negligência, discriminação, exploração, violência, crueldade e opressão.
(...)
§ 6º – Os filhos, havidos ou não da relação do casamento, ou por adoção, terão os mesmos direitos e qualificações, proibidas quaisquer designações discriminatórias relativas à filiação".
O reconhecimento de que a reclamante faz jus à licença-maternidade encontra guarida principalmente no disposto no art. 227, 6º, da Constituição Federal, acima transcrito. Imperioso reconhecer que, por aplicação do disposto na própria Constituição Federal, o filho adotivo não pode ser discriminado em relação ao filho natural, merecendo, portanto, o mesmo tratamento. Se o filho adotivo não pode ser discriminado em relação ao filho natural, parece lógico deva ser assegurado à mãe adotante os mesmos direitos da mãe biológica, pois, mesmo não tendo havido a gravidez, há a maternidade. Discorda-se do posicionamento expendido pelo representante do Ministério Público do Trabalho (fls. 127/128), pois, *a toda evidência, o espírito da legislação que norteia a concessão da licença-maternidade não é o de proteger a mãe, e sim a criança, que nos primeiros momentos da sua existência tanto necessita dos cuidados maternos. Nesse sentido o disposto no art. 6º da Constituição Federal, ao incluir entre os direitos sociais a proteção não só à maternidade mas também à infância* (Grifos).

O que se observa dos fundamentos dessa última decisão do TRT da 4ª Região, é que, não obstante a regulamentação expressa pelo legislador ordinário, a obrigação do empregador em reconhecer à mãe adotiva, em igualdade de condições, os mesmos direitos garantidos à mãe biológica é considerada como dever que se extrai da norma constitucional, decorrente do próprio direito fundamental insculpido no § 6º do art. 227. Ao contrário, a afirmação de que esse direito depende da intermediação do legislador implica negar-lhe o próprio caráter de direito fundamental, relegando-o simplesmente a posição de direito subjetivo qualquer, de nível legal, infraconstitucional.

Outra conclusão não se pode extrair da decisão do Supremo Tribunal Federal, no julgamento proferido em 27.8.2002, em sede de

Direitos Fundamentais e Relações Familiares

Agravo Regimental no Recurso Extraordinário n° 222560/RS, cujo acórdão apresenta a seguinte ementa:[316]

CONSTITUCIONAL. RECURSO EXTRAORDINÁRIO. OFENSA À CONSTITUIÇÃO. INOCOR-RÊNCIA. CONTENCIOSO DE DIREITO COMUM. I- Distinção entre mãe biológica e mãe adotiva: questão que integra o contencioso comum. II- Agravo não provido.

Se antes da vigência da Lei n° 10.421/2002, o Supremo sustentava que não existia nenhum direito fundamental a ser garantido à mãe adotante, pois a matéria deveria ser subordinada ao legislador ordinário, após a referida Lei, o Supremo apenas reafirma que tal direito, agora expressamente regulado, não se inclui dentre os direitos fundamentais amparados pela Constituição, trata-o como assunto que compete exclusivamente ao legislador ordinário e, conseqüentemente, qualquer controvérsia quanto a ele não se reveste de natureza constitucional.

No caso específico do Recurso Extraordinário 222560/RS, acima citado, o fato de ter sido negado seguimento ao recurso (daí a interposição do agravo a que se refere a ementa transcrita), acabou favorecendo, na prática, a empregada (recorrida) a quem o julgamento em instância inferior já havia reconhecido o direito à licença.

O perigo que se esconde por trás desse posicionamento, porém, é o que ele representa para o próprio papel da justiça constitucional. Mais do que negar a vinculação do empregador às normas definidoras dos direitos fundamentais de proteção à infância, acaba negando a vinculação do próprio julgador constitucional.

11. Separação de corpos e afastamento compulsório do lar conjugal

Outra situação escolhida para análise prática da eficácia dos direitos fundamentais nas relações familiares refere-se ao pedido de tutela jurisdicional que visa a compelir um dos cônjuges (ou um dos companheiros) a se retirar do lar conjugal.

O que se pretende analisar, principalmente, são os fundamentos materiais – e não apenas os aspectos processuais – que justificam uma ordem judicial que acaba por privar um dos membros da família do convívio diário com seus familiares, retirando-o de seu próprio lar.

O Código Civil não prevê expressamente, como um direito subjetivo dos cônjuges – ou dos companheiros na união estável – as hipóteses que justificariam compelir a saída de um deles do lar

---

[316] STF – 2ª Turma – Relator Ministro Carlos Velloso – Julgamento: 27.08.2002 – Publicação: DJU 20.09.2002, p. 00112 – Partes: Agravante: Caixa Econômica Federal; Agravada: Dirce Maria Gobi Turra.

conjugal. Na verdade, a separação de corpos a que se refere o artigo 1.562 do Código Civil em vigor (correspondente ao artigo 223 do Código de 1916) é amparada como medida preparatória que antecede a ação de anulação, de nulidade, de separação, de divórcio ou de dissolução de união estável. Medida que deverá ser concedida pelo juiz se comprovada sua necessidade.[317]

Pode-se até argumentar que a lei civil apresenta então algum critério para a concessão da separação de corpos – ainda que bastante vago diante da indeterminação do conceito de "necessidade" – mas nenhum critério é oferecido para afirmar "se" e "qual" dos cônjuges (ou companheiros) tem efetivamente o direito de exigir do outro que se retire da residência da família.

Diferente – e bem menos controversa – a situação em que um dos consortes requer judicialmente autorização para o seu próprio afastamento da residência do casal. Nesses casos, não há restrição à liberdade de qualquer dos sujeitos da relação familiar. Ao contrário, trata-se de garantia à liberdade dos conviventes em querer permanecer ou não na relação conjugal. E em decorrência do próprio direito fundamental de liberdade, não se pode negar o direito, de ambas as partes de uma relação afetiva, em não ser constrangido a residir com quem não tem mais o *animus* de comungar sua vida, o direito de não ser constrangido a morar onde não mais se sente abrigado.[318]

O que se quer questionar aqui são os fundamentos que justificam a tutela jurisdicional em favor de um dos conviventes, reconhecendo-lhe o direito de permanecer no lar conjugal e constrangendo o outro a sair do lugar em que tinha intenção de permanecer.

Não obstante a expressa previsão legal do dever dos cônjuges ao "respeito e consideração mútuos" (Código Civil, art. 1.566, V), bem como dos deveres de "lealdade, respeito e assistência" entre os companheiros (Código Civil, art. 1.724), essas normas de direito privado,

---

[317] "Art. 1.562. Antes de mover a ação de nulidade do casamento, a de anulação, a de separação judicial, a de divórcio direto ou a de dissolução de união estável, poderá requerer a parte, comprovando sua necessidade, a separação de corpos, que será concedida pelo juiz com a possível brevidade".

[318] "MEDIDA CAUTELAR – Concubinato. Separação de corpos c/c a guarda de filhos menores. Companheira. A lei não veda a um dos concubinos a possibilidade de requerer judicialmente o seu afastamento da residência comum do casal, sendo-lhe lícito recorrer ao poder de cautela quando ocorrentes o fumus boni iuris e periculum in mora (TJMG – AC 157.938-2 – 3ª C.Cív. – Rel. Des. Aloysio Nogueira – DJMG 03.08.2000)". *Revista Brasileira de Direito de Família*, Porto Alegre: Síntese, IBDFAM, n. 7, p. 125, out-nov-dez. 2000.
"CONCUBINATO – Medida cautelar inominada. Cautela prevista no art. 798 do CPC, utilizada por concubina que pretende se afastar do imóvel em que coabita com seu companheiro. Admissibilidade, diante da finalidade de fixar o termo inicial da extinção da comunhão, bem como de fazer cessar o dever de fidelidade (TJSP – Ap 162.047-4/1 – (SJ) – 3ª C. – Rel. Des. Waldemar Nogueira Filho – J. 03.10.2000)". *Revista Brasileira de Direito de Família*, Porto Alegre: Síntese, IBDFAM, n. 10, p. 136, jul-ago-set. 2001.

Direitos Fundamentais e Relações Familiares

isoladamente consideradas, não são suficientes expressar propriamente a existência de direito subjetivo de um dos consortes em afastar o outro do lar conjugal.

É no plano processual – muito mais do que nas leis civis – que grande parte das decisões judiciais tem encontrado os argumentos que fundamentam o afastamento compulsório de um dos cônjuges (ou de um dos companheiros) do lar conjugal. Justificam, assim, a ordem judicial de afastamento compulsório seja sob a forma de medida cautelar específica, na hipótese de existência de vínculo matrimonial formal (Código de Processo Civil, art. 888, VI),[319] seja como medida cautelar inominada, decorrente do poder geral de cautela (Código de Processo Civil, art. 798), invocado nos pedidos de afastamento entre conviventes em união estável.[320]

É também na lei processual que os juízes de família buscam ainda os critérios para apreciar a urgência da necessidade em ordenar a saída de um dos companheiros do lar conjugal, verificando se, em cada caso concreto, apresenta-se o *fumus boni iuris* e o *periculum in mora*.

Mas se por um lado esses critérios orientam o poder de cautela do julgador, por outro, não são suficientes para fundamentar materialmente o direito de um dos cônjuges em relação ao outro, para exigir-lhe a saída do lar comum.

O afastamento compulsório do lar conjugal, mais do que demonstração do poder de cautela, é um dos exemplos emblemáticos de intromissão do Estado na comunidade familiar – assim como a destituição da guarda, a suspensão ou extinção do poder familiar, a proibição do exercício do direito de visita, dentre outros exemplos – é uma das formas incisivas de intervenção do Estado na esfera mais íntima dos sujeitos da relação familiar, devassando sua privacidade e interferindo na liberdade do casal em conduzir os destinos da vida familiar.

Desde já, é importante ressaltar que a situação escolhida para análise visa a reafirmar, na prática, o entendimento que se sustenta nesse trabalho no sentido de que a intervenção do Estado na comunidade familiar somente se justifica quando exercida em função da garantia dos direitos fundamentais dos sujeitos que integram esse grupo familiar. É o que se pretende demonstrar na apreciação dos casos concretos selecionados.

De um lado, a situação pode ser analisada com ênfase aos critérios apresentados pela lei processual, como exemplificam as ementas abaixo:

---

[319] "Art. 888 – O juiz poderá ordenar ou autorizar, na pendência da ação principal ou antes de sua propositura: (...) VI – o afastamento temporário de um dos cônjuges da morada do casal";

[320] "Art. 798 – Além dos procedimentos cautelares específicos, que este Código regula no Capítulo II deste Livro, poderá o juiz determinar as medidas provisórias que julgar adequadas, quando houver fundado receio de que uma parte, antes do julgamento da lide, cause ao direito da outra lesão grave e de difícil reparação".

SEPARAÇÃO DE CORPOS – PROCEDÊNCIA EM PRIMEIRO GRAU – Sentença que fez breve consideração a respeito de fatos que devem ser enfrentados na ação principal, apenas para demonstrar o fumus boni iuris, sem qualquer prejulgamento. Nulidade inocorrente. Honorários devidos (TJPR – AC 118.550-2 – 7ª C.Cív. – Rel. Des. Mendonça de Anunciação – DJPR 20.5.2002).[321]

CONCUBINATO – Afastamento do concubino da residência comum dos companheiros. Medida acautelatória. Admissibilidade. Admissível o pedido de afastamento do concubino da residência comum dos companheiros, não como cautelar de separação de corpos, mas como cautelar inominada, competindo a quem o requerer a demonstração da fumaça do bom direito e do perigo da demora (TJMG – AI 168.515-5/00 – 4ª C.Cív. – Rel. Des. Corrêa de Marins – DJMG 22.11.2000).[322]

SEPARAÇÃO DE CORPOS, PREPARATÓRIA DE SEPARAÇÃO JUDICIAL – Retirada do cônjuge varão, liminarmente, do lar conjugal, com oitiva de uma única testemunha, sem a presença do réu. Ausência de demonstração do *periculum in mora*. Agravo de Instrumento. Liminar de efeito suspensivo concedida (TJMG – AG 000.185.156-7/00 – 2ª C.Cív. – Rel. Des. Rubens Xavier Ferreira – J. 7.11.2000).[323]

Mas os critérios processuais que orientam as medidas de urgência deixam em aberto muitos questionamentos que reclamam o complemento de outros fundamentos. Afinal, o pedido de separação de corpos deve demonstrar a "fumaça", a aparência ou a verossimilhança, de que direitos? Que direitos do cônjuge (sujeitos ao "perigo da demora") estão sendo ameaçados ou lesados e que dificilmente serão reparados se não for determinado o afastamento de seu consorte? Enfim, que direitos são tão relevantes a ponto de justificar seu amparo por meio de medida de extrema interferência na vida conjugal?

É exatamente do outro lado do aspecto processual do problema que esses questionamentos se localizam. Suas respostas não estão na relação processual que se dá com intermediação do julgador (pelo menos não exclusivamente). É necessário procurar na relação material entre os sujeitos da relação familiar quais os direitos e deveres que os vinculam nessa relação.

Somente a análise da relação jurídica material entre os familiares e a compreensão dos direitos que fundamentam essa relação familiar, vinculando os sujeitos que a integram, poderá justificar a imposição coercitiva de uma conduta (no caso a saída compulsória do lar) a um dos integrantes desse grupo familiar.

A decisão judicial que condena determinado sujeito da relação familiar a ser retirado compulsoriamente do lar conjugal deve, por certo, em sua fundamentação, reconhecer a outro(s) membro(s) da família o direito material que vinculava o condenado na condição de

---

[321] *Revista Brasileira de Direito de Família*, Porto Alegre: Síntese, IBDFAM, n. 15, p. 125, out-nov-dez. 2002.

[322] *Revista Brasileira de Direito de Família*, Porto Alegre: Síntese, IBDFAM, n. 9, p. 118, abr-mai-jun. 2001.

[323] *Revista Brasileira de Direito de Família*, Porto Alegre: Síntese, IBDFAM, n. 9, p. 120, abr-mai-jun. 2001.

Direitos Fundamentais e Relações Familiares

obrigado. Caso contrário, impondo obrigação sem vinculação a qualquer direito de quem a requereu, será uma decisão arbitrária.

É nesse plano – em torno do aspecto material do problema – que se pretende analisar a eficácia dos direitos fundamentais nas relações familiares, a partir da compreensão de qual o papel dos sujeitos integrantes do grupo familiar em face dos direitos fundamentais uns dos outros e de que forma estão vinculados às normas definidoras desses direitos.

As normas constitucionais de direitos fundamentais que estão diretamente relacionadas à análise dessas situações são aquelas inspiradas no valor funcional (e não meramente institucional) da família. Valor consubstanciado na função serviente da família enquanto instrumento de promoção da dignidade humana, lugar de desenvolvimento e estruturação da personalidade dos sujeitos que integram a relação familiar.

Esse aspecto valorativo que permeia a concepção instrumental de família encontra-se materializado na Constituição Federal, por exemplo, nos §§ 7º e 8º do art. 226. Deles se pode extrair o direito fundamental à proteção da família contra qualquer forma da violência, definindo a norma constitucional a proteção da família, não enquanto instituição, mas sim como proteção e assistência da família "na pessoa de cada um dos que a integram" (art. 226, § 8º). Inspiradas nos mesmos valores, a norma constitucional também delimita o direito fundamental à liberdade de decisão de cada um dos membros da sociedade conjugal, não apenas reconhecendo o princípio fundamental da igualdade (art. 226, § 5º), mas também definindo que essa liberdade de decisão do casal deve ser responsável e fundada no respeito à dignidade humana (art. 226, § 7º).

Assim, quando uma decisão reconhece aos conviventes em união estável a possibilidade de utilização de medida processual prevista para amparar os membros de união matrimonial formal, como a separação de corpos, não o faz somente em decorrência dos deveres previstos pelo direito privado para os membros de união estável, mas principalmente – e acima de tudo – em decorrência do direito fundamental de proteção estatal à família. E, repita-se, quando a norma constitucional estabelece a proteção do Estado a toda e qualquer entidade familiar – decorrente ou não do casamento – é em função da garantia dos direitos fundamentais dos membros desse agrupamento social. Essa proteção estatal somente se justifica a partir dos valores que emanam das normas constitucionais e que permeiam a função serviente da família, enquanto lugar de formação e desenvolvimento digno dos sujeitos que a integram.

Parece ter sido orientada por esse enfoque a decisão do Superior Tribunal de Justiça, proferida em 4 de junho de 1991, cujo acórdão apresenta a seguinte ementa:

Direito e processo civil. Concubinato. União Estável. Cautelar. Afastamento coercitivo do concubino do lar. Cautelar inominada. Admissibilidade. Condições da ação. Apreciação de ofício. Recurso conhecido e provido.

I – Em face do novo sistema constitucional, que, além dos princípios de igualdade jurídica dos cônjuges e dos filhos prestigia a 'união estável' como 'entidade familiar', protegendo-a expressamente (Constituição, art. 226, § 3º), não pode o judiciário negar, aos que a constituem, os instrumentos processuais que o ordenamento legal contempla.

II – A cautelar inominada (CPC, art. 798) apresenta-se hábil para determinar o afastamento do concubino do imóvel da sua companheira quando ocorrentes os seus pressupostos.

III – Nos termos da lei (CPC, arts. 267, § 3º e 301, § 4º) ao judiciário incumbe apreciar, mesmo de ofício, os requisitos de admissibilidade da tutela jurisdicional, a saber, pressupostos processuais e condições da ação (STJ – 4ª Turma – Relator Ministro Sálvio de Figueiredo – Recurso Especial nº 10.113-SP – Publicação: DJ 9.9.1991, p. 12210).

Nesse julgamento, os argumentos apresentados para justificar o acolhimento da pretensão de afastar o companheiro do lar conjugal não se limitaram aos critérios da lei processual, mas também foram apresentados fundamentos substantivos à medida que levados em conta (ainda que não analisados com profundidade) alguns direitos dos familiares que se encontravam ameaçados pelo companheiro, a quem se dirigiu o pedido de afastamento, além do direito à proteção estatal. É o que se pode verificar do voto do relator, de onde se extraem os trechos adiante transcritos:

(...) A lei não veda a um dos concubinos a possibilidade de requerer judicialmente o afastamento do outro do lar em que convivem, sendo-lhe lícito recorrer ao poder de cautela quando ocorrentes o *fumus boni iuris* e o *periculum in mora*, anotando-se que, na espécie, a autora alegou violências reiteradas do seu companheiro, além de infidelidade na relação.

(...) O novo sistema constitucional, em termos de Direito de Família, sustentando-se na igualdade jurídica dos cônjuges e dos filhos, reconhece igualmente a "união estável" entre o homem e a mulher, qualificando-a como "entidade familiar", determinando expressamente que o Estado (...) também a proteja juridicamente.

(...) Garantir a integridade física da companheira e resguardar os filhos dos maus exemplos em sua formação constituem obrigação a que o Estado Judiciário não pode furtar-se quando procurado.

Outro argumento do relator se refere ao direito de propriedade da companheira, afirmando em certo trecho de seu voto que "até prova em contrário, o imóvel residencial pertence à autora, em cujo nome se encontra registrado". Argumento que também se encontrou espelhado na ementa que afirmou ser cabível a medida cautelar inominada "para determinar o afastamento do concubino do imóvel de sua companheira".

Não obstante, o que é interessante observar na argumentação do relator é a relevância atribuída aos direitos de caráter pessoal dos familiares. De acordo com o referido voto, o relator afirma a obrigação do Judiciário em garantir os direitos fundamentais dos familiares, pois, embora não tenham sido nominados dessa forma pelo magistrado (como direitos fundamentais), é exatamente o direito a integridade física da companheira, juntamente com o direito dos filhos em conviver

Direitos Fundamentais e Relações Familiares

149

num ambiente propício a sua formação, que são apresentados pelo relator como a razão maior da proteção do Estado-Juiz.

Mais especificamente no viés abordado pelo presente trabalho, o que se quer demonstrar com análise dessa situação concreta é que, se pelo aspecto processual, foi pela intermediação do Estado-Juiz que se garantiu a eficácia dos direitos fundamentais à integridade física da companheira e à formação e desenvolvimento digno dos filhos, sob o enfoque material, o que se verifica é a violação dos direitos fundamentais desses familiares por sujeito particular que integra essa relação familiar.

O que se questiona, nesse passo, não é o papel – e a importância indiscutível – do julgador na garantia da eficácia das normas definidoras de direitos fundamentais, também nas relações familiares. O que se quer chamar a atenção é a necessidade de uma compreensão sobre qual o papel dos sujeitos que integram a relação familiar em face dos direitos fundamentais uns dos outros.

No caso levado à apreciação do Superior Tribunal de Justiça, de cuja decisão se transcreveram alguns trechos acima, pode-se afirmar que a decisão acabou por reconhecer, mesmo que não expressamente, a vinculação do companheiro afastado, na condição de obrigado ao dever de respeito aos direitos fundamentais de sua companheira e de seus filhos, tanto assim que foi condenado a se afastar do lar exatamente por violação desses direitos.

Ressalte-se que essa decisão foi proferida antes da edição das leis que regulamentaram a união estável e definiram os direitos e deveres entre os conviventes – a Lei nº 8.971, de 29.12.1994 (que regula o direito a alimentos e à sucessão); e a Lei nº 9.278, de 10.05.1996 (que regula o § 3º do art. 226 da Constituição, definindo os direitos e deveres entre os companheiros que convivem em união estável). Portanto, a vinculação do companheiro aos direitos fundamentais, nesse caso concreto, mostra-se, de maneira ainda mais clara, como vinculação direta às normas constitucionais, um vínculo que obriga reciprocamente os membros de toda forma de entidade familiar ao dever de respeito aos direitos fundamentais. Ou, dito em outras palavras, a decisão em questão reconheceu – ainda que não expressamente – eficácia imediata dos direitos fundamentais frente aos sujeitos da relação familiar, obrigados a respeitar as normas constitucionais, mesmo na ausência de normas regulamentadoras no âmbito do direito privado.

Essa decisão do STJ (Recurso Especial nº 10.113-SP) tem sido invocada como precedente a influenciar a fundamentação de outros julgamentos, inclusive do mesmo Tribunal, e os argumentos que a fundamentaram têm sido retomados e desenvolvidos, deixando ainda mais evidente a necessidade de um posicionamento mais claro em torno dos aspectos materiais da vinculação dos familiares aos direitos fundamentais.

Nesse sentido, cabe transcrever alguns trechos do voto do Ministro Ruy Rosado de Aguiar, Relator na decisão de um recurso em Mandado de Segurança, julgado também pela 4ª Turma do Superior Tribunal de Justiça, em 24 de abril de 1995:

1. A sentença que julgou extinto o processo teve por fundamento: a) "não pode a autora, com fundamento na norma processual aludida, pleitear a separação de corpos que a lei só defere aos casados regularmente"; b) "a autora é livre para seguir seu destino, já que não há qualquer vínculo legal a impedi-la".

Penso que essas duas motivações estão em descompasso com a Constituição da República, que protege a família, sem adjetivação, base da sociedade e merecedora de especial proteção do Estado, esteja ela presente no casamento, ou na união estável (art. 226, § 3º). Ao afirmar que a autora é livre para abandonar o lar, está desconhecendo a legislação sobre a guarda e proteção dos filhos, pois do concubinato resultou uma filha, vivendo em companhia de ambos os pais e, também, a regra do art. 226, § 8º, da mesma Constituição, que assegura a cada um dos que integram a família mecanismos para coibir a violência no âmbito de suas relações.

2. A mulher que vem a juízo alegar que o concubino maltrata a ela e à filha, com agressões e ameaças físicas e sexuais, tem o direito de ver examinada a sua pretensão pelo Estado-Juiz. Direito líquido e certo, cuja urgência decorre da própria realidade da vida e dos fatos alegados. A decisão que simplesmente extingue o processo, com os fundamentos antes aduzidos, viola frontalmente tais preceitos.

3. Não se trata de estabelecer, como afirmado no v. acórdão recorrido, a existência de um direito líquido e certo de receber o deferimento da prestação cautelar solicitada, mas de reconhecer a legitimidade da autora e a pertinência da providência judicial requerida (STJ – 4ª Turma – Relator Ministro Ruy Rosado de Aguiar – Recurso Ordinário em Mandado de Segurança nº 5422-SP – Publicação: DJ 29.5.1995, p. 15517).

Os argumentos apresentados nesse julgamento, da mesma forma que aduzidos no julgamento anterior, invocam expressamente as disposições constitucionais referente aos direitos fundamentais referentes à proteção à família e reconhecem a vinculação do Estado-Juiz aos referidos dispositivos, quando afirmam que o companheiro vitimado pelas agressões do outro tem o direito líquido e certo de invocar a tutela jurisdicional do Estado para coibir qualquer violência no âmbito das relações familiares (seja por força do § 8º do art. 226 da Constituição, ou do § 3º do mesmo artigo). Essa linha de argumentação, não obstante sua importância para se reconhecer a legitimidade dos conviventes em união estável no pedido de separação de corpos, é insuficiente para fundamentar uma decisão que, além de considerar "pertinente" a providência judicial, também a julga procedente e defere o pedido de afastamento compulsório.

Percebe-se nas entrelinhas desse voto a importância da distinção dos aspectos material e processual da eficácia dos direitos fundamentais entre os sujeitos particulares, não obstante estreitamente ligados. Paralelamente ao aspecto processual – em torno da legitimidade daquele que requer a medida cautelar de separação de corpos e da pertinência do pedido a todas as formas de relações familiares – é

Direitos Fundamentais e Relações Familiares

preciso que se analise de maneira clara, no âmbito da relação material, os direitos e deveres que, por meio das normas constitucionais de direitos fundamentais, vinculam os sujeitos integrantes de uma relação familiar. Quais os direitos fundamentais da companheira, que no caso concreto foram violados ou ameaçados? Que deveres deixaram de ser cumpridos pelo companheiro? Enfim, quais as obrigações dos sujeitos de uma relação familiar em face dos direitos fundamentais de proteção à família?

Em outro julgamento, o mesmo Ministro Ruy Rosado de Aguiar afirma em seu voto:

> Assim como o cônjuge tem o direito de ser respeitado pelo outro, a mesma exigência se há de fazer, e o mesmo direito se há de reconhecer em favor de quem integra uma relação estável (STJ – 4ª Turma – Relator Ministro Ruy Rosado de Aguiar – Recurso Especial nº 93582-RJ – Publicação: DJ 9.9.1996, p. 32372).

Mas esse "respeito" que é devido pelos cônjuges (ou pelos companheiros) refere-se a que direitos? O desrespeito a que direitos justificam e demonstram "a pertinência" da medida coercitiva de afastamento do lar conjugal? O descumprimento de que obrigações que vinculam os companheiros podem fundamentar a procedência, o deferimento, do pedido de afastamento compulsório?

Nesse último julgamento, afirma o relator:

> O que se quer é preservar *valores_éticos*, presentes no casamento e fora dele, *violados pelo comportamento de um dos companheiros*, dando margem à adoção de providências cautelares (Grifos).

São exatamente os direitos fundamentais de proteção à família que traduzem esses valores éticos, alicerçando, nesse caso concreto, a decisão que considera pertinente e também procedente o pedido de afastamento compulsório do lar conjugal.

A pertinência dessa medida também nas relações familiares constituídas por uniões estáveis foi reconhecida pelo Superior Tribunal de Justiça exatamente em função dos valores espelhados nos direitos fundamentais de proteção à família, que visam a amparar não a instituição da família em si mesma, mas os sujeitos que a integram, independentemente da forma de constituição do vínculo familiar.

Os mesmos valores que justificam, abstratamente, as normas constitucionais de proteção à família fundamentam também o afastamento compulsório do lar conjugal quando, no plano concreto, essa medida representar a garantia de efetividade dessas mesmas normas.

E no âmbito específico da proteção à família, repita-se, o valor preponderante é, sem dúvida, a função serviente do agrupamento familiar, que implica a compreensão da família enquanto instrumento de desenvolvimento e estruturação da personalidade de seus membros e enquanto instrumento de realização das exigências humanas. São esses valores que inspiram a norma constitucional que afirma o direito de "assistência à família na pessoa de cada um dos que a integram" (art. 226, § 8°) e que impõe ao Estado, à sociedade e também à própria família o dever de "coibir a violência" no âmbito das relações familiares e colocar os sujeitos que integram a família "a salvo de toda forma de negligência, discriminação, exploração, violência, crueldade e opressão". E, portanto, mais do que um dever de respeito, a família – entenda-se aqui cada um dos que a integram – tem o dever de promover, garantir, "assegurar" (art. 227) os direitos fundamentais de seus membros ("à vida, à saúde, à alimentação, à educação, ao lazer, à profissionalização, à cultura, à dignidade, ao respeito, à liberdade e à convivência familiar e comunitária" ...).

É o dever de respeito a esses direitos fundamentais e o dever de assegurar os valores que inspiram esses mesmos direitos fundamentais, no âmbito da concepção instrumental da família, que devem vincular reciprocamente os sujeitos da relação familiar.

É o descumprimento desse dever de respeito, é a observância dessa obrigação imposta diretamente pela norma constitucional aos integrantes da entidade familiar, que deve indicar, não apenas "a pertinência", mas a procedência, o deferimento em cada caso concreto, da medida que afasta compulsoriamente um dos sujeitos da família da residência comum dos familiares.

É impossível ao legislador privado estabelecer critérios legais rígidos para a solução dos conflitos familiares que envolvem os direitos fundamentais amparados constitucionalmente. E ainda que se possa – e se deva – recorrer a normas de direito civil que regulem os direitos e deveres entre os cônjuges e também entre os companheiros, é imperioso que se verifique, caso a caso, se a retirada compulsória do lar conjugal apresenta-se como medida necessária para a garantia de direitos fundamentais. É a eficácia dos direitos fundamentais de amparo à família que deve ser a razão principal da ordem judicial de afastamento, independentemente da existência ou não da regulamentação pelo Direito Civil. São as normas constitucionais que estarão, em primeiro plano, a incidir na relação familiar adequando-a aos valores funcionais da família.[324]

Somente por meio da análise da violação de direitos fundamentais em situações subjetivas, distintas em cada relação familiar, pode o

---

[324] Referindo-se à aplicabilidade direta das normas constitucionais às relações jurídicas de direito civil, de uma maneira geral, Pietro Perlingieri afirma: "A norma constitucional torna-se a razão primária e justificadora (e todavia não a única, se for individuada uma normativa ordinária aplicável ao caso) da relevância jurídica de tais relações, constituindo parte integrante da normativa na qual elas, de um ponto de vista funcional se concretizam. Portanto, a normativa constitucional não deve ser considerada sempre e somente como mera regra hermenêutica, mas também como norma de comportamento, idônea a incidir sobre o conteúdo das relações entre situações subjetivas, funcionalizando-as aos novos valores" (PERLINGIERI, 1999, p. 12).

Direitos Fundamentais e Relações Familiares

julgador avaliar a necessidade e a urgência da medida. É o que ocorre, por exemplo, quando a desigualdade real existente entre os parceiros leva um deles a uma tal situação de sujeição e subordinação que, sem a tutela jurisdicional, não teria como preservar a própria função da família como lugar de desenvolvimento digno de seus membros.

E não apenas o critério da (des)igualdade real entre os consortes, mas também o próprio critério da irreversibilidade dos danos causados aos direitos dos familiares (implícito no argumento do *periculum in mora*), somente poderá ser analisado com mais clareza sob o enfoque material do vínculo imediato dos sujeitos da relação familiar aos direitos fundamentais amparados pelas normas constitucionais de proteção à família.

Somente a análise da relação material que vincula os companheiros, em entidade familiar específica, pode demonstrar se um deles descumpriu seu dever de respeito aos valores servientes que deveriam inspirar aquela família; se sua conduta violou a obrigação de assegurar aos demais membros daquela família o exercício de algum de seus direitos fundamentais, enfim, se deixou de cumprir sua parte na obrigação recíproca dos companheiros em edificar ambiente familiar que permita o desenvolvimento das pessoas que o integram.

Somente uma decisão que tem como ponto de partida os valores que inspiram as normas constitucionais de proteção da família e como objetivo a garantia da eficácia dos direitos fundamentais nas relações familiares é capaz de fornecer solução equivalente a uma "roupa sob medida", ajustando-se à relação familiar específica que reclama a tutela jurisdicional.[325]

É possível alcançar uma eficácia mais ampla dos direitos fundamentais no âmbito da família se, reconhecendo que os sujeitos de relação familiar estão obrigados a respeitar esses direitos fundamentais, puder atribuir-se ao julgador a possibilidade de aplicar diretamente as normas constitucionais de proteção à família, adequando-as a cada caso concreto e solucionando, de forma diferenciada, as situações que lhe são levadas a julgamento.

12. A natureza familiar da união entre pessoas do mesmo sexo: o direito de constituir família e o direito de ser amparado na família

O que se quer ressaltar nesse tópico, sob a ótica da eficácia dos direitos fundamentais, é a necessidade de reconhecer o direito de

---

[325] Expressão utilizada por João Batista Villela: "Uma roupa sob medida, malcomparando, ao invés de uma roupa adquirida pronta" (VILLELA, 1999, p. 25).

constituir família igualmente a todos os indivíduos, sem distinção de sexo ou de orientação sexual e, conseqüentemente, de reconhecer a qualquer espécie de entidade familiar, inclusive aquela composta por pessoas do mesmo sexo, os direitos pessoais e patrimoniais característicos desse agrupamento social.

Mais especificamente, o que se quer defender é que entre os companheiros de uniões homoafetivas, que refletem o perfil constitucional da família, também deve prevalecer os deveres de respeito, mútua assistência e solidariedade que fundamentam o dever de prestar alimentos ao companheiro necessitado.

A situação deve ser enfrentada, portanto, sob dois ângulos: o reconhecimento aos casais homossexuais do direito de constituir família – em que está em questão o direito fundamental da igualdade e o da liberdade de orientação sexual – e o reconhecimento das obrigações recíprocas entre os companheiros integrantes de entidade familiar homoafetiva, tendo em vista o papel dos membros da família em face dos direitos fundamentais, em decorrência dos quais não podem se eximir do dever de promover e garantir as condições necessárias para a sobrevivência e o desenvolvimento digno das pessoas que integram o grupo familiar.

Sob o primeiro enfoque, a situação envolve questionamento em torno da vinculação do Estado aos direitos fundamentais, uma vez que se indaga a quem se estende – ou a quem se nega – o direito fundamental de constituir família e a obrigação do Estado em garantir especial proteção e assistência à família na pessoa de cada um dos que a integram (Constituição Federal, artigo 226, *caput* e § 8°).

Mas, sob outro ângulo, a discussão em torno do direito a alimentos entre companheiros homossexuais – assim como qualquer outra obrigação alimentar decorrente de relações familiares – envolve o questionamento sobre o papel que os membros de uma família devem exercer em face dos direitos fundamentais dos demais sujeitos que a integram. Trata-se, na verdade, de questionar não o dever de proteção do Estado em relação à família e aos direitos fundamentais de seus membros, mas sim de que forma as normas de direitos fundamentais vinculam os familiares entre si.

Mas este segundo aspecto do problema não pode ser tratado sem que se enfrente o obstáculo inaugural para a eficácia dos direitos fundamentais nas relações afetivas estáveis entre pessoas do mesmo sexo.

Quando se trata de formas familiares não reguladas pelo direito privado, mesmo após o reconhecimento constitucional da pluralidade familiar, permanecem, na doutrina e na jurisprudência, divergências sobre o alcance dessa pluralidade, colocando-se ainda em questão a inclusão ou exclusão, para efeito de proteção do Estado, de outros tipos de entidades familiares não previstos expressamente.

Destacam-se aqui pelo menos duas respostas distintas quanto à tutela constitucional das uniões homoafetivas, uma que nega a natureza familiar das uniões homoafetivas e outra que reconhece essas uniões como entidade familiar.

Uma primeira abordagem doutrinária entende que a união entre pessoas do mesmo sexo não pode ser tratada como união estável, nem mesmo como família, em sua concepção genérica, uma vez que a legislação não reconhece união de pessoas do mesmo sexo como apta a constituir entidade familiar.

Os que defendem essa interpretação colocam-se, então, em compasso de espera, aguardando que o legislador reconheça, por meio de disposição expressa, o direito dos homossexuais em constituir família. Enquanto isso, buscam encontrar na legislação outra solução, fora do Direito de Família, para reconhecer alguns efeitos jurídicos, meramente patrimoniais, para essa relação social.[326] Utilizam-se, então, para os conflitos patrimoniais na dissolução de uniões homoafetivas, as regras do direito obrigacional, à semelhança do tratamento dispensado para o concubinato antes do seu reconhecimento como entidade familiar.[327]

O posicionamento assumido pelo Superior Tribunal de Justiça mostra-se na linha dessa primeira abordagem interpretativa, admitindo que a união de pessoas do mesmo sexo, apesar de não constituir família, consiste em sociedade de fato, devendo, portanto, ser tutelados os efeitos patrimoniais dessa sociedade.

Destaca-se aqui – por ser mencionada em outros julgados posteriores de outros Tribunais – a decisão proferida pela 4ª Turma do Superior Tribunal de Justiça, em julgamento (ocorrido em 10.2.1998) do *Recurso Especial nº 148.897/MG*, em que foi Relator o Ministro Ruy Rosado de Aguiar, publicada no Diário da Justiça da União, de 6 de abril de 1998, página 132, passando-se à análise de alguns de seus fundamentos.[328]

A questão central que estava sendo julgada dizia respeito ao direito sucessório em decorrência da convivência durante sete anos entre duas pessoas do sexo masculino, tendo um dos companheiros ingressado com ação contra o pai do companheiro falecido, pleiteando o reconhecimento da comunhão de esforços para a aquisição do patrimônio do casal que permaneceu em nome do companheiro falecido.

---

[326] AZEVEDO, Álvaro Vilaça. União entre pessoas do mesmo sexo. In: CONGRESSO BRASILEIRO DE DIREITO DE FAMÍLIA, 2., Direito de Família: a família na travessia do milênio, 1999, Belo Horizonte. *Anais*(...) Belo Horizonte: IBDFAM, Del Rey, 2000. p. 141-159.

[327] Súmula 380 do STF: "Comprovada a existência de sociedade de fato entre os concubinos, é cabível a sua dissolução judicial, com a partilha do patrimônio adquirido pelo esforço comum".

[328] *Revista Brasileira de Direito de Família*, Porto Alegre: Síntese, IBDFAM, n. 1, p. 87-97, abr-mai-jun. 1999.

Logo na Ementa do Acórdão é afastada a natureza familiar da relação:

SOCIEDADE DE FATO – HOMOSSEXUAIS – PARTILHA DO BEM COMUM. O parceiro tem o direito de receber a metade do patrimônio adquirido pelo esforço comum, reconhecida a existência de sociedade de fato com os requisitos no art. 1.363 do CCB.

Ressalta-se, também, que o direito patrimonial que foi reconhecido limitou-se a garantir a metade do patrimônio em decorrência da dissolução da sociedade de fato.

É bem verdade que não constou do pedido do autor da ação a aplicação, por analogia, das leis que regulam a união estável (Lei nº 8.971/94 e Lei nº 9.278/96). Mas, apenas à guisa de argumentação, se essa união fosse reconhecida como entidade familiar, além da meação, o companheiro sobrevivente teria direito também ao usufruto vidual da metade da herança,[329] ou então ao direito real de habitação do imóvel residencial do casal.[330]

Entretanto, na fundamentação do voto do Relator (Ministro Ruy Rosado de Aguiar) a questão foi decidida, afastando o direito de família, argumentando-se a solução da questão de acordo com as regras do direito obrigacional.

A primeira questão proposta no recurso versa sobre a possibilidade de ser reconhecida a existência de sociedade de fato resultante da convivência entre duas pessoas do mesmo sexo, a determinar a partilha do patrimônio adquirido durante esse tempo.

"A criação pretoriana inscrita no verbete de nº 380 da Súmula do STF tem por referência os arts. 1.363 e 1.366 do CC; os efeitos patrimoniais, ali descritos, decorrem do direito das obrigações" (3ª Turma, rel. em. Min. Nilson Naves).

Foi só mais tarde, com a evolução do direito de família, especialmente após a Constituição de 1988, que o tema passou a ser tratado como uma questão familiar.

A hipótese dos autos não se equipara àquela do ponto de vista do Direito de Família, mas nada justifica que se recuse aqui aplicação ao disposto na norma de direito civil que admite a existência de uma sociedade de fato sempre que presentes os elementos enunciados no art. 1.363 do CC: mútua obrigação de combinar esforços para lograr fim comum. A negativa da incidência de regra assim tão ampla e clara, significaria, a meu juízo, fazer prevalecer princípio moral (respeitável) que recrimina o desvio da preferência sexual, desconhecendo a realidade de que essa união – embora criticada – existiu e produziu efeitos de natureza obrigacional e patrimonial que o direito civil comum abrange e regula (Grifos).

Esse trecho sugere um questionamento: se não há nada que justifique recusar a aplicação das normas de direito obrigacional, uma vez presentes os enunciados do dispositivo legal, o que justificaria recusar a aplicação do Direito de Família, uma vez presentes os requisitos do modelo plural de família, conforme os princípios introduzidos pela Constituição de 88?

---

[329] Lei nº 8.971/94, art. 2º, II: "- o(a) companheiro(a) sobrevivente terá direito, enquanto não constituir nova união, ao usufruto da metade dos bens do "de cujus", se não houver filhos, embora sobrevivam ascendentes";

[330] Lei nº 9.278/96, art. 7º, parágrafo único: "Dissolvida a união estável por morte de um dos conviventes, o sobrevivente terá direito real de habitação, enquanto viver ou não constituir nova união ou casamento, relativamente ao imóvel destinado à residência da família".

Direitos Fundamentais e Relações Familiares

Essa questão não foi enfrentada pelo Relator, que argumenta, porém, o fato de que existem alguns efeitos das relações afetivas que permanecem "à margem" do direito de família, como se vê de outro ponto do voto.

Kelsen, reptado por Cossio, o criador da teoria egológica, perante a congregação da Universidade de Buenos Aires, a citar um exemplo de relação intersubjetiva que estivesse fora do âmbito do Direito, não demorou para responder: "Oui, monsieur, l'amour". E assim é, na verdade, pois o Direito não regula os sentimentos. Contudo, dispõe ele sobre os efeitos que a conduta determinada por esse afeto pode representar como fonte de direitos e deveres, criadores de relações jurídicas previstas nos diversos ramos do ordenamento, algumas ingressando no direito de Família, como o matrimônio e, hoje, a união estável, outras ficando à margem dele, contempladas no Direito das Obrigações, das Coisas, das Sucessões, mesmo no Direito Penal, quando a crise da relação chega ao paroxismo do crime, e assim por diante.

Ainda do mesmo voto do Ministro-Relator, podem ser extraídos outros trechos onde se reconhece que a união do autor da ação com o companheiro falecido não tinha por objetivo somente a construção de um patrimônio comum, mas, ao contrário, se tratava de convivência afetiva, de "um projeto de vida em comum".

Poder-se-ia duvidar da presença do fim comum a que deveriam estar apostos os parceiros quando trataram de adquirir o imóvel objeto da ação. Os autos revelam e o mesmo r. acórdão assevera que foi o autor quem se desvelou nos cuidados com o companheiro durante a longa e devastadora enfermidade (AIDS), prestando o auxílio que a família recusou, e também foi ele quem suportou em parte a cobrança dos débitos remanescentes das empresas que administravam em conjunto. É razoável concluir, portanto, que os parceiros estavam determinados à mútua assistência, a qual foi efetivamente prestada pelo ora autor e recorrente, servindo-lhe de lastro para essa assistência o patrimônio formado pelo esforço comum.

(...)

É certo que o legislador do início do século não mirou para um caso como o dos autos, mas não pode o juiz de hoje desconhecer a realidade e negar que duas pessoas do mesmo sexo podem reunir esforços, nas circunstâncias descritas nos autos, na tentativa de realizarem um projeto de vida em comum. Com tal propósito, é possível amealharem um patrimônio resultante dessa conjunção, e por isso mesmo comum. O comportamento sexual deles pode não estar de acordo com a moral vigente, mas a sociedade civil entre eles resultou de um ato lícito, *a reunião de recursos não está vedada na lei e a formação do patrimônio comum é consequência daquela sociedade*. Na sua dissolução, cumpre partilhar os bens (Grifos).

Também desse trecho salta outro questionamento. Ao usar como argumento para aplicar o Direito Obrigacional o fato de que a "união de recursos" não está vedada na lei, deixou de enfrentar um contra-argumento: e a "união de afetos", permeada de assistência recíproca e objetivando a realização de um projeto de vida em comum, encontra vedação na legislação?

Não se encontram nos fundamentos desse julgamento argumentos que se preocupem em demonstrar quais os motivos que justificaram o não-reconhecimento dos efeitos da união afetiva entre pessoas do mesmo sexo no âmbito do Direito de Família.[331]

---

331 Os demais Ministros que participaram do julgamento (Ministros Barros Monteiro, Cesar Asfor Rocha e Sálvio de Figueiredo Teixeira) acompanharam o voto do Ministro-Relator, apresentando argumentos na mesma linha de abordagem.

Porém, outras linhas interpretativas encontradas na doutrina e na jurisprudência civilista desenvolvem argumentos capazes de conduzir a outra resposta, reconhecendo o caráter de entidade familiar às uniões afetivas entre pessoas do mesmo sexo.

Dentro dessa segunda resposta, podem ser citadas três distintas abordagens interpretativas.

Uma delas entende que o art. 226, § 3º, da Constituição, ao definir como união estável "somente o laço entre um homem e uma mulher", está excluindo as relações homoafetivas, e essa marginalização afronta os princípios constitucionais da igualdade e da liberdade (nela se incluindo a liberdade de orientação sexual), o que levaria ao reconhecimento da inconstitucionalidade do mencionado dispositivo constitucional.[332]

Outra abordagem que também afirma a natureza familiar das uniões homossexuais considera desnecessária a equiparação da união homoafetiva à união estável prevista no art. 226, § 3º, "somente admissível quando constituída por homem e mulher".[333] Considera também desnecessário argumentar a inconstitucionalidade do mencionado dispositivo constitucional (art. 226, § 3º), uma vez que representa apenas uma das modalidades de entidade familiar, e a Constituição não veda a inclusão de outras formas de família, tanto que incluiu como outro tipo explícito de entidade familiar as comunidades monoparentais (art. 226, § 4º), que até mesmo dispensa a união entre homem e mulher.

Assim, diante da abertura do *caput* do art. 226 e da falta de qualquer regra de exclusão, qualquer outra comunidade familiar não regulada expressamente (dentre elas as uniões homossexuais) deve ser tutelada com base nos princípios constitucionais e nos princípios gerais de direito de família. Em resumo, de acordo com esse entendimento, os tipos de família expressamente previstos na Constituição não constituem enumeração taxativa e, sendo assim, desde que se configure união capaz de incorporar as funções constitucionais da família – uma comunhão de vida que sirva de lugar para a afetividade e tutela da realização da personalidade das pessoas que a integram – independentemente de modelo ou tipo formal, há família. "E se há família há tutela constitucional, com idêntica atribuição de dignidade".[334]

---

[332] "O princípio constitucional que deve prevalecer é o da igualdade cumulado com o da liberdade individual, ambos resultando no preceito maior da isonomia. Perante esses máximos princípios da Constituição brasileira, a regra do § 3º do art. 226 da Constituição, na parte em que condiciona à distinção de sexos o reconhecimento da união estável (...) é norma constitucional inconstitucional, conforme sustenta Otto Bachof, que deve ser banida do ordenamento jurídico-constitucional". (DIAS, 2000, p. 65).

[333] LOBO, 2002, p. 105.

[334] Ibid., p. 105-107.

Direitos Fundamentais e Relações Familiares

Essas duas últimas posições, apesar da diferente abordagem, concluem pelo reconhecimento da união entre homossexuais como entidade familiar como gênero (no sentido amplo), embora ambas reconheçam que a norma do art. 226, § 3º, somente abrange a união entre homem e mulher. Ambas também admitem que a legislação infraconstitucional que regula as uniões estáveis entre homem e mulher (Lei nº 8.971/94 e Lei nº 9.278/96) seja aplicada, por analogia, à união entre pessoas do mesmo sexo, com a finalidade de reconhecer a estas uniões os mesmos efeitos jurídicos reconhecidos àquelas.

Por fim, apresentando também uma resposta que reconhece a natureza familiar das uniões afetivas entre pessoas do mesmo sexo, inclui-se mais uma abordagem que se diferencia ao defender que essas uniões homoafetivas não estão excluídas da modalidade de entidade familiar prevista pelo citado art. 226, § 3º. Esse entendimento fundamenta-se na teoria desenvolvida por Hesse acerca da interpretação como concretização, bem como no princípio da unidade da constituição também conforme o mesmo autor.[335]

Recorrendo ao princípio da unidade da constituição, os que defendem essa última abordagem não atacam a norma do § 3º do citado art. 226, mas propõem interpretação que permita "ampliar a sua eficácia".[336]

Dessas três linhas que reconhecem o caráter familiar das uniões homoafetivas é possível extrair distintos argumentos, que, com uma ou outra variação, são incorporados em outras abordagens interpretativas, isolada ou cumulativamente.

1º – Diante dos princípios constitucionais implícitos do Direito de Família (pluralidade de formas familiares, afetividade e função serviente da família) e do princípio fundamental da dignidade da pessoa humana, impõe-se reconhecer como entidade familiar toda forma de convivência duradoura que configure união capaz de incorporar as funções constitucionais da família – comunhão de vida que sirva de lugar para a afetividade e tutela da realização da personalidade das pessoas que a integram – independentemente de modelo ou tipo formal, merecendo idêntica tutela constitucional.

2º – O § 3º do art. 226 da Constituição de 1988 considera união estável somente as uniões heterossexuais, sendo inconstitucional por condicionar o reconhecimento da entidade familiar à distinção de sexos, violando dos princípios da liberdade e igualdade.

---

[335] Cf. RIOS, Roger Raupp. Dignidade da pessoa humana, homossexualidade e família: reflexões sobre as uniões de pessoas do mesmo sexo. In: MARTINS-COSTA, Judith (Org.). *A reconstrução do direito privado*. São Paulo: Editora Revista dos Tribunais, 2002. p. 483-517.

[336] FUGIE, Érika Harumi. União homossexual e a Constituição Federal: inconstitucionalidade do artigo 226, § 3º, da Constituição Federal? *Revista Brasileira de Direito de Família*, Porto Alegre: Síntese, IBDFAM, n. 15, p. 147, out-dez. 2002.

3º – O § 3º do art. 226 da Constituição de 1988 considera união estável somente as uniões heterossexuais, porém, a união estável é apenas uma das modalidades de entidade familiar, e, de acordo com o princípio da pluralidade das formas familiares, os tipos de família expressamente previstos na Constituição não constituem enumeração taxativa, admitindo a inclusão de outras modalidades de entidade familiar, dentre elas a união homossexual, que devem ser tuteladas com base nos princípios constitucionais e nos princípios gerais do Direito de Família.

4º – As uniões homoafetivas se incluem na modalidade de entidade familiar prevista pelo citado art. 226, § 3º, que pode ter sua eficácia ampliada considerando o princípio da unidade da Constituição, o qual orienta o processo de concretização da norma constitucional evitando que entre em contradição com outras normas constitucionais.

O que é interessante observar é que esses argumentos, não obstante trilhem caminhos diferentes, partem do mesmo ponto e se orientam pelos mesmos valores: os princípios que norteiam o novo perfil constitucional da família.

Essas linhas doutrinárias que concluem pela natureza familiar das uniões homoafetivas, ainda que por distintos argumentos, levam portanto a um destino comum à medida que reconhecem a vinculação do julgador às normas de direitos fundamentais na interpretação e aplicação do direito privado, garantindo dessa forma eficácia indireta desses direitos nas relações privadas.

Trilhando por essa segunda via, o Tribunal de Justiça do Rio Grande do Sul tem avançado na construção de alicerce jurídico capaz de sustentar a compreensão de união afetiva entre pessoas do mesmo sexo como entidade familiar.[337]

---

[337] No âmbito da Justiça Federal, no Rio Grande do Sul, algumas decisões, em primeira e segunda instâncias, também têm reconhecido a natureza familiar das uniões homossexuais. Destacando-se a decisão proferida na *Ação Civil Pública nº 2000.71.00.009347-0*, pela abrangência do pedido formulado pelo MPF (representado pelos Procuradores da República Paulo Gilberto Cogo Leivas e Marcelo Veiga Beckhausen) e tendo em vista os efeitos decorrentes da concessão da liminar pelo *Juízo da 3ª Vara Federal Previdenciária de Porto Alegre* (Juíza Federal Substituta Simone Barbisan Fortes), em 17 de abril de 2000.
A liminar foi mantida pela Sexta Turma do Tribunal Regional Federal da 4ª Região que, à unanimidade, negou provimento ao recurso interposto contra a referida medida (*Agravo de Instrumento nº 2000.04.01.044144-0/RS*, julgamento ocorrido em 27.6.2000, em que foi Relator o Juiz Luiz Carlos de Castro Lugon, com Acórdão publicado no DJU de 26.7.2000).
Do cumprimento da liminar (que concedeu a ordem judicial deferindo-lhe eficácia *erga omnes*, com abrangência nacional, afastando a aplicação da Lei nº 7.347/85), resultou a *Instrução Normativa nº 57*, de 10.10.2001, do INSS (DOU de 11.10.2001), que reconheceu expressamente a inclusão do companheiro ou companheira homossexual como dependente de segurado inscrito, desde que comprovada a união estável, para fins de pensão por morte e de auxílio reclusão, independentemente da data do óbito ou do recolhimento à prisão, "mesmo tendo ocorrido anteriormente à data da decisão judicial proferida na Ação Civil Pública nº 2000.71.00.009347-0", conforme art. 20 e art. 258 da referida Instrução Normativa.

Destaca-se – por ser a primeira decisão, no âmbito da Justiça Estadual, que fixou a competência da Vara de Família para julgar ação decorrente de relacionamento homossexual[338] – o julgamento do *Agravo de Instrumento n. 59907549-6*, pela 8ª Câmara Cível do Tribunal de Justiça do Rio Grande do Sul (ocorrido em 17.6.1999), em que foi Relator o Desembargador Breno Moreira Mussi.[339]

O Agravo foi interposto contra decisão do juiz de 1ª instância que considerou a Vara de Família, na qual atuava, incompetente para julgar ação que tinha por objeto o "litígio patrimonial decorrente da separação de sociedade de fato entre duas mulheres".

Não obstante o objeto do agravo tenha sido, mais diretamente, o reconhecimento da competência da Vara Especializada (e nesse sentido foi a parte dispositiva da decisão), importantes argumentos interpretativos podem ser encontrados na fundamentação do voto do Desembargador-Relator.

1º Argumento: a vedação constitucional de discriminação em razão do sexo.

A nossa Constituição está na esteira das legislações modernas democráticas, em que sempre aparece uma proibição absoluta de discriminar em razão do sexo.
Seu art. 3º, inciso IV assim dispõe: (...)
Mas nós sabemos que não é assim. A discriminação existe em vários setores da nossa sociedade, e não apenas em relação à questão da homossexualidade. (...)
A orientação sexual é direito da pessoa, atributo da dignidade. O fato de alguém se ligar a outro do mesmo sexo, para uma proposta de vida em comum, e desenvolver os seus afetos, está dentro da prerrogativa da pessoa. A identidade dos sexos não torna diferente, ou impede, o intenso conteúdo afetivo de uma relação espiritual, enfim, de amor, descaracterizando-a como tal.
Eu diria que o constituinte retirou debaixo do tapete a união estável e a trouxe para o sofá da sala.
Não teve, porém, o mesmo cuidado com as relações homossexuais. Mas isso não impede o reconhecimento que uma ligação homossexual, em termos de afetividade, tem exatamente os mesmos componentes da heterossexual.
Como diz a agravante em uma síntese muito bem feita, as pessoas envolvidas nesta relação dividiam "cama, mesa, proventos, amor, solidariedade, companheirismo e mais outros sentimentos inerentes aos casais heterossexuais". A única diferença, no caso concreto, é que, legalmente, não podem casar uma com a outra.
Mas toda união estável tem que resultar ou possibilitar um casamento?
(...)
Os autos trazem rigorosamente a mesma questão. Então, isola-se perfeitamente, no presente caso, a definição do sexo das pessoas envolvidas, que passa a ser o fator determinante.
A matéria não recebe o andamento que merece, pelo seu conteúdo, pela discriminação. Aberta ou veladamente, a identidade de sexo transforma o afetivo numa relação civil ou comercial comum, como se fosse aluguel, compra e venda, participação societária, ou algo da mesma natureza.

---

[338] Cf. DIAS, 2000, p. 131.

[339] PEREIRA, Rodrigo da Cunha. *A sexualidade vista pelos tribunais*. 2. ed. Belo Horizonte: Del Rey, 2001. p.136-145.

2º Argumento: analogia.

Vejo a união estável como a relação em que as pessoas não estão preocupadas com o casamento. Pode ocorrer, inclusive, que justamente não querem é o matrimônio, sem que a relação deixe de ser uma união estável. O único elemento discrepante, dentro deste conceito, está na homossexualidade. Este é o caso concreto.

(...)

Consigo ir mais longe do que trata a fria letra da lei, ao vislumbrar uma situação analógica, no caso concreto.

Ao que me consta, a matéria ainda não foi regulamentada pelo Congresso Nacional. Não há artigo de lei que proíba uma relação afetiva entre duas pessoas do mesmo sexo. Aliás nem poderia, ante as garantias constitucionais.

Porém o fato de uma hipótese, rigorosamente, não existir na lei, jamais levará ao ponto de fazer desaparecer o fenômeno social, como se a omissão legislativa fosse capaz de suprimir a homossexualidade.

Quando não está na lei, o operador deve socorrer-se da analogia para preencher a lacuna. Assim o dizem os arts.4º da Lei de Introdução ao Código civil e 126 do Código de Processo Civil. Na verdade, é impróprio falar em lacuna. O ordenamento jurídico, visto como um todo, encarrega determinados órgãos – no caso os juizes – para atribuírem soluções aos casos concretos, mesmo naquelas situações em que não existem regras legais específicas.

(...)

Na situação dos autos, a analogia me leva, por todos os detalhes, a entender que salvo o elemento discrepante, que é a identidade do sexo, a matéria tem os mesmos componentes das digladiadas entre os casais heterossexuais.

3º Argumento: proteção das minorias.

A questão das minorias exige, nos sistemas constitucionais modernos, ações positivas de proteção. Na parte do Judiciário, que não faz leis, e as aplica, as ações positivas podem ter curso através de uma interpretação integradora, e sem dar guarida a qualquer forma de discriminação, velada ou aberta.

Nessa mesma linha, outras decisões do Tribunal de Justiça do Rio Grande do Sul também garantiram uma eficácia indireta dos direitos fundamentais ao utilizarem as normas constitucionais definidoras de direitos fundamentais como critério de interpretação e aplicação do direito privado de tal forma a reconhecer às uniões homossexuais os mesmos efeitos jurídicos patrimoniais garantidos às uniões estáveis de casais heterossexuais.

O acórdão proferido pela 7ª Câmara Cível do Tribunal gaúcho, na *Apelação Cível nº 70001388982*, em julgamento ocorrido em 14.3.2001, decidiu pela possibilidade de aplicação, por analogia, das leis que regulavam as uniões estáveis, para reconhecer o direito à meação a parceiros do mesmo sexo.[340] A apelação foi interposta pelo espólio do titular da herança, representado pela única filha do falecido, contra a decisão que havia determinado a partilha do acervo patrimonial reconhecendo direitos ao companheiro do falecido.

---

[340] A Desembargadora Maria Berenice Dias afirma que essa foi a primeira decisão proferida no Brasil que deferiu herança a parceiro do mesmo sexo (DIAS, Maria Berenice. *Homoafetividade*: o que diz a justiça. Porto Alegre: Livraria do Advogado, 2003. p. 43).

Direitos Fundamentais e Relações Familiares

O voto do Relator (Desembargador José Carlos Teixeira Giorgis) concluiu pela aplicação, por analogia, das mesmas regras aplicáveis à união estável para admitir ao companheiro do falecido o mesmo direito à meação do patrimônio que, tal como em uma união estável, deve presumir-se de propriedade comum do casal.

Além de uma longa exposição sobre os aspectos médicos e psicológicos em torno da homossexualidade e ainda sobre o tratamento que as uniões de pessoas do mesmo sexo recebem em outros ordenamentos jurídicos, o voto do relator apresenta ainda, para o reconhecimento aos casais homossexuais dos efeitos patrimoniais inerentes às entidades familiares, argumentos que se desenvolvem a partir dos direitos fundamentais à igualdade, à dignidade e à liberdade, como se exemplifica pelos trechos adiante transcritos:[341]

(...) Todos os seres humanos são fundamentalmente iguais em direitos e dignidade, livres para pensar e decidir de acordo com sua consciência; para expressar-se, organizar-se em associações e buscar sua plena realização(...) Mas não é suficiente o reconhecimento formal dessa dignidade e igualdade fundamentais. É preciso que este reconhecimento seja traduzido na promoção de condições concretas para realizar e reivindicar os direitos fundamentais de todos os homens e de todas as mulheres(...)

(...)

A sexualidade consubstancia uma dimensão fundamental da constituição da subjetividade, alicerce indispensável para a possibilidade de livre desenvolvimento da personalidade.

O respeito aos traços constitutivos da individualidade de cada um, sem depender de orientação sexual, é ordenado juridicamente em virtude do artigo 1º, inciso III, da Constituição de 1988, sendo o reconhecimento da dignidade da pessoa humana o elemento central do Estado de Direito, que promete aos indivíduosmuito mais que abstenções de invasões ilegítimas de suas esferas pessoais: a promoção positiva de suas liberdades.

(...)

Diante desses elementos, conclui-se que o respeito à orientação sexual é aspecto fundamental para afirmação da dignidade humana, não sendo aceitável, juridicamente, que preconceitos legitimem restrições de direitos, fortalecendo estigmas sociais e espezinhando um dos fundamentos constitucionais do Estado Democrático de Direito.

(...)

A concretização da igualdade em matéria de sexo, diz Roger Raupp Rios, exponencializada pela proibição de discriminação, se examinada com cuidado, alcança o âmbito da orientação sexual homossexual.

(...)

Ora, se um for tratado de maneira diferente de uma terceira pessoa, que tenha sua sexualidade direcionada para o sexo oposto, em razão do sexo da pessoa escolhida, conclui-se que a escolha que o primeiro fez suporta um tratamento discriminatório unicamente em função de seu sexo.

Fica claro, assim, que a discriminação fundada na orientação sexual do sujeito esconde, na verdade, uma discriminação em virtude de seu próprio sexo.

O sexo da pessoa escolhida, se homem ou mulher, em relação ao sexo do sujeito, vai continuar qualificando a orientação sexual como causa de tratamento diferenciado ou não, em relação àquele (...).

---

[341] A decisão foi publicada, na íntegra, em uma coletânea de decisões do Tribunal de Justiça do Rio Grande do Sul (envolvendo o reconhecimento de direitos a companheiros homossexuais), organizada pela Desembargadora Maria Berenice Dias (DIAS, 2003, p. 46-85).

São também os argumentos construídos com base nas normas de direitos fundamentais, priorizando o direito de igualdade, que irão justificar o próprio recurso à analogia, empregado na fundamentação do voto do relator:

APARENTA-ME ADEQUADO, POIS, FILIAR-ME AO USO RAZOÁVEL DA ANALOGIA E UMA INTERPRETAÇÃO EXTENSIVA DOS DIREITOS FUNDAMENTAIS, PRINCIPALMENTE O DIREITO DE IGUALDADE.

(...) A equiparação das uniões homossexuais à união estável, pela via analógica, implica a atribuição de um regime normativo destinado originariamente à situação diversa, ou seja, comunidade formada por um homem e uma mulher, mas onde a semelhança autorizadora seria a ausência de laços formais e a presença substancial de uma comunidade de vida afetiva e sexual duradoura e permanente entre os companheiros do mesmo sexo, assim como ocorre entre sexos opostos.

O argumento avança no sentido da concretização da Constituição, pois conferindo uma unidade diante da realidade histórica, fazendo concorrer os princípios constitucionais, dentre os quais se destaca o isonômico e a decorrente proibição de discriminação por motivo de sexo e de orientação sexual.

Todavia, embora a analogia tenha o mérito de reconhecer o caráter familiar das uniões homossexuais,(...) o reconhecimento destas uniões ao direito de família prescinde da união estável como paradigma, pois se uma emenda constitucional retirasse da Carta a previsão da união estável, sem mais nada, o procedimento não impediria que a legislação e a jurisprudência continuassem a desenvolver e atualizá-lo, reconhecendo a pertinência tanto da união estável quanto das uniões homossexuais; e, portanto, a qualificação jurídica familiar às uniões homossexuais não depende da existência da união estável, cuidando-se, pois, mais que uma analogia, de comunhão de características típicas do conceito de família às duas situações.

A jurisprudência do Tribunal de Justiça do Rio Grande do Sul parecia trilhar por caminho coerente: reconheceu a competência das varas de família para julgar questões referentes a uniões de pessoas do mesmo sexo (o que já pressupunha o reconhecimento da natureza familiar dessas uniões) e também reconheceu às uniões homossexuais os mesmos efeitos patrimoniais inerentes às demais relações familiares de maneira geral. [342]

As decisões do Tribunal gaúcho reconheceram a possibilidade de se estender indistintamente a homens e mulheres, independentemente de sua orientação sexual, o direito de constituir família, garantindo nas relações familiares entre pessoas do mesmo sexo eficácia (indireta) aos direitos fundamentais à igualdade e à liberdade, a partir da vinculação dos julgadores a esses direitos fundamentais na interpretação e aplicação do direito privado.

---

[342] Na mesma linha interpretativa da decisão referida anteriormente, outros julgamentos do TJRS também reconheceram a natureza familiar das uniões homossexuais, atribuindo a essas uniões, por analogia, efeitos jurídicos reconhecidos às uniões estáveis (heterossexuais). Cite-se como exemplo a decisão proferida pela 8ª Câmara Cível do TJRS, em sede de recurso de apelação, que reconheceu o direito real de habitação ao companheiro sobrevivente, em relação ao imóvel no qual residia com seu parceiro falecido (AC 70003016136 – 8ª C. Cív.- Rel. Des. Alfredo Guilherme Englert – DOERS 06.08.2002). Íntegra da decisão: *Revista Brasileira de Direito de Família*, Porto Alegre: Síntese, IBDFAM, n. 15, p. 151-164, out-nov-dez. 2002.

Direitos Fundamentais e Relações Familiares

Mas, no mesmo Tribunal, a questão ainda não é pacífica. Ainda que o Tribunal do Rio Grande do Sul, em mais de uma oportunidade, tenha reconhecido aos homossexuais o direito de constituir família – a partir do reconhecimento de eficácia indireta dos direitos fundamentais, por meio da interpretação das normas de direito civil – também, em outra oportunidade, negou-lhes o direito de ser amparado no seio da própria família, deixando de reconhecer uma eficácia direta dos direitos fundamentais frente aos integrantes dessa mesma família.

Tal negativa se consubstanciou no julgamento do *Agravo de Instrumento 70000535542*, pela 8ª Câmara Cível daquele Tribunal de Justiça, ocorrido em 13.4.2000.[343]

Por meio do referido recurso, a agravante pretendia reformar a decisão de primeiro grau que indeferiu o pedido de alimentos formulado contra a agravada. A razão do pedido de alimentos foi o desfazimento da união afetiva contínua, que a agravante manteve com a agravada por mais de oito anos, durante os quais partilharam integralmente sua vida pessoal e constituíram patrimônio comum. A agravante pleiteou como liminar a fixação de alimentos, em caráter de urgência, alegando que, depois de se separar de sua companheira "não possuía qualquer meio de manter a própria subsistência".

A decisão da 8ª Câmara, por maioria, negou provimento ao recurso, vencido o voto do Desembargador José Trindade.

O voto do Relator – Desembargador Antonio Carlos Stangler Pereira – fundamentou-se, basicamente na falta de previsão legal para o reconhecimento de obrigação alimentar entre casais homossexuais, como resume a ementa do acórdão:

> O relacionamento homossexual não está amparado pela Lei nº 8.971, de 21 de dezembro de 1994, e Lei nº 9.278, de 10 de maio de 1996, o que impede a concessão de alimentos para uma das partes, pois o envolvimento amoroso de duas mulheres não se constitui em união estável, e semelhante convivência traduz uma sociedade de fato.

O voto convergente do Desembargador Sérgio Fernandes de Vasconcellos Chaves, apesar de desenvolver alguns argumentos, não enfrentados pelo relator, em torno dos princípios que regem o direito de família objetivando justificar a negação do direito a alimentos entre as companheiras litigantes, não foi capaz de esconder as contradições intrínsecas de sua própria fundamentação.

Em primeiro momento, posiciona-se pela observância da proibição constitucional de qualquer forma de discriminação, bem como pela competência das varas de família para julgar questões referentes às uniões homossexuais. Mas logo em seguida desenvolve um conceito de família que se afasta desses primeiros argumentos e abandona, por

---

[343] *Revista Brasileira de Direito de Família*, Porto Alegre: Síntese, IBDFAM, n. 10, p. 97-107, jul-ago-set. 2001.

completo, os valores que inspiram o papel da família de acordo com a Constituição Federal de 1988, como se vê de alguns trechos de seu voto.

(...) Afigura-se intolerável obscurantismo persistir em qualquer prática discriminatória. Aproximando-se os influxos da nova era, que se iniciará com o século XXI, que se avizinha, é preciso reconhecer como um fato social a homossexualidade e que, portanto, não merece e não pode ser alvo de discriminação.

Por essa razão, penso que as questões envolvendo a dissolução de relações homossexuais devem, efetivamente, ser tratadas no âmbito de Varas especializadas em Direito de Família.

Não encontro espaço, porém, propriamente para deferir um tratamento paralelo ao casamento ou à união estável.

E não o faço por preconceito, senão pela compreensão que tenho do que seja família, a partir da própria história da humanidade.

O que é família? Como se compreende o grupo familiar?

(...)

(...) A idéia da família sempre esteve voltada para caracterização de um ambiente ético por excelência, onde a função procriativa pudesse se exercitar e a prole encontrasse espaço para se desenvolver de forma natural e segura.

(...)

(...) Tenho a família como sendo um grupo afetivo de cooperação social acima de tudo, mas não consigo desvincular, ainda, a idéia de família da idéia de prole, não consigo desvincular a idéia de família como sendo aquele ambiente próprio para receber uma prole, natural ou adotiva e onde, em verdade, deve ser formado o novo cidadão. A família é isso, e, portanto, é muito mais do que uma mera relação de afeto.

Tenho que o legislador constituinte, quando cuidou de dar à união estável a feição de entidade familiar, não procurou proteger o amor nem os amantes, ele procurou proteger a família, vista como sendo a base do grupo social.

(...)

Nada tenho que duas, três ou, quem sabe, quatro pessoas optem por desenvolver vida em comum, com ou sem o componente erótico-afetivo, e dessa forma somar esforços e dividir a solidão, morando juntas e liberando a sexualidade, numa explosão de emoções. Não pretende fazer censura alguma, enquanto operador do direito. Mas não me parece que, a priori, seja este o ambiente ideal aonde uma criança deve se desenvolver.

Não pode a família se apartar da estrutura formal concebida pelo legislador, como sendo o ambiente natural e próprio para a procriação e desenvolvimento da prole, admitida como tal no ordenamento jurídico pátrio, como sendo decorrente do casamento ou da união estável, ou na modalidade monoparental, de um homem ou uma mulher com a sua prole, natural ou adotiva.

E usei, propositalmente, a expressão estrutura formal, pois a forma concebida não partiu de uma idéia ou de uma convenção, mas da construção social consolidada através dos séculos: a família diz com a estrutura afetiva construída por um homem e uma mulher em função de uma prole, natural ou adotiva, podendo manter-se como tal, caso tenhamos o homem ou a mulher separados e sua prole.

(...)

Então, quero frisar, não se trata de uma posição preconceituosa dizer que a união de dois homens ou de duas mulheres não constitui núcleo familiar, como também não constituiu núcleo familiar uma mera união de um homem e uma mulher, pelo só fato de existir afeto.

A primeira contradição está na própria discriminação quanto à opção sexual, pois ao mesmo tempo que o voto preconiza como intolerável qualquer prática discriminatória, acaba por discriminar profundamente os homossexuais, ao concluir que suas uniões não constituem um ambiente natural e seguro para a formação de uma criança, como um novo cidadão.

Direitos Fundamentais e Relações Familiares

Na verdade, a opção sexual dos indivíduos por pessoa do mesmo sexo aparece no voto ora amparada pela proibição constitucional de discriminação, ora como característica que torna o sujeito indigno e incapaz de participar da própria construção da cidadania. O direito fundamental à igualdade aparece então, simultaneamente, em dois pólos opostos e inconciliáveis, ao mesmo tempo afirmando e negando seu papel no Estado Democrático.

A segunda grande contradição é a afirmação da competência das varas de família para o julgamento de questões que envolvem uniões homoafetivas paralelamente à negação na natureza familiar dessas mesmas uniões.

Outras contradições poderiam ainda ser apontadas no longo voto do qual se extraíram apenas alguns trechos. Todas elas, porém, convergem para a noção contraditória em torno dos próprios valores que inspiram o papel da família na nova ordem inserida pela atual Constituição Federal.

Como o próprio voto reconhece, novas formas de agrupamento familiar se encontram amparadas pelo ordenamento jurídico, após a vigência da Constituição de 1988. Não mais apenas a união entre um homem e uma mulher, mas também uniões monoparentais. Não mais a união constituída pelo vínculo formal do casamento, mas também outras uniões informais.

Ao contrário do que afirma o voto, a Constituição não ampara a família, como instituição em si mesma, mas protege a família "na pessoa de cada um dos que a integram" (CF/88, art. 226, § 8º); protege a família em razão de sua função instrumental e fundamental para o desenvolvimento da personalidade de seus membros.

A fundamentação do voto que ora se analisa, em alguns trechos como o que adiante se transcreve, parece até mesmo estar alicerçada na Constituição passada. Certamente os argumentos abaixo seriam mais bem compreendidos e menos contraditórios antes de 88.

> A própria união de um homem e uma mulher não casados deve ser examinada restritivamente, porque ela é excepcional. É que a lei diz que a família inicia com o casamento, e quando o legislador constituinte disse que "para efeito de proteção do Estado, é reconhecida a união estável (...)" e "entende-se, também, (...) a comunidade formada por qualquer dos pais e seus descendentes", está excepcionando a regra geral de que a família começa com o casamento. E não se pode, por princípio elementar de hermenêutica, interpretar ampliativamente a exceção.
> A família começa a partir do casamento, porque assim está estruturado o ordenamento jurídico(...)

Somente na vigência do ordenamento constitucional anterior caberia o argumento, hoje absolutamente superado, de que a família se inicia com o casamento. Ao suprimir a expressão "constituída pelo casamento" (art. 175 da Constituição de 1967/69), a Constituição de 1988, por força na norma insculpida no art. 226, insere na nova ordem jurídica radical transformação colocando sob a tutela constitucional "a família", isto é, qualquer família, sem nenhuma adjetivação, sem privilegiar nenhuma forma de agrupamento familiar. Abolindo a cláusula de exclusão, adotou conceito aberto e de inclusão.[344]

Na verdade o longo voto do Desembargador Sérgio Fernandes de Vasconcellos Chaves, que ora se comenta, mascara o único argumento que realmente revela sua opção interpretativa, o argumento da reserva legal. Sua linha de interpretação enquadra-se naquele primeiro posicionamento que nega a natureza familiar a quaisquer uniões homoafetivas e sua inclusão na proteção constitucional à família. Para ele, assim como para os doutrinadores que compartilham esse entendimento, as normas constitucionais de proteção à família – e poderíamos dizer também a própria eficácia dos direitos fundamentais no âmbito da família – depende previamente da previsão e regulamentação pelo legislador.

> (...) Quando o legislador estabelece obrigação alimentária na família, ele está convertendo em obrigação jurídica um compromisso ético que vincula duas pessoas que se propuseram a dividir a vida, a somar esforços, que estabeleceram um compromisso amplo de solidariedade irrestrita, que unem duas pessoas com o propósito de constituir família, estabelecer prole ou ambiente próprio para receber uma prole e, assim, construir um legado social.
> A obrigação alimentária é isso: é o dever de mútua assistência materializado e regulamentado na lei como sendo a contribuição que um deve prestar ao outro no momento em que essa união se desfizer, caso exista a necessidade, isto é, a impossibilidade de um deles de prover por si o próprio sustento.
> (...)
> A obrigação alimentar decorrente do casamento ou da união estável, vinculando cônjuges ou conviventes decorre de expressa previsão legal, não havendo previsão de encargo alimentar para amigos, namorados, amantes ou pessoas que mantém mero concubinato.
> (...)
> Não reconheço como união estável a relação entretida por duas pessoas do mesmo sexo, mesmo que vivam juntas, mantenham intimidade sexual e nutram, uma pela outra, afeto intenso. Penso que dependem de um melhor amadurecimento, no plano social, estas estruturas novas e entendo prematuro, inadequado ou, talvez, impróprio considerá-las como núcleo familiar, embora essas outras estruturas sociais mereçam receber uma regulamentação legal.
> Não sendo possível enquadrar tais relações como de união estável e não havendo norma legal assegurando tal direito para elas, não encontro título jurídico capaz de albergar a pretensão alimentária.
> E entendo, assim, pois a Constituição Federal diz que ninguém pode ser obrigado a fazer ou deixar de fazer alguma coisa senão em virtude de lei.
> E, friso, como não há lei que estabeleça obrigação alimentária entre duas pessoas do mesmo sexo que vivam juntas, unidas por laços afetivos, laços sexuais ou laços de amizade, não é possível deferir alimentos para a recorrente.
> Por tais razões, rogando vênia pelas longas considerações que fiz, estou acompanhando o douto voto do eminente Relator para negar provimento ao recurso.

Esse tipo de abordagem, porém, ao se acomodar diante da inexistência de norma infraconstitucional, acaba por negar efetividade às disposições constitucionais, deixando de considerar que estas também

---

[344] LOBO, 2002, p. 94.

Direitos Fundamentais e Relações Familiares

são normas. Mais que isso, deixam de considerar que as normas de proteção à família inseridas na nova Constituição ocupam papel de mudança no *status quo*, assumindo claramente posição de rompimento com a ordem anterior.

Ao aplicar as normas do art. 226 e seus parágrafos, definindo seu sentido e alcance, o julgador não mais pode interpretá-las atrelado a uma concepção formal de família constituída pelo casamento entre homem e mulher, quando tais dispositivos constitucionais exercem exatamente papel de ruptura com esse modelo clássico protegendo, como família, outras uniões não constituídas pelo vínculo formal.

De fato, não sendo as leis civis suficientes para esclarecer a controvérsia, a interpretação sistemática das normas constitucionais, fundamentada no princípio da unidade da constituição, permitiu, nos outros julgamentos citados anteriormente, que se desenvolvessem argumentos capazes de justificar o reconhecimento da união homossexual como entidade familiar, evitando contradições das normas de proteção à família com outras normas constitucionais, especialmente com os direitos fundamentais de igualdade – de onde se depreende também a proibição de discriminação em razão do sexo – e o de liberdade, incluindo-se a liberdade de orientação sexual.

Entretanto, no caso mais específico do reconhecimento do direito a alimentos entre companheiros homossexuais é preciso que se avance um passo além da utilização dos direitos fundamentais como critério de interpretação. É preciso que se reconheça que esses mesmos direitos fundamentais também atuam como norma, vinculando os integrantes dessas relações homoafetivas, obrigando-os reciprocamente ao dever de respeito e proteção desses direitos.

Partindo dos princípios constitucionais que norteiam o direito de Família, especialmente o da função serviente da família, não há como negar a obrigação recíproca dos familiares em relação aos direitos fundamentais. Outra não pode ser a conclusão que se extrai da norma inserida no art. 227 da Constituição quando afirma que é dever da família assegurar o direito a vida, à saúde, à alimentação etc.

É bem verdade que o dispositivo constitucional refere-se, com prioridade, às crianças e aos adolescentes, o que corresponde ao dever de sustento dos pais em relação aos filhos ainda na menoridade. Mas é inegável que a obrigação alimentar também se estende aos filhos na maioridade, e aos demais integrantes do agrupamento familiar, até mesmo em razão do dever de solidariedade que vincula os membros da família.

A obrigação alimentar entre familiares, portanto, decorre diretamente do papel serviente e instrumental que caracteriza o novo perfil constitucional da família, vinculando-a, na pessoa de seus integrantes, à função de instrumento para o desenvolvimento da personalidade dos membros da família.

É nesse sentido que a obrigação de prestar alimentos, entre os familiares, é considerada, na doutrina civilista, como manifestação de garantia de um dos direitos essenciais da personalidade, que é o direito à vida.[345]

Trata-se de dever de proteção de direito fundamental que vincula os sujeitos privados no âmbito das relações familiares.

Essa estreita ligação da obrigação alimentícia com a garantia de preservação da própria vida e da dignidade dos sujeitos que integram a relação familiar, por um lado, explica a natureza publicística da obrigação alimentar[346] – diante do interesse social que representa, exigindo especial proteção do Estado, inclusive admitindo a prisão civil de seu inadimplente (Constituição Federal, artigo 5º, LXVII) –; de outro, demonstra a vinculação dos sujeitos que integram a família às normas constitucionais definidoras de direitos fundamentais, na condição de devedores (recíprocos e solidários) obrigados não apenas ao dever de respeito, mas também ao dever de garantir aos demais familiares o próprio exercício de seus direitos fundamentais, provendo-lhes as condições necessárias para sua sobrevivência e desenvolvimento pessoal.

A inexistência de lei que regulamente o direito a alimentos entre companheiros homossexuais não afasta a possibilidade de reconhecimento da natureza familiar dessas uniões com base nas normas constitucionais, como também não afasta a função serviente dessa e de todas as outras formas de entidades familiares.

Diante do princípio constitucional da pluralidade familiar, não havendo na Constituição enumeração taxativa ou exclusiva de agrupamentos familiares, ainda que a legislação civil não tenha regulado determinada forma de entidade familiar, há de se reconhecer a todo agrupamento que se encontre revestido de natureza familiar, a mesma função serviente, a mesma vinculação como instrumento de promoção dos direitos essenciais da personalidade de seus membros.

Confrontando as decisões do Tribunal de Justiça do Rio Grande do Sul, acima mencionadas, verifica-se, de um lado, o reconhecimento da vinculação do Estado aos direitos fundamentais, uma vez que garantiu aos homossexuais o direito de ter suas uniões afetivas reconhecidas como família e, dessa forma, igualmente merecedora da proteção estatal.[347] Porém, de outro lado, não se reconheceu a vinculação dos

---

[345] CAHALI, Yussef Said. *Dos Alimentos*. 4. ed. São Paulo: RT, 2002. p 33-34.

[346] Ibid., p. 35.

[347] Destaca-se outra decisão, ainda mais recente, do Tribunal de Justiça do Rio Grande do Sul, pioneira em nosso país, admitindo a possibilidade de adoção (conjunta) por casal constituído por pessoas do mesmo sexo (TJRS. 7ª CC. Apelação Cível nº 70013801592. Acórdão nº 2006

sujeitos envolvidos na relação familiar homoafetiva às normas constitucionais de proteção à família, deixando de considerá-los obrigados pelas normas de direitos fundamentais.

Em outras palavras, verifica-se que o reconhecimento aos homossexuais do direito de constituir família, a partir de interpretação inspirada pelos direitos fundamentais (isto é a partir de eficácia mediata ou indireta), não se mostra suficiente para garantir eficácia mais ampla dos direitos fundamentais nessas relações familiares homoafetivas. Aos homossexuais, para quem a construção jurisprudencial reconheceu o direito de constituir família, não se reconheceu porém o direito de ser amparado nessa mesma família.

O Estado-Juiz que utilizou os direitos fundamentais como critério de interpretação para reconhecer essas uniões como família, deixou de utilizá-los como norma de conduta, capaz de vincular e obrigar os integrantes dessa relação familiar ao dever de amparar e promover a garantia dos direitos fundamentais no seio dessa família.

O que deveria ter sido analisado – e isso não foi enfrentado em momento algum nos dois votos vencedores proferidos no julgamento do agravo de instrumento mencionado – seria a situação de desigualdade real entre os sujeitos envolvidos na relação familiar, ou seja, o desequilíbrio de condições e de oportunidades para o exercício dos direitos fundamentais de cada um dos membros do agrupamento familiar. Esse é o critério estabelecido pelas leis civis para a fixação dos alimentos, em que o julgador deve atentar para as possibilidades daquele que irá prover os alimentos e para as reais necessidades do familiar que irá recebê-los.[348]

Esse aspecto, tratado na doutrina civilista como o binômio possibilidade/necessidade e comumente observado nas decisões sobre alimentos, somente foi considerado, no julgamento do citado Agravo (TJRS – AI 70000535542), no voto divergente proferido pelo Desembargador José Trindade:

> (...) Ouso externar meu entendimento no sentido de que o envolvimento entre as duas mulheres pode constituir união estável, ensejando a concessão de alimentos provisórios, uma vez atendidos os princípios consubstanciados no binômio possibilidades/necessidades.

264635. Rel. Des. Luiz Felipe Brasil Santos. J. 05/04/2006). Íntegra da decisão disponível no *site* www.tj.rs.gov.br.

[348] No Código Civil de 1916, a matéria era regulada nos artigos 396 e 400:
"Art. 396. De acordo com o prescrito neste capítulo podem os parentes exigir um dos outros os alimentos de que necessitem para subsistir.
Art. 400. Os alimentos devem ser fixados na proporção das necessidades do reclamante e dos recursos da pessoa obrigada".
No Código Civil de 2002, os mesmos critérios são apontados no artigo 1.694, "caput" e § 1º.
"Art. 1.694. Podem os parentes, os cônjuges ou companheiros pedir uns aos outros os alimentos de que necessitem para viver de modo compatível com sua condição social, inclusive para atender às necessidades de sua educação.
§ 1º Os alimentos devem ser fixados na proporção das necessidades do reclamante e dos recursos da pessoa obrigada".

Esta 8ª Câmara Cível, no ano que passou, 1999, entendeu, à unanimidade, serem as varas de família competentes para o julgamento da dissolução da sociedade de fato, formada por pessoas do mesmo sexo.
Já nesse ano de 2000, também à unanimidade, esta 8ª Câmara decidiu ser possível o reconhecimento de união estável entre homossexuais.
Dos dois julgamentos participei, no primeiro como revisor e no segundo com voto de relator.
Com profundo respeito ao entendimento divergente, e tendo bem presente tratar-se de matéria controvertida e polêmica, constato que o direito tem caminhado com muita segurança ao retratar o descabimento de discriminações. As decisões acima enunciadas são marcos dessa caminhada.
Está por demais pacificado que esta Constituição Federal, consagrando princípios democráticos de direito, proíbe qualquer espécie de discriminação, principalmente quanto a sexo, bastando referir o que está contido em seu art. 3º, incs. I e IV, e no art. 5º, *caput*.
(...)
Entendo também ser desnecessário aguardar a aprovação pelo Congresso Nacional, do Projeto de Lei nº 1.151/95, para reconhecer-se a possibilidade do agasalhamento do pedido, consubstanciado nesse agravo(...)
(...)
Diante disso, dou provimento ao agravo, por entender existente o direito alimentar pleiteado, uma vez presente o binômio possibilidades/necessidades.

Observa-se então que, se por um lado a obrigação de prestar alimentos entre familiares, abstratamente considerada, está diretamente vinculada ao dever de proteção dos direitos fundamentais decorrente do próprio papel instrumental da família, por outro, no plano concreto, é a desigualdade marcada pela inferioridade e subordinação de um dos familiares que torna exigível a obrigação dos sujeitos integrantes da família em face dos direitos fundamentais. Seja uma situação de inferioridade em decorrência do exercício de alguma forma de poder por parte de um dos sujeitos sobre o agrupamento familiar, seja por alguma situação concreta de necessidade (temporária ou permanente) de um dos familiares que o impossibilite de prover, por si mesmo, as condições mínimas para sua subsistência.

O que deve justificar ao julgador a exclusão de obrigação alimentar entre familiares não deve ser, em hipótese alguma, a forma ou o tipo de entidade familiar, mas sim a análise da situação concreta que se apresenta no âmbito específico de cada relação familiar.

Afastar a obrigação alimentar entre familiares – ou, por outro ângulo, afastar o dever dos familiares de garantir os direitos fundamentais no âmbito da família – pelo simples critério do tipo de entidade familiar em que o indivíduo se encontra, representa a negação da eficácia de direitos fundamentais no âmbito da família; representa prática discriminatória que exclui para alguns cidadãos as garantias constitucionais de amparo à família, pois deixa de reconhecer igualmente a todos os indivíduos, sem distinção de sexo ou de orientação sexual, o direito de ser amparado na família, o "direito ao refúgio afetivo".[349]

---

[349] Cf. FACHIN, 1999.

Direitos Fundamentais e Relações Familiares

Conclusão

Não pretendo nestas linhas conclusivas enumerar em itens taxativos os argumentos desenvolvidos ao longo deste trabalho. Opto apenas por alinhavar os principais pontos analisados, que resumem meu posicionamento sobre o problema central enfrentado neste livro.

Em primeiro lugar, qualquer posicionamento sobre o problema da eficácia dos direitos fundamentais frente a particulares precisa primeiramente superar a construção histórica e ideológica primitiva dos direitos fundamentais, concebidos no Estado liberal burguês como direitos de defesa do indivíduo que têm como único sujeito passivo o poder público. Assim compreendidos os direitos fundamentais, em dimensão unidirecional, não há como desenvolver teoria alguma sobre sua eficácia nas relações privadas.

Para compreender, portanto, as teorias desenvolvidas em torno dos efeitos das normas de direitos fundamentais nas relações interprivadas, deve-se partir da conscientização de que a configuração que esses direitos assumiram no Estado liberal restou superada.

Se, por um lado, a compreensão de que a relação entre o indivíduo e o Estado é marcada pela desigualdade justifica o papel dos direitos fundamentais como direitos de defesa do indivíduo e como limitação dos Poderes do Estado, por outro lado, a idéia de que as relações entre particulares são relações entre sujeitos que se encontram em posição de igualdade mostrou-se como um dos pontos mais vulneráveis da teoria clássica dos direitos fundamentais. A percepção da existência de poderes privados no âmbito da sociedade permitiu que se constatasse, também nas relações entre particulares, situações de dominação e subordinação, colocando em xeque o dogma da autonomia privada ao revelar que o manto da igualdade formal não é suficiente para afastar o desequilíbrio real entre os pólos de uma relação privada. Dessa forma, a chamada teoria dos direitos privados contribuiu para o reconhecimento de que os direitos fundamentais devem atuar como forma de defesa contra toda opressão, no âmbito mais amplo das ameaças exercidas pelos mais fortes contra os mais fracos, independentemente da natureza pública ou privada do sujeito opressor.

A consciência em torno do reconhecimento das desigualdades reais possibilitou também as transformações do próprio modelo liberal de Estado, que, abandonando a posição abstencionista, começou a intervir na ordenação das relações sociais, assumindo postura não apenas passiva, de respeito às liberdades individuais, mas também ativa, capaz de superar, ou minorar as desigualdades sociais. O Estado deixa de ser apenas garantidor dos direitos fundamentais e passa a ser também promotor desses mesmos direitos.

Nesse quadro jurídico, a nova concepção de Constituição que se apresenta não mais se limita a regular o exercício do poder político, mas se converte em ordem jurídica fundamental para a regulação de toda a sociedade. E, nesse contexto, os direitos fundamentais passaram a ser reconhecidos como ordem objetiva de valores, irradiando-se para todos os âmbitos do Direito, permitindo a compreensão de que nenhuma espera jurídica pode ficar imune aos valores e garantias constitucionais. Seja frente aos poderes públicos, seja frente a sujeitos privados, os valores que inspiram a tutela dos direitos fundamentais devem ser sempre os mesmos, ainda que essa tutela seja alcançada sob formas diferenciadas.

Analisando a eficácia dos direitos fundamentais a partir do critério de seus destinatários, percebe-se que não há muita controvérsia no que se refere a chamada eficácia "vertical", que envolve a vinculação dos Poderes públicos como destinatários dos direitos fundamentais. A dimensão mais controvertida se refere ao que a doutrina tem chamado de eficácia "horizontal" ou eficácia em relação a terceiros, que envolve a análise dos efeitos dos direitos fundamentais nas relações entre particulares, mais especificamente a problemática da vinculação dos sujeitos privados aos direitos fundamentais, como destinatários desses direitos também na condição de obrigados. De um lado, uma corrente defendendo uma eficácia direta e imediata e, de outro, os que defendem uma eficácia apenas indireta e mediata dos direitos fundamentais.

Partiu-se, neste trabalho, da compreensão de que, eficácias mediata e imediata não podem ser encaradas como hipóteses excludentes, mas, ao contrário, precisam ser vistas como soluções compatíveis e que podem perfeitamente coexistir. O reconhecimento da eficácia imediata dos direitos fundamentais nas relações entre particulares, nos moldes em que foram defendidos, não subestima o efeito desses direitos por meio da intermediação do legislador, nem afasta a importância e necessidade de interpretação do direito privado à luz dos direitos fundamentais, como defende a teoria da eficácia mediata, mas implica reconhecer as normas definidoras de direitos fundamentais também como normas de comportamento – e não apenas como regras de hermenêutica – aptas a incidir diretamente nas relações entre particulares.

Quando se analisa o problema da eficácia dos direitos fundamentais a partir das disposições da Constituição Federal de 1988 não se pode deixar de enfatizar que as normas definidoras de direitos fundamentais foram inseridas no texto constitucional pátrio como normas de aplicação direta, imediata, sem necessidade de mediação legislativa, como prescreve expressamente o § 1º do artigo 5º da Constituição Federal. Nosso texto constitucional, portanto, segue linha que vem sendo adotada nas Constituições de diversos países, a partir do período do segundo pós-guerra, consolidando a idéia de eficácia direta dos direitos fundamentais.

Dessa forma, a afirmativa de que essas normas definidoras de direitos fundamentais não podem ser aplicadas de forma imediata também às relações privadas (ou podem somente em caráter excepcional) vai exatamente na contramão da hermenêutica constitucional que se preocupa com a efetividade da Constituição.

A solução das dificuldades na aplicação dos direitos fundamentais nas relações privadas não está, portanto, em negar a vinculação dos particulares como destinatários das normas de direitos fundamentais, na qualidade de obrigados. O problema na verdade consiste em avaliar os limites dessa vinculação, sua forma e intensidade, buscando critérios para solução diferenciada em cada caso concreto.

No âmbito das relações familiares, procurou-se demonstrar neste trabalho a dimensão ainda maior dos argumentos favoráveis à aplicação imediata dos direitos fundamentais, considerando a peculiaridade do tratamento dispensado pela Constituição Federal à proteção da família. No Capítulo VII do Título VIII ("Da Ordem Social"), a Constituição não apenas apresentou novo perfil às entidades familiares, mas, principalmente, reforçou os princípios e direitos fundamentais enunciados nos Títulos I e II, o que nos permite afirmar também o caráter fundamental dos direitos inseridos, expressa e implicitamente, nos artigos 226 e seguintes da Constituição Federal.

Nesse contexto, verificou-se neste estudo que os diversos direitos fundamentais tutelados pela Constituição Federal na esfera da proteção à família, em virtude de sua própria formulação, deixam inquestionável a possibilidade de vinculação direta, não apenas dos Poderes públicos, como também dos sujeitos privados.

As normas inseridas na Constituição de 1988 voltadas à proteção da família não apenas consolidaram as diversas modificações que já haviam sido conquistadas pela jurisprudência e introduzidas paulatinamente no ordenamento jurídico por leis dispersas na segunda metade do século XX, mas também acrescentaram às transformações já consolidadas aquela que pode ser considerada a mais profunda alteração no vértice do Direito de Família: a mudança de valores.

Direitos Fundamentais e Relações Familiares

É na Constituição – e não mais no Código Civil – que se pode localizar hoje o centro do Direito de Família e, de maneira geral, de todo o Direito Privado, uma vez que as normas civis fragmentadas em diversas legislações isoladas, somente podem encontrar sua unidade na tábua axiológica da Constituição Federal.

Essa nova tábua de valores, que passou com a nova ordem constitucional a constituir o alicerce sobre o qual se sustenta todo o Direito de Família contemporâneo, pode ser identificada basicamente em dois aspectos principais: a alteração do papel atribuído às entidades familiares e a alteração do conceito de unidade familiar.

A noção de unidade familiar abandonou o conceito formal para adotar conceito flexível e instrumental que reconhece como família outras comunidades afetivas não constituídas pelo casamento e mesmo comunidades materialmente separadas, desde que mantenham como objetivo a função social à qual se destinam.

A família passa a ter papel funcional: servir de instrumento de promoção da dignidade da pessoa humana. Não é mais protegida como instituição, titular de interesse transpessoal, superior ao interesse de seus membros, mas passa a ser tutelada por ser instrumento de estruturação e desenvolvimento da personalidade dos sujeitos que a integram. Merece a tutela constitucional, como lugar onde se desenvolve a pessoa, em função da realização das exigências humanas.

Dessas mudanças valorativas do Direito de Família podem ser extraídos importantes princípios constitucionais implícitos que se verificam presentes, como se demonstrou neste trabalho, em diversas normas inseridas (expressamente) na Constituição, dentre eles: o da pluralidade de formas familiares; da afetividade e da função serviente da família.

Esse novo perfil da família deve ser compreendido inserido no contexto mais amplo das transformações que se operaram em decorrência do papel central que a pessoa humana passou a ocupar no ordenamento jurídico. O reconhecimento da dignidade humana como fundamento do Estado Democrático de Direito e como vértice axiológico da ordem constitucional coloca o ser humano, como o principal destinatário da tutela constitucional, no centro da preocupação de todo o ordenamento jurídico. O conceito de pessoa, que sempre ocupou lugar de relevo para o Direito Civil, foi profundamente alterado diante da incorporação do princípio da dignidade humana na ordem constitucional. A pessoa humana destinatária do ordenamento não pode mais ser equiparada, de maneira simplista, nem à noção de indivíduo nem à idéia de sujeito de direitos. A partir do princípio da dignidade da pessoa humana, o valor da personalidade não mais se vincula ao aspecto externo simbolizado pelo "ter" direitos, mas se vincula direta e concretamente ao "ser" humano.

Os efeitos dessa valorização da dignidade da pessoa humana consolidaram as mudanças qualificadas como "repersonalização" e "despatrimonialização" do Direito Civil, dois aspectos conexos e, ambos, diretamente influenciados pela chamada "constitucionalização" desse ramo do Direito.

Defendeu-se também, neste trabalho, que a positivação do princípio da dignidade da pessoa humana como fundamento da República, juntamente com a previsão do § 2º do art. 5º da nossa Constituição, permite afirmar, efetivamente, a existência de uma "cláusula geral de tutela e promoção da pessoa humana", no sentido de que não pode ser afastada a possibilidade de se reconhecerem outros direitos como também a necessidade de proteção de outras situações jurídicas que, embora sem expressa previsão normativa, mostram-se merecedores de tutela jurídica voltada à plena realização da personalidade.

O que se defende é que a tutela da personalidade no âmbito das situações jurídicas privadas representa simultaneamente a tutela dos direitos fundamentais que naquela situação específica tiver sido violado ou ameaçado, pois o reconhecimento de que a pessoa é titular de direitos fundamentais constitui essencialmente a própria premissa para a compreensão da personalidade.

Enfim, não apenas o sentido jurídico que a personalidade assumia no Direito Civil clássico foi profundamente transfigurado pela ordem axiológica constitucional, mas também no contexto dessa mudança que, colocando o ser humano no centro da ordem jurídica como um todo, a tutela da personalidade passa a representar território comum onde o público e o privado coexistem em verdadeira simbiose.

O ponto culminante da análise desenvolvida neste trabalho sobre a tutela da personalidade na ordem constitucional refere-se exatamente a essa simbiose, essa confluência que identifica a realização da personalidade como o vértice da função serviente da família e ao mesmo tempo como o valor central de todo o ordenamento jurídico. Essa compreensão é preliminar e decisiva para o reconhecimento da eficácia imediata dos direitos fundamentais nas relações familiares.

É essa peculiaridade do perfil constitucional da família, compreendida em sua instrumentalidade, que permite compreender que, também na família, o valor central que justifica sua relevância jurídica é a pessoa, exigindo de seus integrantes vinculação mais intensa às normas definidoras de direitos fundamentais e, ao mesmo tempo, justificando a necessidade do controle estatal sobre as questões familiares se – e à medida que – esse controle for feito em função da garantia dos direitos fundamentais das pessoas que integram a família.

A partir de toda a análise desenvolvida neste trabalho em torno do papel pluridimensional que os direitos fundamentais passaram a

Direitos Fundamentais e Relações Familiares

desempenhar, bem como acerca do novo perfil constitucional das relações familiares, é possível concluir que o sistema de proteção das famílias que se deduz das disposições constitucionais é um sistema misto que distribui suas funções entre o Estado e os particulares. Por um lado, a vinculação dos poderes públicos aos direitos fundamentais lhes impõe dever de proteção do grupo familiar, assegurando que as pessoas que o integram recebam do Estado a garantia de seus direitos fundamentais. De outro lado, se a família recebe proteção do Estado em razão de sua função serviente, precisa concretizar sua finalidade essencial de facilitar a seus membros o exercício dos direitos fundamentais.

O sistema misto de proteção baseado no reconhecimento de direitos e deveres, nos moldes defendidos neste trabalho, implica reconhecer que os integrantes dos grupos familiares são direta e reciprocamente responsáveis para com a realização da personalidade daqueles com quem convivem em plena união sem que essa responsabilidade implique prescindir das funções sociais do Estado, abandonando a família à própria sorte.

O problema central de que se ocupa este estudo gira em torno da eficácia dos direitos fundamentais frente aos sujeitos privados, ou mais especificamente, ocupa-se das situações em que as ameaça ou lesões aos direitos fundamentais são diretamente decorrentes do comportamento dos próprios particulares envolvidos na relação familiar.

O posicionamento defendido neste estudo é no sentido de que a eficácia dos direitos fundamentais nas relações familiares é direta e imediata, não dependendo da intermediação do legislador, como trâmite indispensável, nem se restringindo à utilização das normas constitucionais definidoras de direitos fundamentais na interpretação do Direito de Família. Assim compreendidos, os direitos fundamentais devem incidir nas relações familiares como normas de comportamento aptas a influir diretamente nas relações familiares, não somente ao permitir o reconhecimento de direitos subjetivos dos sujeitos envolvidos nessas relações, habilitando-os a reclamar o cumprimento de deveres imediatamente decorrentes das normas constitucionais, mas incidindo também diretamente na delimitação de outras situações subjetivas (como o exercício do poder familiar e o livre planejamento e condução da vida em comum), conformando e funcionalizando as situações familiares aos valores fundamentais introduzidos pela normativa constitucional.

Esse reconhecimento da vinculação dos sujeitos privados como diretamente obrigados a um dever de respeito e proteção dos direitos fundamentais reflete na própria postura do julgador diante das questões de família. A proteção dos direitos fundamentais, a partir dessa compreensão da eficácia imediata nas relações familiares, passa a ser compreendida como a razão primária e justificadora da relevância jurídica das relações familiares e da intervenção do julgador nessa esfera. O posicionamento do juiz de família, diante das normas constitucionais de direitos fundamentais, deverá estar sempre direcionado para garantir a realização concreta de tais direitos no seio da família e, ainda que recorra também à aplicação de leis infraconstitucionais, ao que visa efetivamente é garantir (também com a facilitação da intermediação do legislador) a concreção dos direitos fundamentais.

Partindo da compreensão de que os membros da comunidade familiar estão sempre direta e imediatamente vinculados às normas constitucionais definidoras de direitos fundamentais, preocupou-se este trabalho em demonstrar a necessidade de aferir a dimensão dessa vinculação em cada situação concreta, tendo sempre como pano de fundo para a análise dessa intensidade, a função serviente da família que potencializa a vinculação dos sujeitos integrantes da família aos direitos fundamentais e limita o exercício da autonomia desses mesmos sujeitos em função dos deveres recíprocos de respeito e solidariedade.

Como primeiro critério para reconhecer a necessidade de vinculação mais intensa do sujeito privado aos direitos fundamentais na relação familiar, apontou-se neste trabalho a situação de desigualdade substancial entre os integrantes da família. Por esse critério é o grau de autonomia real dos sujeitos que indicará a maior ou menor necessidade de proteção dos direitos fundamentais. Assim, quanto maior for o poder ostentado por um dos sujeitos da relação familiar, menor deverá ser a tutela de sua autonomia privada e, ao contrário, mais intensa a sua vinculação em relação aos direitos fundamentais do sujeito mais frágil.

Um segundo critério para indicar vinculação mais intensa dos sujeitos privados aos direitos fundamentais seria a proteção heterogênea da autonomia privada. Por esse critério, parte-se da análise dos distintos âmbitos da autonomia privada, que deve receber maior proteção quando se referir a escolhas existenciais e, ao contrário, assumir importância menor quando se referirem a escolhas de caráter exclusivamente patrimoniais, cedendo espaço para proteção mais intensa do direito fundamental contraposto.

Demonstrou-se que esse critério mostra-se muito complexo no âmbito das relações familiares, considerando que em muitas situações subjetivas na família convergem, concomitantemente, aspectos patrimoniais e existenciais da vida dos familiares. Assim, há de se observar a natureza existencial tanto dos atos de escolha dos sujeitos, no âmbito da autonomia privada, quanto do bem jurídico a que se refere o direito fundamental ameaçado por esses atos.

Por fim, aponta-se então um terceiro critério para aferir a necessidade de vinculação mais intensa aos direitos fundamentais nas relações familiares, implícito à própria função serviente da família, que seria a percepção do grau de prejuízo à realização da personalidade do titular do direito fundamental ameaçado. Nesse sentido, defende-se que a tutela do direito fundamental deverá ser mais intensa quanto maior for o prejuízo que a lesão desse direito representar à realização da personalidade de seu titular.

Se os parâmetros para a proteção à personalidade e à dignidade humana apresentam-se vagos, não podendo ser identificados prévia e abstratamente, é possível, entretanto, identificar concretamente esses direitos a partir de sua negação. Portanto, esse terceiro critério – do prejuízo à realização da personalidade – tem como ponto de partida a tomada de consciência dessa negatividade que se expressa no sofrimento das vítimas.

O sofrimento se apresenta, então, não propriamente como critério jurídico, mas como parâmetro para aferir a concreta negação das necessidades existenciais indispensáveis para a realização da personalidade e também como parâmetro capaz de indicar o nível de desigualdade em uma relação familiar, revelando o ponto de ruptura do equilíbrio da relação e demonstrando a necessidade de inserir nessas fissuras maior proteção dos direitos fundamentais do sujeito fragilizado e, conseqüentemente, maior vinculação do outro pólo da relação.

Não tive a ousadia de apresentar neste trabalho uma conclusão com a pretensão de solucionar, por meio de fórmula universalmente válida, problema de tamanha envergadura como o que me propus a analisar, ainda que sob o enfoque restrito das relações familiares. Um olhar retrospectivo ao que foi desenvolvido me deixa a sensação de que o produto final de minha pesquisa é muito mais fonte de reflexões do que propriamente de conclusões. Porém, penso também que as idéias enfrentadas e as reflexões delas extraídas não ficaram apenas em nível abstrato e mostraram ser úteis na busca da eficácia concreta dos direitos fundamentais nas relações familiares.

Referências bibliográficas

ALEXY, Robert. *Teoria de los derechos fundamentales.* Tradução Ernesto Garzón Valdés. Madrid: Centro de Estudios Constitucionales, 1997.

AZEVEDO, Álvaro Vilaça. União entre pessoas do mesmo sexo. In: CONGRESSO BRASILEIRO DE DIREITO DE FAMÍLIA, 2., Direito de Família: a família na travessia do milênio, 1999, Belo Horizonte. *Anais...* Belo Horizonte: IBDFAM, Del Rey, 2000. p. 141-159.

BARCELLONA, Pietro. *El individualismo propietario.* Tradução Jesús Ernesto García Rodríguez. Madrid: Editorial Trotta, 1996.

BARROS, Sérgio Rezende de. Direitos Humanos da família: dos fundamentais aos operacionais. In: GROENINGA, Giselle Câmara; PEREIRA, Rodrigo da Cunha (Coord.). *Direito de família e psicanálise:* rumo a uma nova epistemologia. Rio de Janeiro: Imago, 2003. p. 143-154.

BARROSO, Luís Roberto. *O direito constitucional e a efetividade de suas normas:* limites e possibilidades da constituição brasileira. 3. ed. Rio de Janeiro: Renovar, 1996.

———. *Interpretação e aplicação da constituição:* fundamentos de uma dogmática constitucional transformadora. São Paulo: Saraiva, 1996.

BILBAO UBILLOS, Juan María. *La eficacia de los derechos fundamentales frente a particulares:* análisis de la jurisprudencia del tribunal constitucional. Madrid: Centro de Estudios Políticos y Constitucionales, 1997.

BITTAR, Carlos Alberto. *Os direitos da personalidade.* 5. ed. Rio de Janeiro: Forense Universitária, 2001.

BOBBIO, Norberto. *Estado, governo e sociedade:* para uma teoria geral da política. Tradução Marco Aurélio Nogueira. 4. ed. Rio de Janeiro: Paz e Terra, 1992.

BONAVIDES, Paulo. *Curso de direito constitucional.* 5. ed. São Paulo: Malheiros, 1994.

———. *Do estado liberal ao estado social.* 7. ed. São Paulo: Malheiros, 2001.

BRANCO, Gerson Luiz Carlos; MARTINS-COSTA, Judith. *Diretrizes teóricas do novo código civil brasileiro.* São Paulo: Saraiva, 2002.

BRANCO, Paulo Gustavo Gonet. Aspectos de teoria geral dos direitos fundamentais. In: MENDES, Gilmar Ferreira; COELHO, Inocêncio Mártires; BRANCO, Paulo Gustavo Gonet. *Hermenêutica constitucional e direitos fundamentais.* Brasília: Brasília Jurídica, 2002. p. 103-194.

CAMPILONGO, Celso Fernandes. Os desafios do judiciário: um enquadramento teórico. In: FARIA, José Eduardo (Org). *Direitos humanos, direitos sociais e justiça.* São Paulo: Malheiros, 1994. p. 30-51.

CAMPO, Javier Jiménez. Prólogo. In: BILBAO UBILLOS, Juan María. *La eficacia de los derechos fundamentales frente a particulares:* análisis de la jurisprudencia del tribunal constitucional. Madrid: Centro de Estudios Políticos y Constitucionales, 1997. p. 17-25.

CANARIS, Claus-Wilhelm. *Direitos fundamentais e direito privado.* Tradução Ingo Wolfgang Sarlet; Paulo Mota Pinto. Coimbra: Almedina, 2003.

———. A influência dos direitos fundamentais sobre o direito privado na Alemanha. Tradução Peter Naumann. In: SARLET, Ingo Wolfgang (Org.). *Constituição, direitos fundamentais e direito privado.* Porto Alegre: Livraria do Advogado, 2003. p. 223-243.

CANOTILHO, José Joaquim Gomes. *Direito constitucional.* 5. ed. Coimbra: Almedina, 1992.

———. Civilização do direito constitucional ou constitucionalização do direito civil? A eficácia dos direitos fundamentais na ordem jurídico-civil no contexto do direito pós-moderno. In: GRAU, Eros Roberto; GUERRA FILHO, Willis Santiago (Org.). *Direito Constitucional:* estudos em homenagem a Paulo Bonavides. São Paulo: Malheiros, 2003. p. 108-115.

Direitos Fundamentais e Relações Familiares

CAHALI, Yussef Said. *Dos Alimentos*. 4. ed. São Paulo: Editora Revista dos Tribunais, 2002.

CASTRO, Carlos Roberto de Siqueira. Aplicação dos direitos fundamentais às relações privadas. In: PEREIRA, Antônio Celso Alves e MELLO, Celso Renato Duvivier de Albuquerque (Coords). *Estudos em homenagem a Carlos Alberto Menezes Direito*. Rio de Janeiro: Renovar, 2003. p. 227-246.

DIAS, Maria Berenice. *União homossexual*: o preconceito e a justiça. Porto Alegre: Livraria do Advogado, 2000.

———. União homossexual: aspectos sociais e jurídicos. In: CONGRESSO BRASILEIRO DE DIREITO DE FAMÍLIA, 2., Direito de Família: a família na travessia do milênio, 1999, Belo Horizonte. *Anais*... Belo Horizonte: IBDFAM, Del Rey, 2000. p 161-170.

———. A estatização das relações afetivas e a imposição de direitos e deveres no casamento e na união estável. In: CONGRESSO BRASILEIRO DE DIREITO DE FAMÍLIA, 3., Família e cidadania: o novo CCB e a vacatio legis, 2001, Ouro Preto. *Anais*... Belo Horizonte: IBDFAM, Del Rey, 2002. p. 301-308.

———. *Homoafetividade*: o que diz a justiça. Porto Alegre: Livraria do Advogado, 2003.

DUSSEL, Enrique. *Ética da libertação*: na idade da globalização e da exclusão. Tradução Ephraim Ferreira Alves; Jaime Clasen; Lúcia Orth. 2. ed. Petrópolis: Vozes, 2002.

DWORKIN, Ronald. *Taking rights seriously*. Cambridge: Harvard University Press, 1978.

FACHIN, Luiz Edson. *Elementos críticos do direito de família*. Rio de Janeiro: Renovar, 1999.

———. *Teoria crítica do direito civil*. Rio de Janeiro: Renovar, 2000.

———. Direito além do novo código civil: novas situações sociais, filiação e família. *Revista Brasileira de Direito de Família*, Porto Alegre: Síntese, IBDFAM, n. 17, p. 07-35, abr-mai. 2003.

FERRAZ, Sérgio. *Manipulações biológicas e princípios constitucionais*: uma introdução. Porto Alegre: Sergio Fabris, 1991.

FINGER, Julio Cesar. Constituição e direito privado: algumas notas sobre a chamada constitucionalização do direito civil. In: SARLET, Ingo Wolfgang (Org.). *A constituição concretizada*: construindo pontes com o público e o privado. Porto Alegre: Livraria do Advogado, 2000. p. 85-106.

FIORAVANTI, Maurizio. *Constituciòn*: de la antigüedad a nuestros días. Madrid: Trotta, 2001.

FUGIE, Érika Harumi. União homossexual e a Constituição Federal: inconstitucionalidade do artigo 226, § 3º, da Constituição Federal? *Revista Brasileira de Direito de Família*, Porto Alegre: Síntese, IBDFAM, n. 15, p. 131-150, out-dez. 2002.

GAMA, Guilherme Calmon Nogueira da. Filiação e reprodução assistida: introdução ao tema sob a perspectiva do direito comparado. *Revista Brasileira de Direito de Família*, Porto Alegre: Síntese, IBDFAM, n. 05, p. 07-28, abr-jun. 2000.

———. A reprodução assistida heteróloga sob a ótica do novo código civil. In: *Revista Brasileira de Direito de Família*, Porto Alegre: Síntese, IBDFAM, n. 19, p. 41-75, ago-set. 2003.

GARCÍA, Pedro de Veja. Dificultades y problemas para la construcción de um constitucionalismo de la igualdad: em caso de la eficácia horizontal de los derechos fundamentales. In: PÉREZ LUÑO, Antonio-Enrique (Coord.). *Derechos humanos y constitucionalismo ante el tercer milenio*. Madri: Marcial Pons, 1996. p. 265-280.

GRINBERG, Keila. *Código civil e cidadania*. Rio de Janeiro: Jorge Zahar Editor, 2001.

GROENINGA, Giselle Câmara. O direito a ser humano: da culpa à responsabilidade. In: GROENINGA, Giselle Câmara; PEREIRA, Rodrigo da Cunha (Coord.). *Direito de família e psicanálise*: rumo a uma nova epistemologia. Rio de Janeiro: Imago, 2003. p. 95-106.

HESSE, Konrad. *Elementos de direito constitucional da República Federal da Alemanha*. Tradução Luís Afonso Heck. Porto Alegre: Sérgio Fabris, 1998.

———. *Derecho constitucional y derecho privado*. Tradução Ignacio Gutiérrez Gutiérrez. Madri: Civitas, 2001.

LIMA, Taisa Maria Macena de. Filiação e biodireito: uma análise das presunções em matéria de filiação em face da evolução das ciências biogenéticas. *Revista Brasileira de Direito de Família*, Porto Alegre, Síntese, IBDFAM, n. 13, p. 143-161, abr-mai-jun. 2002.

LÔBO, Paulo Luiz Netto. Constitucionalização do direito civil. *Revista de Informação Legislativa*, Senado Federal, Brasília, ano 36, n. 141, p. 99-109, jan-mar. 1999.

———. Entidades familiares constitucionalizadas: para além do *numerus clausus*. In: CONGRESSO BRASILEIRO DE DIREITO DE FAMÍLIA, 3., Família e cidadania: o novo CCB e a *vacatio legis*, 2001, Ouro Preto. *Anais*... Belo Horizonte: IBDFAM, Del Rey, 2002. p. 89-107.

LOCKE, John. *Segundo tratado sobre o governo*: Ensaio relativo à verdadeira origem extensão e objetivo do governo civil. 2. ed. São Paulo: Abril Cultural, 1978. (Os Pensadores).

LUDWIG, Marcos de Campos. O direito ao livre desenvolvimento da personalidade na Alemanha e a possibilidade de sua aplicação no direito privado brasileiro. In: MARTINS-COSTA, Judith (Org.). *A reconstrução do direito privado*. São Paulo: Editora Revista dos Tribunais, 2002. p. 265-305.

MADALENO, Rolf Hanssen. *Direito de família em pauta*. Porto Alegre: Livraria do Advogado, 2004.

MARTINS-COSTA, Judith. Introdução. In: ———. (Org.). *A reconstrução do direito privado*. São Paulo: Editora Revista dos Tribunais, 2002. p. 11-17.

———. Os direitos fundamentais e a opção culturalista do novo código civil. In: SARLET, Ingo Wolfgang (Org). *Constituição, direitos fundamentais e direito privado*. Porto Alegre: Livraria do Advogado, 2003. p. 61-85.

MAUÉS, Antonio Gomes Moreira. *Poder e democracia*: o pluralismo político na constituição de 1988. Porto Alegre: Síntese, 1999.

MORAES, Maria Celina Bodin. O conceito de dignidade humana: substrato axiológico e conteúdo normativo. In: SARLET, Ingo Wolfgang (Org). *Constituição, direitos fundamentais e direito privado*. Porto Alegre: Livraria do Advogado, 2003. p. 105-147.

MOTA PINTO, Paulo. Notas sobre o direito ao livre desenvolvimento da personalidade e os direitos de personalidade no direito português. In: SARLET, Ingo Wolfgang (Org.). *A constituição concretizada*: construindo pontes com o público e o privado. Porto Alegre: Livraria do Advogado, 2000. p. 61-83.

MUNIZ, Francisco José Ferreira. O direito de família na solução dos litígios. In: ———. *Textos de direito civil*. Curitiba: Juruá, 1998. p. 95-116.

NABAIS, José Casalta. Os direitos fundamentais na jurisprudência do tribunal constitucional. *Boletim da Faculdade de Direito da Universidade de Coimbra*, v. 65, p. 61-120, 1989.

NASIO, Juan-David. *O livro da dor e do amor*. Tradução Lucy Magalhães. Rio de Janeiro: Jorge Zahar Editor, 1997.

PECES-BARBA MARTÍNEZ, Gregorio. *La dignidad de la persona desde la filosofía del derecho*. Madrid: Dykinson, 2002.

PEREIRA, Caio Mario da Silva. *Instituições de direito civil*. 12. ed. Rio de Janeiro: Forense, 1991. 1 v.

PEREIRA, Jane Reis Gonçalves. Apontamentos sobre a aplicação das normas de direito fundamental nas relações jurídicas entre particulares. In: BARROSO, Luís Roberto (Org.). *A nova interpretação constitucional*: ponderação, direitos fundamentais e relações privadas. Rio de Janeiro: Renovar, 2003. p. 119-192.

PEREIRA, Rodrigo da Cunha. *Direito de família*: uma abordagem psicanalítica. Belo Horizonte: Del Rey, 1999.

———. *A sexualidade vista pelos tribunais*. 2. ed. Belo Horizonte: Del Rey, 2001.

PEREIRA, Tânia da Silva. Licença-maternidade: direito da mãe e da criança na adoção. *Revista Brasileira de Direito de Família*, Porto Alegre: Síntese, IBDFAM, n. 8, p. 90-100, jan-fev-mar. 2001.

PÉREZ LUÑO, Antonio-Enrique. *Los derechos fundamentales*. 6. ed. Madrid: Tecnos, 1995.

PERLINGIERI, Pietro. *Il diritto civile nella legalità constituzionale*. 2. ed. Napoli: Edizioni Scientifiche Italiane, 1991.

———. *Perfis do direito civil*. Tradução Maria Cristina De Cicco. Rio de Janeiro: Renovar, 1999.

PORTO, Alice Costa; BREITMAN, Stella. *Mediação familiar*: uma intervenção em busca da paz. Porto Alegre: Criação Humana, 2001.

RIBEIRO, Joaquim de Souza. Constitucionalização do direito civil. *Boletim da Faculdade de Direito da Universidade de Coimbra*, v. 74, p. 729-755, 1998.

RIOS, Roger Raupp. Dignidade da pessoa humana, homossexualidade e família: reflexões sobre as uniões de pessoas do mesmo sexo. In: MARTINS-COSTA, Judith (Org.). *A reconstrução do direito privado*. São Paulo: Editora Revista dos Trubunais, 2002. p. 483-517.

ROBLES, Gregorio. *Los derechos fundamentales y la ética en la sociedad actual*. Madrid: Civitas, 1997.

ROCA, Encarna. *Familia y cambio social*: de la casa a la persona. Madrid: Civitas, 1999.

RUZYK, Carlos Eduardo Pianovski; FACHIN, Luiz Edson. Direitos fundamentais, dignidade da pessoa humana e o novo código civil: uma análise crítica. In: SARLET, Ingo Wolfgang (Org.). *Constituição, direitos fundamentais e direito privado*. Porto Alegre: Livraria do Advogado, 2003. p. 87-104.

Direitos Fundamentais e Relações Familiares

SALDANHA, Nelson. *O jardim e a praça*: ensaio sobre o lado privado e o lado público da vida social e histórica. Porto Alegre: Sérgio Fabris, 1986.

———. Sobre o direito civil constitucional. *Revista da Faculdade de Direito da Universidade Federal do Paraná*, v. 36, p. 87-92, 2001.

SARLET, Ingo Wolfgang. Direitos fundamentais e direito privado: algumas considerações em torno da vinculação dos particulares aos direitos fundamentais. In: ———. (Org.). *A constituição concretizada*: construindo pontes com o público e o privado. Porto Alegre: Livraria do Advogado, 2000. p. 107-163.

———. *A eficácia dos direitos fundamentais*. 2. ed. Porto Alegre: Livraria do Advogado, 2001.

———. *Dignidade da pessoa humana e direitos fundamentais na constituição federal de 1988*. Porto Alegre: Livraria do Advogado, 2001.

SARMENTO, Daniel. *Direitos fundamentais e relações privadas*. Rio de Janeiro: Lumen Juris, 2004.

SHCELB, Guilherme Zanina. *Os direitos fundamentais e sua eficácia nas relações privadas*. 231 f. Dissertação (Mestrado em Direito)-Setor de Ciências Jurídicas e Sociais, Universidade Federal do Paraná, Curitiba, 2001.

SILVA, Eduardo. A dignidade da pessoa humana e a comunhão plena de vida: o direito de família entre a constituição e o código civil. In: MARTINS-COSTA, Judith (Org). *A reconstrução do direito privado*. São Paulo: Editora Revista dos Tribunais, 2002. p. 447-482.

SILVA, Vasco Manoel Pascoal Dias Pereira da. Vinculação das entidades privadas pelos direitos liberdades e garantias. In: *Revista de Direito Público*, n. 82, p. 41-51, 1987.

TEPEDINO, Gustavo. Premissas metodológicas para a constitucionalização do direito Civil. In: ———. *Temas de direito civil*. Rio de Janeiro: Renovar, 1999, p. 01-22.

———. A tutela da personalidade no ordenamento civil-constitucional brasileiro. In: ———. *Temas de direito civil*. Rio de Janeiro: Renovar, 1999. p. 23-54.

———. Direitos humanos e relações jurídicas privadas. In: ———. *Temas de direito civil*. Rio de Janeiro: Renovar, 1999. p. 55-71.

———. Novas formas de entidades familiares: efeitos do casamento e da família não fundada no matrimônio. In: ———. *Temas de direito civil*. Rio de Janeiro: Renovar, 1999. p. 325-346.

———. A disciplina civil-constitucional das relações familiares. In: ———. *Temas de direito civil*. Rio de Janeiro: Renovar, 1999. p. 347-366.

VELOSO, Zeno. *Direito brasileiro da filiação e paternidade*. São Paulo: Malheiros, 1997.

VILLELA, João Baptista. Repensando o direito de família. In: CONGRESSO BRASILEIRO DE DIREITO DE FAMÍLIA, 1., 1997, Belo Horizonte. *Anais...* Belo Horizonte: IBDFAM, Del Rey, 1999. p. 15-30.

www.graficametropole.com.br
comercial@graficametropole.com.br
tel./fax + 55 (51) 3318.6355